21世纪高职高专规划教材·公共课系列

省级精品课程配套教材

应用文写作

主　编　叶惠美

副主编　佟晓彤　李　婧

齐晓琪　赵　莹

中国人民大学出版社

·北京·

图书在版编目（CIP）数据

应用文写作/叶惠美主编．—北京：中国人民大学出版社，2016.9
21世纪高职高专规划教材·公共课系列
ISBN 978-7-300-23271-3

Ⅰ.①应…　Ⅱ.①叶…　Ⅲ.①汉语-应用文-写作-高等职业教育-教材　Ⅳ.①H152.3

中国版本图书馆CIP数据核字（2016）第185485号

21世纪高职高专规划教材·公共课系列
省级精品课程配套教材
应用文写作
主　编　叶惠美
副主编　佟晓彤　李　婧　齐晓琪　赵　莹
Yingyongwen Xiezuo

出版发行	中国人民大学出版社			
社　址	北京中关村大街31号	**邮政编码**	100080	
电　话	010－62511242（总编室）		010－62511770（质管部）	
	010－82501766（邮购部）		010－62514148（门市部）	
	010－62515195（发行公司）		010－62515275（盗版举报）	
网　址	http：//www.crup.com.cn			
	http：//www.ttrnet.com（人大教研网）			
经　销	新华书店			
印　刷	北京密兴印刷有限公司			
规　格	185 mm×260 mm　16开本	**版　次**	2016年9月第1版	
印　张	17.75	**印　次**	2016年9月第1次印刷	
字　数	425 000	**定　价**	38.00元	

前 言

PREFACE

叶圣陶先生曾经说过：大学毕业生不一定要能写小说、诗歌，但一定要能写工作、生活中的实用文章，而且要写得既通顺又扎实。不管是在校期间请假条的写作，还是简历的制作，或是毕业后走上工作岗位后的工作报告、工作计划，都离不开应用文写作。

基于应用文对学生的重要作用，我们吸收了近年来应用文写作教材编写的成功经验，结合高职高专教育的实际需要及趋势，本着“以应用写作理论为指导，以技能训练为核心，以提高能力为目的”的宗旨编写了本书。

本书具有以下鲜明的特征：

第一，以应用为目的，以必需、够用为度。编写时尽量减少实用性不强的枯燥理论灌输，更具实用性。本书的编写强调以理论学习为基础，以能力训练为主线，以突出能力培养为目标。

第二，以专业为导向，以能力为本位，以学生为中心。编写时，我们着重选取了学生现在乃至今后学习和工作中常见的、使用频率较高的应用文文种。本书分别介绍了日常文书、校园文书、职场文书、旅游文书、礼仪文书、事务文书、经济文书、策划文书、传播文书、行政文书等的相关知识，尽可能最大限度地满足不同专业学生的实际需要。

第三，以职场工作为方向，做好基础课与专业课的衔接，设计了对专业技术学习有辅助性作用的模块。如旅游文书部分设计了欢迎词、解说词、欢送词、旅游专题活动策划文案、旅游广告等内容。这些内容贴近旅游专业学生的职业岗位需要，符合“按照企业的需要、按照岗位来对接”的高职人才的培养需求。

第四，引进实用应用文、生活应用文新理念。本书的每个模块后面都设置了“应用实践训练”，以进一步提高学生的应用能力。技能训练特别设计了大量服务于生活和工作的、符合学生认知水平和探求兴趣的写作训练题目。

本书由叶惠美主编，佟晓彤、李婧、齐晓琪、赵莹任副主编。具体编写分工如下：叶惠美编写模块一、二、三、四、十，叶惠美、齐晓琪编写模块五，李婧编写模块六，叶惠美、赵莹编写模块七，佟晓彤编写模块八和模块九。

在编写过程中，我们参阅了很多专家、学者和相关网站的最新研究成果，还得到了广州南洋理工职业学院领导的大力支持，在此表示诚挚的感谢。

由于编者水平和能力有限，书中难免存有不足之处，恳请同行及广大读者提出宝贵意见和建议，以便修订时加以完善。

编者

前言

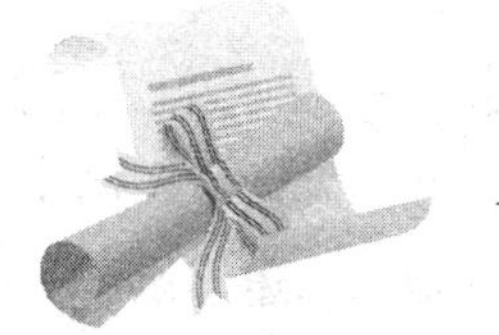

目 录

CONTENTS

模块一 日常文书 …… 1

专题一 条据 …… 1

专题二 启事 …… 8

专题三 证明 …… 11

专题四 书信 …… 13

应用实践训练 …… 19

模块二 校园文书 …… 27

专题一 倡议书 …… 27

专题二 申请书 …… 29

专题三 保证书 …… 35

专题四 检讨书 …… 37

专题五 实验报告 …… 41

专题六 实习报告 …… 43

专题七 毕业论文 …… 46

应用实践训练 …… 52

模块三 职场文书 …… 56

专题一 求职信 …… 56

专题二 简历 …… 58

专题三 辞职信 …… 63

专题四 自我鉴定 …… 66

专题五 竞聘演讲 …… 69

应用实践训练 …… 73

模块四 旅游文书 …… 79

专题一 欢迎词 …… 79

专题二 解说词 …… 81

专题三 欢送词 …… 84

专题四 旅游专题活动策划文案 …… 85

专题五 旅游广告 …… 91

应用实践训练 …… 96

模块五 礼仪文书 …… 100
专题一 请柬 …… 100
专题二 邀请函 …… 102
专题三 祝酒词 …… 104
专题四 开幕词 …… 106
专题五 闭幕词 …… 109
专题六 讣告 …… 110
专题七 悼词 …… 113
应用实践训练 …… 117

模块六 事务文书 …… 124
专题一 计划 …… 124
专题二 总结 …… 130
专题三 简报 …… 133
专题四 规章制度 …… 138
专题五 工作汇报 …… 142
专题六 心得 …… 145
专题七 会议记录 …… 149
应用实践训练 …… 153

模块七 经济文书 …… 163
专题一 商品说明书 …… 163
专题二 市场调查报告 …… 167
专题三 可行性研究报告 …… 172
专题四 经济活动分析报告 …… 178
专题五 经济合同 …… 182
专题六 招标书 …… 184
专题七 投标书 …… 187
应用实践训练 …… 190

模块八 策划文书 …… 196
专题一 营销策划 …… 196
专题二 广告文案 …… 208
专题三 活动策划 …… 211
应用实践训练 …… 213

模块九 传播文书 …… 218
专题一 消息 …… 218

专题二 通讯…… 222
专题三 广播稿…… 226
专题四 海报…… 229
应用实践训练…… 231

模块十 行政文书 …… 235
专题一 通知、通报…… 235
专题二 报告、公告…… 241
专题三 请示、批复…… 248
专题四 函…… 251
专题五 会议纪要…… 255
应用实践训练…… 259

附录 标点符号用法 …… 263

模块一
日常文书

专题一　条据

条据类应用文，是人们用于临时性事务的一种最简便的文书。在日常生活中，有些事要向人说明介绍或请对方办理，有时无法当面讲但又必须告知，或者是出于手续上的需要，要留作依据，类似情况都可以用条据这种文书。

一、条据的概念

人们在工作和生活中，常常为办理涉及钱财和物品的各种手续而留下存根，或者为说明某种情况和理由而留下字据，这种作为依据的字条就叫做条据。

常用的条据有借条、领条、收条、欠条、请假条、托事条、留言条等。根据条据的性质和特点，条据分为说明类条据和凭证类条据。

说明类条据的作用主要是告知对方某个信息，向对方说明某件事情。这类条据只起说明告知的作用，不具有法律效力。如留言条、便条、请假条等。

凭证类条据的作用是作为证据、凭证，具有法律效力。如收条、领条、借条、欠条等。

二、说明类条据

（一）请假条

1. 概念

请假条是当事人因病或有事无法上班、学习或参加某项活动，而向其领导、老师、活动组织者说明情况并请求批假的一种便条。

2. 格式

请假条的格式包括标题、称谓、正文、礼貌用语和落款五个部分。

（1）标题：写明“请假条”，在正文的正中间。

（2）称谓：写明向谁请假，即单位有关部门或领导。

（3）正文：陈述请假理由、请假起止日期等有关情况。结尾处常用“请批准”“请予批准”等习惯用语。

（4）礼貌用语：一般使用“此致”“敬礼”，也有省略不用的。“此致”空两格写，“敬礼”另起一行顶格写。

（5）落款：写明请假人姓名、日期。

3. 例文

[范例]

请假条

王老师：

我因头痛发热，昨天晚上经医生诊断为病毒性流感，不能坚持到校上课，特向您请假一天（10 月 28 日），请予以批准。

此致

敬礼！

请假人：李兰兰

2015 年 10 月 28 日

◎ 写作要点

（1）标题写在正中间，要写明“请假条”字样。

（2）称谓要顶格写。

（3）正文要空两格开始写，写清楚请假的事由和起止时间。

（4）正文写完后，要写上礼貌用语。

（5）落款处，姓名在前，时间在后。

（二）留言条

1. 概念

当事人因有事要告知对方或拜托对方帮忙，恰巧对方又不在，自己又没时间或不方便等待对方回来，而给对方留下说明目的的字条就是留言条。

2. 格式

留言条的格式一般包括标题、称谓、正文和落款四个部分。

（1）标题：在第一行的正中间写上“留言条”，或者不写。

（2）称谓：即对方的称呼，另起一行顶格写。

（3）正文：简单明了地交代留言的目的。

（4）落款：写明留字条人的姓名和留字条的日期。

3. 例文

[范例 1]

留言条

王波：

我中午来找过你，你不在宿舍。我想借你的《现代汉语词典》，下午 6 点我会再来，届时请在宿舍等我。

罗成

2015 年 9 月 9 日

[范例2]

老爸：

我和同学出去打球了，晚饭就不回来吃了，大概7点回到家。

儿子

◎ 写作要点

（1）写留言条时，留言的目的一定要表述清楚、明白。

（2）如果留言的双方关系密切或彼此很熟悉，其格式、内容可以写得简单些。

三、凭证类条据

（一）借条

1. 概念

借条是向个人或单位借钱或物品时写给对方的一种凭证，以供对方保存、查阅。所借钱或物品归还时，写借条者应收回原来所写的借条，并作废处理。

2. 格式

借条

今借到……………………………………。定于××××年××月××日归还。此据。

借款人：×××
××××年××月××日

借条的格式包括标题、正文和落款三部分。

（1）标题：第一行居中写上“借条”，表明这是一张借条。

（2）正文：另起一行，空两格开始写正文。内容写清楚向谁借，借到什么东西，数量多少。还要写明物品定/准于什么时候归还。

（3）落款：在正文的右下角写明向别人借东西的单位名称和经手人的姓名或借方个人的姓名和借款日期。

3. 例文

[范例1]

借条

今借到张三人民币贰佰元整（RMB￥200.00元整），准于2015年10月20日归还。此据。

借款人：李四
2015年10月15日

[范例 2]

借条

今借到实训室锤子叁拾把、锯子柒拾把，用于班级钳工实训。准于 2015 年 10 月 20 日归还。

此据。

单位：13 级机电一体化（1）班

经手人：张三

2015 年 10 月 15 日

◎ 写作要点

（1）写借条时一定要写归还日期，并且日期要具体，落款的日期也要具体，不能用“即日”落款。

避免以下陷阱：

准于一个月“后”归还

（2）物品和金钱的数字一定要大写。尤其金钱后还要写上“正”或“整”字以防被篡改。如：

今借到实习工厂锤子叁拾把、锯子柒拾把
今借到林红同学人民币贰佰元整

熟悉数字的大写：

1	2	3	4	5	6	7	8	9	0	十	百	千	万	亿
壹	贰	叁	肆	伍	陆	柒	捌	玖	零	拾	佰	仟	万	亿

（3）要写明写借款者的单位名称和经手人姓名或借方个人的姓名。必要时需加盖公（私）章，以示负责。

留意以下陷阱：

“借款人：林平”　写成　“借款人：林苹”

（4）借据（条）在钱物归还后，借款者应将借条收回或当面销毁。若对方将借条遗失或一时找不到，应让对方当场写下收据。

（5）字据文面要干净，不许涂改，若有涂改，需让出据方在改动处加盖公章或私章或签名。

（二）欠条

1. 概念

当所借的钱或物品，到期不能全部归还时，借款者应收回原借条，另写一张单据，约定在一定期限内归还尚余部分。这样的单据叫做欠条。

注意：欠条的特征是原来借的钱或物品，已还清一部分，尚余部分要在新的商定期限内归还。因此，不能与借条混淆。

2. 格式

欠条

…………………………………………………………………………………………。此据。

欠款人：×××

××××年××月××日

欠条的格式包括标题、正文和落款三部分。

（1）标题：第一行居中写上“欠条”两字，表明这是一张欠条。

（2）正文：另起一行空两格开始写，要写清楚原来向谁借，借到什么东西，数量多少。现在已经归还多少，尚欠多少。余下的定于什么时候归还。

（3）落款：在正文的右下角写上欠方的单位名称及其经手人名字或欠方个人姓名和欠款日期。

3. 例文

[范例1]

欠条

今到王梅服装店购买衣服共花人民币贰佰元整（￥200.00元整），已付人民币壹佰贰拾元整（￥120.00元整）。尚欠人民币捌拾元整（￥80.00元整），定于2015年10月20日归还。此据。

欠款人：李文

2015年10月15日

◎ 写作要点

（1）写购买东西的欠条时，正文内容一定要交代清楚于什么时候买到谁的什么东西，价值或数量是多少。今已付款多少，尚欠多少，定于什么时候归还。

（2）再以“此据”结束正文。

（3）最后在正文的右下角签上欠方的姓名和日期。

[范例2]

欠条

原于2015年08月30日借到财务部人民币捌仟元整（￥8 000.00元整），用于2015级新生接待。今已归还人民币伍仟元整（￥5 000.00元整），尚欠人民币叁仟元整（RMB ￥3 000.00元整）。余款定于2015年12月1日前归还。

此据。

单位：财经系（盖章）

经办人：张三

2015年10月15日

◎ 写作要点

若是代表单位借东西，用途要交代清楚，落款要写上单位名称和经办人或经手人的名字。

（三）收条

1. 概念

收到单位或个人的财或物时写给对方的字据，就是收条。

2. 格式

收条

今收到…………………………………………………………………………。
此据。

收款人：×××
××××年××月××日

收条的格式一般包括标题、正文和落款三部分。

（1）标题：第一行居中写上“收条”两个字。

（2）正文：另起一行空两格开始写正文，内容要写清楚收到什么人的多少财物。

（3）落款：在正文的右下角写上收款人或代收人的姓名和收款日期。

3. 例文

[范例 1]

收条

今收到 14 级市场营销（1）班的爱心捐款共伍佰元整人民币（RMB￥500.00 元整）。
此据。

收款人：朱明清
2015 年 9 月 7 日

◎ 写作要点

（1）写收条时，正文一定要交代清楚收到某人或某单位的什么东西，数量是多少。

（2）写收条时要分清是钱还是物品。如果收到的是钱，署名前写上“收款人”三个字，若是物品则不能写“收款人”三个字。

[范例 2]

代收条

今代收到艺术设计系归还给院团委的抢答器，共叁拾个，完好无损。
此据。

代收人：叶童
2015 年 9 月 7 日

◎ 写作要点

（1）写收条时，如果当事人不在，由其他人代收转交时，标题要写为“代收条”，并把“今收到”改为“今代收到”。

（2）若是物品，还要注明有无损坏。

（四）领条

1. 概念

单位或个人从某一单位领取财物时写给负责发放人的字据，就是领条。

2. 格式

领条

今领到……………………………………………………。
此据。

领取人：×××
××××年××月××日

领条的格式包括标题、正文和落款三部分。

（1）标题：第一行居中写上“领条”两个字。

（2）正文：另起一行空两格开始写，内容要写清楚领到什么单位的多少财物，金额或数量共多少。

（3）落款：在正文的右下角写上领取人或代领人的姓名和日期。

3. 例文

[范例1]

领条

今领到教务处发放的《大学语文》教科书共计伍拾本。
此据。

单位：14级汽车服务与营销班
经办人：陈明
2015年9月7日

◎ 写作要点

（1）写领条时，正文一定要交代清楚领到什么单位的什么东西，数量是多少。数量和金额要大写。

（2）如果所领的财物是集体的，落款要写上单位的名称和经办人或经手人的名字。

[范例2]

代领条

今代领到艺术设计系陈好老师的稿费共计人民币伍佰元整（RMB￥500.00元整）。

此据。

代领人：张三
2015 年 9 月 8 日

◎ 写作要点

（1）如果当事人没去领取财物，而是由其他人代领转交时，标题要写为“代领条”，并把“今领到”改为“今代领到”。

（2）对所领的物品的名称、数量等要叙述准确具体。

专题二 启事

在日常工作和生活中，机关单位、企事业团体和个人为实现某种愿望或满足某种需求，常常会公开向社会说明某事。启事是人们用面向社会公众，在公共场合张贴或在电视、广播中公开或在报刊上刊登的一种最简便的文体。

一、启事的概念

启事是公开声明某件事的文字，是一种公告性的应用文。启事的作用是公开向社会说明某件事或者希望公众协助。

启事按其内容可分为三类：

（1）征召类启事：征稿、招生、招工、招标、招聘、征婚、招领、报刊征订、征地等。

（2）声明类启事：遗失、挂失、解聘、作废、开业、停业、迁址、更名、讲座、庆典等。

（3）找寻类启事：寻人、寻物。

二、启事的格式

启事的种类很多，但其格式通常由标题、正文和落款三部分组成。

1. 标题

第一行居中。一般由“事由＋文种”构成，如“招聘启事”“征婚启事”“寻物启事”等。或者是由“机关单位名称＋事由”组合而成，如“2015 年××大学博士研究生招考启事”“××职业技术学院学报征稿启事”。

2. 正文

第二行空两格开始写正文。不同类型的启事写法各不一样，一般要交代清楚启事的原因、目地、要求等。

3. 落款

在正文的右下角需写上公开刊发启事的单位名称或个人姓名和日期。如果标题或正文中已经交代刊发启事的单位名称或个人姓名，此处可以不写。单位的启事需加盖公章。

三、例文

[范例1]

寻物启事

本人于7月6日晚6点左右在田径场遗失一个钱包，内有钥匙一串、银行卡一张、身份证一张、饭卡一张及若干现金。有拾到者请与本人联系。定当酬谢。

联系人：李先生　联系电话：1356666××××

2015年7月6日

◎ 写作要点

（1）写寻物启事时，一定要交代清楚丢失物品的时间、地点及物品的详情以及对协助者的酬谢。

（2）不要忘记写明联系方式和联系人。

[范例2]

××职业技术学院学报征稿启事

《××职业技术学院学报》（ISSN××××－××××，CN××－××××/G×）是由××职业技术学院主管，××职业技术学院主办的综合性学术期刊，A4，双月刊。其创刊于2001年，并于2001年经国家新闻出版总署批准公开发行。

征稿对象

以高职高专院校师生和科学技术研究人员为主

征稿内容

来稿要求有一定的学术价值，理论观点有新见，学理探讨有深度，研究资料有新证，充分体现学术的消息报导特征。本刊开设的主要栏目有职教专家论坛、思想政治研究、高等教育研究、经济法律研究、理工农学研究、乡土文化研究、语言文学研究、高教课程研究、教学方法研究等，优先刊登各类基金项目论文。

征稿方向

职教专家论坛、思想政治研究、高等教育研究、经济法律研究、理工农学研究、乡土文化研究、语言文学研究、高教课程研究、教学方法研究等。

征稿栏目

职教专家论坛、思想政治研究、高等教育研究、经济法律研究、理工农学研究、乡土文化研究、语言文学研究、高教课程研究、教学方法研究等。

重要日期

发稿周期：××天

撰写要求

本刊执行《中国学术期刊（光盘版）检索与评价数据规范》（2006年修订版）。

（1）来稿应包括题名、作者名、作者单位（单位名称、所在省市、邮编）、中文摘要、关键词、正文、注释（本刊采用尾注）、参考文献，并将题名、作者名、作者单位、摘要及关键词译成英文。

（2）中文摘要以200字以内为宜，应以第三人称对文章的实质性内容进行概括和提炼，并具有独立性和自含性。避免以"作者认为""本文指出"等类词语表述，也无须对文中观点进行评价。

（3）量和单位的使用应符合国家标准，书写要规范，并注明外文字母的大小写、正斜体及上下角标。凡属科研基金项目的成果，请注明项目名称和编号。

（4）图和表应清晰明了，切忌与文字表述重复。图要大小适中，线条均匀，主辅线分明，标注完整。照片要求清晰，剪裁得当。表格采用三线表。

（5）参考文献应按文中引用的先后顺序，以阿拉伯数字连续编号，在正文引用的相应位置右上角，用［ ］加序号标出。参考文献的有关信息置于文末。参考文献文末著录格式为：专著：［序号］作者．书名［M］．出版地：出版者，出版年：起止页．

译著：［序号］国名或地区（加圆括弧）原作者．书名［M］．译者．出版地：出版社，出版年：起止页．

期刊文章：［序号］作者．篇名［J］．期刊名，出版年，卷（期）：起止页．

报纸文章：［序号］作者．篇名［N］．报纸名，年—月—日（版次）．

论文集：［序号］作者．篇名［A］．编著者．

论文集名［C］．出版地：出版者，出版年：起止页．

学位论文：［序号］作者．题名［D］．保存地：保存单位，年份．

国际、国家标准：［序号］标准编号－发布年，标准名称［S］．

评审录用

优先刊登各类基金项目论文

联系信息

联系人：龚××

Email：××@126.com

电话：××××－×××××××

传真：××××－×××××××

地址：××省××市××路××号

邮编：××××××

◎ 写作要点

（1）写征稿启事时，一定要先介绍征稿单位的情况，再交代清楚征稿对象、征稿的内容、征稿的栏目、审稿周期、撰写要求及联系信息。

（2）内容要尽可能具体、明白。

［范例3］

学生证挂失启事

文学院2014级学生吴彤，于2015年5月不慎遗失学生证。发证日期为2014年9月，学号为20140203300。特此挂失。

上述证件自遗失之日起失效。

研究生院

2015 年 5 月 25 日

◎ 写作要点

（1）写挂失启事时，一定要交代清楚挂失物品丢失的时间、失主的情况及挂失物品的详情。

（2）要注明所丢失的物品的失效时间。

专题三　证明

毕业前，学校一般要求学生到某公司顶岗实习，实习结束后会要求学生在所实习单位开具实习证明。办理签证或申请贷款前，申请人往往也被要求提供相关部门出示的情况属实证明。证明是日常生活和工作中一种不可或缺的文体。

一、证明的概念

证明是证明身份或权力的文件，是组织或个人用来说明被证明人与组织的关系及被证明人相关情况属实的一种书面材料。

根据出具证明主体的不同，证明可以分为个人证明和组织证明两种。以组织的名义出具的证明，是一种比较正规的证明信。一般是该单位的负责人根据被证明人的真实情况填写的。这种证明一般是单位事先已经印刷好的，只需填入内容，而且留有存根。个人证明是证明撰写者用来说明某件事情的真实，它由个人书写，由个人负责。

二、证明的格式

证明的格式通常由标题、称谓、正文和落款组成。

1. 标题

标题在第一行，居中。标题有两种写法：一种是文种式，直接用“证明”二字；另一种是由“性质内容＋文种”构成，如“关于××同志××情况的证明”“未婚证明”“实习证明”等。

2. 称谓

另起一行顶格写上需要证明的单位名称。

3. 正文

另起一行空两格开始写正文。不同类型的证明写法不一样。一般要交代清楚被证明人的基本情况或某一事项的真实情况或被证明人与组织的关系等。文末加上结束语“特此证明”。

4. 落款

在正文的右下角需写上开证明的单位名称、填表人姓名和日期。若为单位需加盖公章。

三、例文

[范例1]

实习证明

兹有广州××职业学院管理系12级学生赵晓明同学（身份证号码：××××××××××××××××××）于2014年11月20日至2015年3月20日在我公司人力资源部实习。该学生严格遵守我公司的各项规章制度。实习期间服从安排，工作认真负责。尊敬实习单位人员，并能与公司同事和睦相处，与其一同工作的员工都对该学生的表现予以肯定。特此证明。

天天食品有限公司（盖章）
2015年3月21日

◎ 写作要点

（1）写实习证明时，一定要介绍清楚实习者的基本情况，交代清楚实习的部门、岗位和实习时间。

（2）也可对实习生的实习表现进行评价。

（3）以“特此证明”为结束语。

[范例2]

收入证明

广发银行：

兹证明张鹏（男，身份证号码：××××××××××××××××××），为我公司职员，在我公司财务部上班，任职财务主管，平均月收入为人民币壹万伍仟元整。此证明只作为员工办理广发银行信用卡之用，不做其他用途。特此证明。

翔好股份有限公司（单位盖章）
2015年5月7日

◎ 写作要点

（1）写收入证明时，核心部分是要交代清楚被证明人在公司的任职情况和收入情况。收入金额要大写。

（2）被证明人的身份证号码一定要写上。

（3）为保险起见，可以加上“此证明只作为××××××之用，不做其他用途。”

[范例3]

未婚证明

××职业学院：

兹有我辖区张丽丽，女，身份证号码：××××××××××××××××××，户口所在地：××省××市××区××镇××村××号，至2015年5月7日未婚，未抱养。特此证明。

此证明只作为被证明人开学报到之用，不做其他用途。

填表人：张三

单位：××镇计生办（单位盖章）

2015年5月7日

◎ 写作要点

（1）写未婚证明时，核心是要写清楚被证明人的婚姻情况，是已婚还是未婚。

（2）落款处由单位负责人签名和填写，并盖上单位的公章。

[范例4]

党员组织关系转移证明

××党支部：

兹有我支部崔护同志，男，汉族，身份证号码：××××××××××××××××××××，系中共正式党员，入党时间为2012年5月11日。因大学毕业转出，其本人申请将组织关系转移到××××党支部。该同志党费已交到2015年5月9日。特此证明。

填表人：张三

单位：××党支部（单位盖章）

2015年5月9日

◎ 写作要点

（1）写党员组织关系转移证明时，要写清楚被证明人的姓名、性别、身份证号码或年龄、入党时间、党员的属性是正式党员还是预备党员，以及组织关系转出/入的原因，如大学/研究生毕业转出还是升入研究生转入等。

（2）要写明接收的党支部名称。如果不是平级转移，要加上接转单位；如果是平级转移，可以写“转入你处”。

（3）最后说明该同志党费缴交的情况。

专题四　书信

在日常工作和生活中，相隔较远、互相见不着面或不方便当面说出话或为了表达自己的感谢等，这时人们常常会选择通过书信的方式传递信息。书信是一种在实用性很强的文体，在日常交际中必不可少。

一、书信的概念

书信是人们针对某种特定事务，向特定对象发出特定信息，进行交流沟通和传递思想情怀的一种书面文体。

书信按照文体写法的不同，可以分为求职类书信、请托类书信、邀约类书信、借贷类书信、庆贺类书信、问候类书信、规劝类书信、情书类书信等；按照范围的不同，书信可以分为私人信札和事务信札。

二、书信的格式

书信的格式通常由称谓、问候语、正文、祝愿语和落款组成。

1. 称谓

称谓是对收信人的称呼，在第一行顶格填写，并加上冒号。如“尊敬的领导：”“亲爱的朋友们：”等。

2. 问候语

问候语需另起一行空两格填写，并独立成段。问候语要简洁得体。如“您好”“近来可好”。

3. 正文

正文需另起一行空两格开始写。不同类型的书信写法不一样，一般分为若干段阐述写信人要说的话。

4. 祝愿语

祝愿语需在正文之后或另起一行空两格开始写。如“祝身体健康，工作顺利”“祝阖家欢乐”。标准的写法还要加上“此致　敬礼”。“此致”空两格填写，“敬礼”另起一行顶格写。

5. 落款

在正文的右下角需写上写信人的姓名和日期。姓名在前，日期在后。署名后有时还可以加上“恭呈”“谨上”等。

三、例文

[范例1]

感谢信

尊敬的老师们、亲爱的同学们：

你们好！

请接受院团委、学生会对您和您的捐助行为表示由衷的感谢和敬意！

我院××系20××级彭××同学在端午节放假回校途中不幸出车祸，经医生诊断为脑出血，左腿粉碎性骨折，肋骨挫伤，伤势严重。

一方有难，八方支援。在得知彭××同学遭遇车祸的消息后，学院领导高度重视，非常关心，第一时间在全院发起了募捐倡议书，并于2015年6月22日在院团委办公室设立了捐款箱。广大师生纷纷向彭××同学及其家人伸出了援助之手。截至2015年7月10日，捐款总额已达到31 807.00元。捐款已悉数交到彭××同学父亲手里，用于彭××同学的治疗，希望他早日康复。

在这里，我们十分感谢所有关心和帮助彭××同学的老师和同学，是你们无私的援助，点燃了他生活的希望和曙光，让他感受到情谊的高贵和××学院这个大家庭的温暖。我们坚信，有大家无私的帮助和支持，有大家美好的祝福和期盼，他一定能战胜伤情，早日康复！

在此，请允许我们和您一起祝福彭××，祝福他早日康复！

在此，请允许我们和他一起感谢您和您的捐助，并祝每一位好人一生平安。

在此，院团委、学生会向大家致以最衷心的感谢。谢谢我们的老师、同学们。谢谢你们。

××学院院团委、学生会

2015 年 7 月 13 日

◎ 写作要点

（1）感谢信一般由受益者或相关部门或相关人发出。

（2）感谢信的正文重点是交代清楚被感谢者及其行为发生的时间、地点、背景、原因以及产生的效果。

（3）正文最后要表示感谢，有时还附带表扬。

[范例 2]

表扬信

公司全体团员青年：

在××总公司团委组织的首届集团青年创新创效成果大赛中，我公司团员青年积极响应，踊跃参与，将自己在工作中的创新创效成果与大家分享，共同学习，共同进步，使集团举办活动的目的在青岛区域得到了具体落实。

在此次活动中，区域团委从各部门、各分公司上报的多项创新创效成果中精心选拔，最终选送了××的《×××》参加大赛。这项成果不负众望，凭借优质高效的方案流程获得了青年创新创效成果三等奖的好成绩，受到××总公司团委的表彰。在此，××团工委向为公司赢得荣誉的××公司××部的团员青年提出表扬，并号召公司广大团员青年学习他们立足岗位、勤奋学习、刻苦钻研、善于创新的成功经验，进一步发扬开拓进取、力求上进的精神，在各自工作岗位上，为继续推动青年创新创效活动的深入开展做出新的贡献。

××团委《关于表彰××青年创新创效活动先进的决定》的通知，对××公司广大团员青年既是表彰也是激励。21 世纪是知识不断创新、科技突飞猛进的新时期。创新是企业发展壮大的必由之路，开展创新创效活动有利于激发团员青年的创新热情，挖掘岗位成才的巨大潜力，为团员青年展示才华搭建广阔的舞台。希望全体团员青年以这次活动为契机，积极投身企业技术创新、管理创新、营销创新、服务创新的丰富实践，最大限度地把你们的聪明才智和创造活力发挥出来，促进企业技术创新体系建设和创新能力的提高，推动企业的改革和发展，并通过创新创效活动深入持久的开展，为××事业的跨越式发展提供人才保障，为实现××公司的振兴发展再夺佳绩，再创辉煌！

×××××公司团工委

××××年××月××日

◎ 写作要点

（1）写表扬信时，关键是选准收信者，以便达到表扬的目的。

（2）表扬信的正文首先要交代清楚表扬的理由，如被表扬者的先进事迹和品质。其次要对所叙述的人或事进行评论，尤其要赞颂被表扬者行为的意义。

(3) 结尾部分可以提出期望。有的还可以向对方的单位提出建议，希望对×××给予表扬。如“×××同志的优秀品德值得大家学习，建议予以表扬”“值得我们学习”等。

(4) 表扬信的言辞要热情简朴，无虚夸溢美之词。

[范例3]

“八一”慰问信

驻粤中国人民解放军和中国人民武装警察部队全体官兵，全省红军老战士，军队离退休干部，烈军属，残疾军人，转业、复员、退伍军人：

值此中国人民解放军建军88周年纪念日即将到来之际，我们谨代表全省人民，向你们致以节日的祝贺和亲切的慰问！

中国人民解放军是中国共产党缔造和领导的人民军队。在长期的革命斗争和经济社会发展中，中国人民解放军始终牢记全心全意为人民服务的宗旨，大力弘扬光荣传统和优良作风，忠实履行党和人民赋予的神圣使命，为争取民族独立和人民解放，取得世界反法西斯战争胜利，捍卫国家主权、安全、领土完整，保卫改革开放和社会主义现代化建设事业，维护世界和平立下了不朽的历史功勋。历史充分证明，中国人民解放军不愧为一支忠于党、忠于社会主义、忠于祖国、忠于人民的英雄军队，不愧为闻名于世的威武之师、文明之师、和平之师，不愧为建设中国特色社会主义的重要力量。

驻粤部队全面贯彻党中央、国务院、中央军委关于新时期国防和军队建设的战略部署，坚持以强军为目标，为统揽，围绕提升核心军事能力、大力推进军事斗争准备和各项建设；牢固树立宗旨意识，大力弘扬拥政爱民的光荣传统，在圆满完成各项军事任务的同时，积极支持我省经济社会发展；特别是在维护社会稳定、抢险救灾、扶贫济困、社会主义新农村建设，以及军民共建、创建双拥模范城（县）等实践中，冲锋在前，勇挑重担，以实际行动为民造福，充分发挥了积极作用，谱写了拥政爱民的新篇章。

全省红军老战士，军队离退休干部，烈军属，残疾军人，转业、复员、退伍军人，保持军人本色，自强不息，勇于拼搏，扎实奉献，再立新功。在此，省委、省政府和全省人民向你们表示衷心的感谢并致以崇高的敬意！

当前，我省全面贯彻党的十八大和十八届三中、四中全会及省委十一届四次全会精神，深入贯彻习近平总书记系列重要讲话精神，围绕实现“三个定位、两个率先”的目标，坚持稳中求进工作总基调，坚持以提高经济发展质量和效益为中心，主动适应经济发展新常态，保持经济运行在合理区间，把“转方式、调结构”放到更加重要位置，狠抓改革攻坚，突出创新驱动，加快构建对外开放新格局，促进城乡区域协调发展，切实保障和改善民生，全面推进依法治省，全面推进从严治党，扎实开展“三严三实”专题教育，促进经济平稳健康发展和社会和谐稳定。我们将一如既往地支持国防和军队现代化建设，着力推动军民融合深度发展，广泛开展科技、教育、文化拥军活动，妥善安置转业、复员、退伍军人，积极做好拥军优属等各项优抚工作；深入开展创建双拥模范城（县）和军（警）民共建社会主义精神文明活动，不断巩固和发展军政军民团结，努力形成军爱民、民拥军的生动局面。

同志们，让我们紧密团结在以习近平同志为总书记的党中央周围，高举中国特色社会主义伟大旗帜，以邓小平理论、“三个代表”重要思想、科学发展观为指导，发扬拥军优属、拥政爱民的光荣传统，推动军民融合发展，坚定信心，锐意进取，扎实工作，不断开创军政军民团结的、新局面，谱写改革发展新篇章，为实现“三个定位、两个率先”的目标、实现中华民族伟大复兴的中国梦而奋斗！

祝同志们节日快乐，身体健康，工作顺利，家庭幸福！

中共广东省委

广东省人民政府

2015 年 7 月 19 日

◎ 写作要点

（1）慰问信包括两种：一种是在战争、自然灾害或事故等特殊情况下表示同情、安慰；另一种是在节日表示问候。

（2）写慰问信时，正文内容要表示问候，并交代清楚慰问的背景、原因，充分肯定被慰问群体的事迹或对社会的贡献或作用。最后要表示祝福和希望。

（3）写慰问信贵在真实、自然，态度要诚恳，文字要简明扼要，篇幅尽量短小。

[范例 4]

王毅部长致首届中韩公共外交论坛的贺信

尊敬的尹炳世外长，

尊敬的柳现锡理事长，

尊敬的李肇星会长，

尊敬的各位来宾：

值此首届中韩公共外交论坛开幕之际，我谨向论坛致以热烈祝贺！

为落实中韩两国领导人的共识，两国举办首届中韩公共外交论坛。这是中韩友好交流的一件大事，必将为促进中韩公共外交合作和人文领域交流、深化两国人民的相互了解和友好情谊做出应有的贡献。此次论坛的主题是“为心信之旅的相会”，表达了中韩人民渴望真诚沟通、增信守义的积极意愿。

中韩两国地缘相近、文缘相通、心缘相亲。建交 21 年来，两国关系取得了历史性进展，各领域交流合作达到前所未有的水平。今天，两国关系站在新的历史起点上。中国人民正努力实现中华民族伟大复兴的中国梦，韩国正致力于开启“国民幸福时代”，我们对中韩全面推进各领域互利合作充满信心。双方进一步加强公共外交领域合作，应天时，得地利，享人和，是充实和深化中韩战略合作伙伴关系的又一重要举措，将为中韩友好交往增添浓墨重彩的一笔。

公共外交在中国有深远的历史渊源，汲取了中华传统文化的精粹，传承了中国开展人民外交、民间外交的有益经验，并适应时代发展和形势变化，不断丰富内涵、创新形式。中国公共外交旨在向世界介绍、展示一个真实的当代中国，推动中华文明与世界其他文明的交流互鉴，增进中国与各国人民之间的友好合作、相互了解与信任，推动建设持久和平、共同繁荣的和谐世界。

“国之交在于民相亲”。中国将继续扎实推进公共外交和人文交流，并愿与韩方一道，通过开展全方位公共外交合作，进一步增进国民感情，为中韩战略合作伙伴关系夯实民意基础，共同开创两国关系更加美好的未来。

祝论坛取得圆满成功！

中华人民共和国外交部长　王毅

2013年9月24日

◎ 写作要点

（1）贺信的标题一般由文种名构成，或者是“事由＋文种”。可以在“贺信”前加上谁写给谁的说明。

（2）被祝贺对象较多时，要分行罗列，最后一个称呼之后要用“：”。

（3）贺信的正文首先要开门见山地点明祝贺事由，如本例结合当前的形势，说明会议召开的大背景，并指出其贡献，最后由衷地表达自己的祝福。

（4）贺信的语言要求精炼，不宜长篇大论。

[范例5]

介绍信

××公司：

兹介绍我单位张晓、王昊、李贤共三名同志前往你处洽谈校企合作事宜。希接洽为盼。

此致

敬礼！

广州××学院（单位盖章）

2014年11月4日

◎ 写作要点

（1）介绍信是上级部门为下级单位或个人出具的身份证明，是一种事务性文书，不需要过多客套。

（2）写介绍信时，正文内容要交代清楚被介绍人的相关信息、所需洽谈/联系的事情。最后要对介绍人要前往的单位提出希望和要求。

（3）介绍信对于持信者和收信者都是一种凭证，因此，其内容必须实事求是，真实可信，严禁弄虚作假。

（4）介绍信的用词必须简洁、明确，不可模棱两可、似是而非。

[范例6]

推荐信

尊敬的××先生：

您好！我是××公司的人事部经理。得知我公司员工张赫宣想到贵校深造，我感到非常高兴和无比欣慰。在我看来，一个有上进心的年轻人应该接受更高更好的教育，拥有更美好的未来。因此，我很荣幸向贵校强烈推荐这位优秀青年。

张赫宣是大四的时候来我公司实习的。在实习期间，他认真负责，虚心向其他员工请教，不怕苦，不怕累，尊敬他人，关心他人，并能与公司同事和睦相处，与其一同工作的员工都对他的实习表现予以高度评价。鉴于他在实习期的出色表现，我公司招收他为正式员工。

张赫宣经过两年的努力，已成为我公司的一名骨干，多次被评为本公司的年度优秀员工，是我公司员工学习的榜样。

虽然从某种程度上来说，如此优秀的员工离职读研是我公司的一大损失，但考虑到他的前途，我依然毫不犹豫地支持他继续深造。真诚期望贵校能同样支持他，给他一个提升自己、实现梦想的机会。谢谢。

××公司的人事部经理：赵军

2014 年 10 月 8 日

◎ 写作要点

（1）推荐信是向有关单位或用人者推荐人才的重要文书。

（2）向不熟悉的人推荐人才时，先要适当介绍一下自己的身份，说明自己与被推荐者之间的关系。

（3）推荐信的正文首先要如实地介绍被推荐者的情况（包括姓名、学历、业务水平、工作能力等），让用人单位对被推荐者有比较全面的了解。其次要说明推荐的理由，以供用人单位参考。最后要申明推荐的意向。

应用实践训练

一、病文诊断

请指出下面例子的毛病并修改。

1.

请假条

××经理：

我家有急事，需要马上回去处理一下，特向您请假，请予以批准。

此致

敬礼!

请假人：×××

2015 年 10 月 28 日

2.

寻物启事

本人于 7 月 6 日骑车经过图书馆附近时不小心遗失一个钱包。内有重要物品。有拾到者请交给本人。定当酬谢。

财经系张某 7 月 7 日

3.

招领启事

本人于 2015 年 7 月 6 日晚 6 点左右在田径场捡到一个黑色钱包，内有钥匙一串，银行卡一张，卡号为××××××××××××××××××××。请失主与本人联系。

联系人：李先生 联系电话：1356666××××

2015 年 7 月 6 日

4.

借条

本人于 2013 年 7 月 6 日借张三人民币三百元。定于一个月后归还。此据。

借款人：李玉斌

2013 年 7 月 6 日

5.

介绍信

××公司负责人：

兹介绍我单位工程师张非、汪涵前往你处。请予接洽。

此致

敬礼！

××公司（单位盖章）

2014 年 11 月 4 日

6.

领条

今领到呼啦圈五十个，演出服装 10 套，鞋子 10 双。

此据。

单位：院团委

2015 年 9 月 17 日

7.

代收条

今代收到广州××职业学院全院师生的爱心捐款伍仟捌佰柒拾元整。

此据。

收款人：赵敏

2015 年 9 月 7 日

8.

慰问信

×××省辞书学会：

获悉你会经过充分筹备，现已正式成立。这是我省的一件大喜事。我们谨向贵协会致以衷心的慰问。

×××市教育局

2015 年 3 月 20 日

二、技能训练

1. ××学院即将迎接新生，但财经系新生接待处缺少课桌椅和饮水机，需要向后勤处借 3 台饮水机和 10 套桌椅。请你代财经系学生会写一张借据。要求按借条的正规格式书写，内容要明确。

2. 据教育部高等教育司 2010 年 2 月 25 日《关于组织实施 2010 年高等学校青年骨干教师高级研修班项目的通知》（教高司函〔2010〕25 号），××大学、××出版社（国家级教学成果一等奖获得者）、××学院联合举办“全国大学语文青年骨干教师高级研修班（第八期）”，研修主要内容如下：

（1）邀请重点高校和研究机构的知名学者、专家和优秀教师开办讲座、示范授课。

（2）组织参会教师和教学负责人就母语教育理念、大学生语文素养、大学语文课程建设、教学改革、讲授方法等问题，交流经验，展示成果，示范观摩，共享信息；并参观有关文化项目，汲取有益教学的文化资源。

（3）围绕高研班赠送的××出版社《大学语文（第二版）》等精品教材和研究文集，了解近年“大学语文”精品课程和教学团队建设、数字化教学资源建设、教学协作、教学资源共享等新情况，为下一步开展教学活动提供建议。

我们学院中文系接到了这个“全国大学语文青年骨干教师高级研修班（第八期）”的邀请函后，组织了三名骨干教师前往学习。

要求：请根据模拟场景的内容，以××学院中文系的名义向学院财务部门写一张借条，借款 8 472 元，规定完成时间为 15 分钟。

3. 好运达货运有限公司成立于 1990 年 1 月，是一家民办企业，主要经营范围是国际货运，现有员工 500 人。公司因业务发展需要，需要招聘一些员工。招聘职位：人力资源主管 1 名，要求年龄不超过 35 周岁，本科及以上学历，具有较好的公关社交能力和较强的文字功底能力。会计若干名，熟悉电脑操作，有一定的英语表达能力，有会计从业资格证。请代好运达货运有限公司人事处拟一份招聘启事。

4. 八岁的王磊和年过七旬的奶奶一起搭公交车回家。到站的时候，王磊睡着了，奶奶下车后才发现孙子没有下车。到了终点站后，司机发现了熟睡的王磊，问清楚了他本该下车的车站是后溪站后，二话没说，立马开车将王磊送到了后溪站，并帮他找到了奶奶。请以王磊父母的名义写一封感谢信。

5. ××学院管理系张丹峰同学因急性阑尾炎于 2015 年 3 月 12 日住院，医生为他进行了阑尾切除手术。他于 3 月 20 出院。学院要求他到医院开具住院证明才能暂时免上体育课。请帮他的主治医生为他开一张证明。

6. 来到大学已经一段时间了，远方的父母一直牵挂着你。请给父母写一封家书，告诉他们你来到大学后的所见所感或收获。

7. 男大当婚，女大当嫁。请为自己写一则征婚启事。

8. ××学院心理健康协会正空缺一名理事长和几名部长。请你写一封自我推荐信，说明你想任职的职位、自身的优势和你任职后将如何为协会服务。

9. 后天是张冰的生日，他想邀请几位好朋友去家里参加他的生日派对，时间是晚上 6 点。今天下午放学后他去好友李显家通知他参加活动，但李显不在。请你为张冰给李显写一张留言条。

10. 欧俊健是健康俱乐部的新成员。今天他到健康俱乐部领了一套运动服，两个哑铃。请你为欧俊健写一张领条。

11. 2015 年 9 月 8 日，王明的母亲出了车祸，住院了。家里让他请两天假照顾母亲。请你为王明写一张请假条。

12. ××学院军政教导队成立四周年，请你代表学工处拟一份祝贺信。

13. 2015年7月1日，王明因为自己的孩子需要做手术，于7月2日至7月11日向单位请假10天。后来王明的孩子因为需要检查，14日才能出院，于是王明又向单位请假3天。但是，15日王明妻子因肠胃炎住院，他只好又向单位请假3天，后两次都是通过电话向单位请假的。

要求：请以王明的名义给他的单位（广州仁爱有限公司）的领导写两张请假条（一张是7月1日写的，另一张是7月18日补写的），规定完成时间为15分钟。

模块二 校园文书

专题一　倡议书

倡议书是人们经常用到的一种文体。在日常生活和工作中，有些事要社会全体成员齐心协力才能完成。适时地发出倡议书能引起人们的注意，调动群众参与的主动性和积极性，是一种凝聚社会力量的最有效的方式之一。

一、倡议书的概念

倡议书是由某一组织或社团拟定，就某事向社会提出建议或提议社会成员共同去做某事的书面文章。

倡议书涉及的内容非常广泛，按照不同的标准可以分为不同的种类。按照传播角度的不同，倡议书可以分广播式倡议书、登载式倡议书、张贴式倡议书、传单式倡议书等；按照创作者的不同，倡议书又可分为个人倡议书和集体倡议书。

二、倡议书的格式

倡议书的格式通常由标题、称谓、正文和落款组成。

1. 标题

标题需在第一行居中填写。标题有两种写法。一种是文种式，直接用“倡议书”三字。另一种是由“倡议内容＋文种”组成，如“关于开展课后一分钟的倡议书”“保护学校环境倡议书”等。

2. 称谓

另起一行顶格写上倡议的对象，称呼要恰当。如“尊敬的老师们和亲爱的同学们”“妇女同胞们”“青年朋友们”等。称谓的后面要加“：”。有的倡议书可以不用写称谓，而是在正文中指出。

3. 正文

正文需另起一行空两格开始写。一般要交代清楚发起倡议活动的背景、原因、目地、要求等。还可加上一些勉励的话作为共勉，如“让我们团结一致，为创建美丽校园贡献自己的一份力吧”。

4. 落款

在正文的右下角需写上发出倡议的单位名称或倡议人的名字和日期。

三、例文

[范例 1]

保护学校环境倡议书

尊敬的老师们和亲爱的同学们：

你们好！

你想在一个绿树成荫、鸟语花香的地方生活吗？

你想在一个姹紫嫣红、四季如春的环境学习吗？

你想在一个环境优美、充满生机的校园成才吗？

为了使我们美丽的校园多一份绿色，添一份生机，有一个舒适的学习环境。同学们，行动起来，保护好我们的环境吧！

因此，我们倡议：

一、不把外卖带入校园。

二、不在教学区饮食。

三、不乱涂乱画，不乱翻学校栏杆，不践踏草坪。

四、以爱护校园环境为己任，自觉维护校园的清洁卫生，做好值日生工作。

五、不乱扔垃圾，并提醒乱扔垃圾的同学。

六、看到地面上有纸屑等垃圾，主动捡起来，扔进垃圾筒里。

七、不再把食物带进教室内，同时应主动清理抽屉里的垃圾。

当我们在绿树成荫的校园中漫步时，一定会感到心旷神怡；当我们坐在窗明几净的教室中读书时，定能全神贯注；当我们在整洁优雅的环境中学习时，定会倍感心情舒畅。优美的环境，让我们懂得珍惜，学会爱护；优美的环境，让我们知书达理，更加文明；优美的环境，让我们学习进步，道德高尚；优美的环境，让我们学会谦让，学会做人。在优美的校园环境中，我们沐浴着阳光，吸取着营养，我们满怀激情，畅想未来。

创文明和谐校园，让我们立即行动起来，自觉增强保护校园环境的意识，做保护校园环境卫生的“绿色卫士”，让我们全体师生共同努力吧！

院团委

2015 年 9 月 6 日

◎ 写作要点

（1）写保护学校环境倡议书时，首先要表述清楚发起环境保护倡议活动的原因和目的，才能感召人，让人理解和信服。

（2）倡议书正文的重点是提出具体的要求和价值意义，才能让人知道要做哪些事情，具体要求是什么，并自觉地参与并行动起来。

（3）倡议书的文末要号召大家共同努力，调动大家参与的积极性和主动性，齐心协力共同做好学校环境保护工作。

[范例2]

爱心捐款倡议书

老师们、同学们：

早上好！

拥有健康的身体和快乐的生活是我们每个人的梦想。当我们和同学放声欢笑的时候，当我们和家人共享天伦之乐的时候，当我们和朋友畅想人生理想的时候，你可知道，就在我们身边却有一个一岁零七个月的孩子正遭受着疾病的折磨。

小乐乐，我校地理科组龙玲老师的儿子，在他来到这个世界不到两年的时候，不幸患上了恶性肿瘤，即人们通常所说的癌症。在小乐乐的头颅内长着一个鸡蛋大的肿瘤，并且快速向鼻腔和眼部蔓延。根据医生的建议，需要立刻做切除手术，但由于年纪较小，器官发育不够完整，需要承担极大的风险。据医院估计，小乐乐的手术费用至少需要三十万，甚至更多，但是由于家庭经济条件有限，现在小乐乐仍然躺在广东省人民医院的病床上还未手术，全家人只能眼睁睁地看着这个可爱的孩子被可怕的病魔折磨。

一方有难，八方支援；病魔无情人有情。湛江一中培才学校的师生素有扶贫济困的美德，同时这也是我们的责任。曾经，我们为汶川地震捐款；曾经，我们为患有白血病的小女孩捐款；曾经，我们为甘肃舟曲特大泥石流捐款……今天，我们怎能眼睁睁地看着一个孩子等待死亡，让一条鲜活的生命离我们远去。

为了拯救这个幼小的生命，挽救一个曾经幸福的家庭，现向全校师生发出倡议，请你们再次伸出友爱之手、援助之手，为这个孩子点亮一盏希望的灯，为他的家人坚定一个信念。捐款无论多少，哪怕就是一元，只要我们献出一份属于我们的爱心，小乐乐就多了一份生存的希望。请全校的师生们马上行动起来，用我们的仁爱之心救救小乐乐，救救这个家庭。让我们团结起来，共同努力，共同祈祷，一起帮助小乐乐战胜病魔，帮助他撑起一片蔚蓝的天空。

湛江一中培才学校

2011年12月19日

◎ 写作要点

（1）写爱心捐款倡议书时，正文部分首先要介绍需要帮助的对象的个人情况、家庭经济情况，让人感觉他确实需要我们的帮助。

（2）倡议书的内容要指出倡议的目的和意义，感召受众，希望得到受众的响应，让受众感受到每一份爱心和善款对需要帮助的人的意义。

专题二　申请书

申请书的使用范围非常广泛。在日常工作、学习和生活中，下级对上级经常会有所请求，个人希望组织或上级对自己的意愿有所了解或者是批准与帮助，往往会用到申请书这一文体。

一、申请书的概念

申请书是组织或个人为了实现某个愿望，根据实际情况，提出请求的一种书面材料。

申请书按申请内容的不同可以分为入党申请书、转正申请书、困难补助申请书、入团申请书、法庭申请书、工作调动申请书、公证申请书等；按申请者的不同，申请书又可分为集体申请书和个人申请书。

二、申请书的格式

申请书的格式通常由标题、称谓、正文和落款组成。

1. 标题

标题需第一行居中填写。标题有两种写法。一种是文种式，直接用“申请书”三个字。另一种是由“事由+文种”构成，如“入党申请书”“困难补助申请书”。

2. 称谓

另起一行顶格写上接受申请书的组织或单位的名称。

3. 正文

正文需另起一行空两格开始写。一般要交代清楚申请的目的，并实事求是地陈述申请的理由，最后表明申请的态度，并请求批准。

4. 落款

在正文的右下角需写上提出申请的单位名称或个人姓名和日期。

三、例文

[范例1]

入党申请书

敬爱的党组织：

我志愿加入中国共产党，拥护党的纲领，遵守党的章程，履行党员义务，执行党的决定，严守党的纪律，保守党的秘密，对党忠诚，积极工作，为共产主义奋斗终生，随时准备为党和人民牺牲一切，永不叛党。

中国共产党是中国工人阶级的先锋队，同时是中国人民和中华民族的先锋队，是中国特色社会主义事业的领导核心，代表中国先进生产力的发展要求，代表中国先进文化的前进方向，代表中国最广大人民的根本利益。党的最高理想和最终目标是实现共产主义。中国共产党以马克思列宁主义、毛泽东思想、邓小平理论、“三个代表”重要思想和科学发展观作为自己的行动指南。

我之所以要加入中国共产党，是因为只有党，才能够教育我们坚持共产主义道路，坚持一切从人民群众出发；是因为只有党，才能引导我们走向正确的发展道路、创造更快、更好、更先进的文明；是为中华民族的强大出一份自己的力量。因此从我就读于××大学的时候，我便开始逐渐了解中国共产党的纲领、路线，学习毛泽东思想、邓小平理论和“三个代表”重要思想和科学发展观。在学校这充满书卷气息的环境里，我耳濡目染了许多关于党的宣传、介绍，听取了许多先进个人和模范党员的光荣事迹。

通过对党的基本知识、基本理论和中共党史的学习，在党组织的教育和培养下，我了解到：自 1921 年建党至今，我们的党已经经过了 94 年艰苦卓绝的奋斗历程。这几十年，中国共产党从小到大、从弱到强、从幼稚到成熟，不断发展壮大。从建党之初的 50 多名党员，逐步发展到今天这一个拥有七千多万党员的执政党。在长期的社会主义革命和建设过程中，先后把毛泽东思想、邓小平理论和“三个代表”重要思想和科学发展观写在了自己的旗帜上。中国共产党一开始便旗帜鲜明地以马克思主义的阶级斗争观点来观察和分析中国的问题，并且深入工人中做群众工作。

中国共产党在社会主义初级阶段的基本路线是：领导和团结全国各族人民，以经济建设为中心，坚持四项基本原则，坚持改革开放，自力更生，艰苦创业，为把我国建设成为富强民主文明和谐的社会主义现代化国家而奋斗。

党的十八届四中全会，做出了《中共中央关于全面推进依法治国若干重大问题的决定》，这是党中央在新形势、新任务下做出的治国理政战略部署，提升了法治地位，标志着党治国理政新的起点，具有里程碑意义。四中全会确定我们的法治建设，必须坚定不移地走中国特色社会主义法治道路，在这个法治道路上又有了新的起点。具体包括通过依法执政来提高党的执政能力和执政水平的新起点，以法治方式推进现代化建设的新起点，在法治轨道内全面深化改革的新起点，从权力反腐走向法治反腐的新起点，从法律体系向法治体系建设推进的新起点。四中全会确定的内容具有全局性、战略性和长远性，不仅明确了依法治国的总目标是建设中国特色社会主义法治体系、建设社会主义法治国家，依法治国的基本原则是坚持中国共产党的领导、坚持人民主体地位、坚持法律面前人人平等、坚持依法治国和以德治国相结合、坚持从中国实际出发，而且还明确了全面推进依法治国的重大任务，要完善以宪法为核心的中国特色社会主义法律体系，加强宪法实施，加强和改进党对全面推进依法治国的领导等，四中全会为全面推进依法治国勾画出了清晰的框架和路线图。我认真学习了十八大四中全会的报告，深刻地了解到十八大四中全会是在全面建成小康社会的关键阶段，在全面深化改革的攻坚时期。党的十八届四中全会以依法治国为主题，吹响了建设社会主义法治国家的进军号。全会通过的《中共中央关于全面推进依法治国若干重大问题的决定》是我国历史上第一个关于加强法治建设的专门决定，是指导新形势下全面推进依法治国的纲领性文件。全会提出的新观点、新举措，必将提升国家治理体系和治理能力现代化水平，为中国特色社会主义事业提供制度框架，为中华民族伟大复兴提供法治保障。

党的十八大以来，习近平总书记发表了一系列重要讲话，多次就坚持和发展中国特色社会主义发表重要讲话，对社会主义的历史发展进程特别是我们党探索中国特色社会主义的历史进程和伟大实践，对坚持和发展中国特色社会主义需要把握的重大理论问题、战略部署等，做了全面系统深刻的阐述。习总书记在参观“复兴之路”展览时首次提出要实现中华民族伟大复兴的中国梦，又先后在多个重要场合发表重要讲话，对中国梦的内涵实质、实现道路、依靠力量、历史意义等做了系统阐释。中国梦的本质是实现国家富强、民族振兴、人民幸福，中国梦归根到底是人民的梦，实现中国梦必须走中国道路、弘扬中国精神、凝聚中国力量。中国梦的提出，是马克思主义基本原理与中国实际和时代特征相结合的典范，是中国特色社会主义重大思想理论成果，丰富了中国特色社会主义的科学内涵，为推进中国特色社会主义伟大事业指明了方向，是当今中国发展进步的高昂旋律、思想引领和精神旗帜。这些讲话精神，是高度的政治性、理论性、系统性与针对性、指导性、贴近性的有机统一，贯穿着马克思主义观点和党性原则，闪耀着历史唯物主义和辩证唯物主义的理论光芒，充满着合党心、顺民意、鼓士气的巨大感召力，体现了新一届中央领导集体对中国特色社会主义的坚定自信和对国家、对民族、对人民的责任担当，顺应了当今中国的发展大势、顺应了全体人民过上美好生活的热切期盼、顺应了世界发展进步的潮流，对指导党和国家事业发展、开创中国特色社会主义新局面具有重大的现实意义和深远的历史意义，必将在全党凝聚起强大的精神力量，鼓舞和激励全党全国各族人民为全面建成小康社会、实现中华民族伟大复兴的中国梦不懈奋斗。

作为新时期的一名大学生，我为自己所处的时代感到自豪和兴奋。建设中国特色的社会主义和谐社会的宏伟大业为我们展现自己的才华提供了广阔的用武之地。我十分感谢这些年来国家、社会和母校为培养我们这些学子所付出的财力、物力和精力，本人将竭尽自己所能，把自己学到的专业知识用于日常工作和社会实践，为社会主义现代化建设、建设社会主义和谐社会贡献自己的一份力量。

在我成为入党积极分子两年多以来，我努力学习与党有关的材料，不断提高自己的理论修养。因为共产党员只有具备充足的基础理论知识与基本技能，才能在群众中起到良好的模范带头作用。在学习上，我努力学好专业各门课程；在工作上，身为班委的我积极参与班级的建设，为班级与同学尽自己的一份力量，做一名合格的学生干部。作为一位班委，在生活和学习、工作中免不了要与同学们联系和接触发现自己还是有一些缺点：

（1）政治理论学习欠缺，理论与实际脱节。只注重表面学习，没能准确把握马列主义、毛泽东思想、邓小平理论的深刻内涵和精神实质；忽视了理论对实际工作的指导作用，导致理论学习与实际工作脱节，对待理论学习，只满足于片面地引用个别原理，而不能有效地与实际工作紧密结合起来。

（2）遇到事情总想要自己一个人去解决，没有经常和他人沟通，寻求帮助，也因此给自己或他人带来了或多或少的麻烦，有待改正。

（3）政治理论学习不够深入，存在对学习自觉性稍差、重视不够以及政治鉴别力缺乏的问题。没有把理论学习放在第一位，只是粗糙、片面地学习。理论与实践隔离，忽视了理论与实践的辩证唯物关系，对一些理论的学习只满足于记住几条重要论断和几句讲话，缺乏系统性、经常性的深入学习。

发现自己的不足之处，我决心通过自身的努力去改正，加强政治理论学习，提高自己的政治敏锐性和政治鉴别力，树立科学的世界观、人生观和价值观。今后以解决思想和工作中存在的实际问题为出发点，改进自己的工作作风和学习方式。发现问题、解决问题是我们党一贯坚持的处理问题的方法，因此我要继续努力改正自身存在的不足，学习他人的长处来弥补自己的短处。因此在今后的学习与生活中我会时刻向先进的党员同志看齐，争取早日入党。

我志愿加入中国共产党，要在党的组织内认真学习马列主义、毛泽东思想、邓小平理论和“三个代表”的重要思想、科学发展观和党的基本路线、理论方针政策，学习科学、文化和业务，不断地提高自己的思想政治觉悟，掌握一流的工作技巧，用业绩证明一切。

我要认真地用共产党员的标准来要求自己。我一定要刻苦钻研，努力拼搏，在思想和组织上争取入党，争做优秀的共产党员。如果组织没有接受我的请求，我也不会气馁，我会继续为之奋斗，争取成为一名共产党员。

此致

敬礼!

申请人：陈真

2014 年 12 月 4 日

◎ 写作要点

(1) 写入党申请书时，要向党组织提出申请，如“我志愿加入中国共产党，愿为共产主义事业奋斗终生。”

(2) 要谈一谈自己的入党动机和对党的认识，个人在思想、生活、学习或工作等方面的表现。

(3) 要表达请党组织考察的愿望，如“请党组织考验我”。

[范例 2]

预备党员转正申请书

敬爱的党组织：

我于 2014 年 5 月 11 日被党组织批准为一名光荣的中国共产党预备党员，这一光荣称号一直激励着我，成为我工作、学习、生活的新动力。在这一年里，我有了一种新的归属感，在这个充满温暖、充满力量的集体中，我不断成长。在我的预备期届满之际，我郑重向党组织提出转正申请，并将我入党一年来的、工作、学习、生活等情况做个汇报。

入党前，我从未想过自己入党前后会有多大的区别，因为一直以来，我对工作认真负责，并始终抱以最大的热忱，对周围的人真诚相待、相濡以沫，这些都是我觉得理所当然的，这也是我做人的最基本准则。在那时，我会认为不论我是否是一名共产党员我都会一如既往地去做，也就是说在此之前，我的人生并没有很明确的目标。

但自从我成为预备党员的那一天起，我发现这些是远远不够的。还记得在预备党员发展座谈会上，党支部书记及培养人都诚恳地向我提出要求，指出我的不足，当时我的心情既激动又忐忑。能够成为一名预备党员我很自豪；但我也深深感觉到，入党那份沉甸甸的分量，入党绝不是一件草率的事情。党员不仅仅是一种身份、一种荣誉，更意味着一种责任、一份追求。由此让我觉得自己不再是普通人，而是有伟大理想和坚定信念的共产党人。这使我在做任何事情的时候，都多了几分思虑，我会首先想到，作为一名共产党员我应该怎么做，或者是如果是别人，他们同样是一名共产党员，他们会怎么做。于是很多事情都不会率性而为，于是我明白了很多事情不是光凭我的满腔热情，光凭我的尽力而为就可以做好，就可以办到的，那必须是要全力以赴，那必须是毫无保留，那必须是全身心投入。

在这一年的预备期里，针对入党时上级领导及支部给我提出的意见和建议，正视个人存在的缺点和不足，我下决心给予改正。同时也注意保持并发展自己已有的长处和优势，努力做到全面发展。在平时的学习和生活中，我处处以一名党员的标准来衡量自己的言行，党员该做的就必须做，而且要做好，党员不该做的坚决不做，并且要抵制。可以说我跟一年前相比，自己更成熟了，党性更强了。

一年来，在党组织的培养教育下，在党员同志们的悉心帮助下，我积极参加理论学习和党内活动，使自己在思想上、工作上和作风上都取得了一定进步，理论水平、党性修养得到了进一步提高。特别是通过参加市行党委组织的数次党课学习，受益匪浅。通过学习实践科学发展观活动、使自己对党的认识更加深刻，对党的崇高理想和建设中国特色社会主义的信念更加坚定。

一年来，我时刻注意用学到的理论知识指导自己的工作学习，在实践中不断提高自己的理论水平，使自己在思想上更加成熟，工作能力得到提高，能理论联系实际去观察问题、解决问题。在工作中，我坚持以高度的责任心和事业心做好每一件事，不管大事、小事都能认真对待，一丝不苟。并力求严格按学校各项规章制度完成工作，不仅促进了班集体的各项工作顺利完成，也在同学中起到了党员的先锋模范带头作用。

我深知，要成为一名合格的共产党员，不仅要有正确的理论为指导，更要勇于实践。在预备期内，我能自觉为群众做出榜样，发挥党员的先锋模范作用，能够虚心接受同志们的批评，注意在实践中改正自己的缺点。我能够自觉接受党组织的教育和管理，与党组织交流思想，经常向老党员学习经验、交流心得，按时进行书面汇报，按时交纳党费，不断增强组织观念。在党组织的关心培养下，在同志们的热情帮助与指导下，取得了一定的进步与提高。但我与一名优秀共产党员的标准和要求还有一定距离，自身也还存在一些不足。主要是理论学习的主动性还不够，以理论联系、指导工作的水平还有待提高，工作缺乏主动性、创新性。我相信在今后的工作学习中，我会在党组织的关怀下，在同志们的帮助下，通过自身的不断学习和进步，努力克服不足，更进一步提高工作能力，积极协助主任认真完成各项工作任务，以更优秀的成绩来回报组织和同志们的帮助和培养。

以上是我一年来的基本情况，恳请组织和各位同志提出宝贵意见。作为一名预备党员，也恳请组织批准我按期转为中共正式党员，我将虚心接受党组织对我的审查和考验。同时我也有决心，不管党组织能否接受我的转正申请，我都将以此作为新的起点，努力学习，不断提高，用党员标准更加严格地要求自己，积极发挥党员的先锋模范作用，使自己无愧于共产党员这一光荣的称号。

此致

敬礼!

申请人：翟迪

2015 年 4 月 13 日

◎ 写作要点

（1）写预备党员转正申请书时，要写清楚自己什么时候被党组织批准为中共预备党员，何时预备期满。

（2）要重点谈谈自己在预备期间的表现。

（3）要表明自己对能否转正的态度和今后努力的方向。

[范例 3]

申请书

尊敬的教务处领导：

您好！

我是就业协会的负责人。本周我们的“创业讲坛”特别邀请了著名成功人士××先生来给我们讲授《创业，你准备好了吗?》。由于××先生的知名度很高，我们学生的创业积极性也很高，因此此次参加讲座的人数较多，普通教室已不能满足我们的需求。为了更好地向广大师生传授创业方面的知识，特向教务处提出申请使用多媒体教室。

时间：本周三（9 月 14 日）14:30—17:00。

地点：实训二楼第一阶梯教室。

本协会保证正确使用多媒体设备，讲座后认真打扫教室。

此致

敬礼！

申请单位：就业协会

2015 年 9 月 13 日

◎ 写作要点

写借用多媒体教室申请书时，要表述清楚申请借用多媒体教室的原因、目的、借用的具体时间及地点。

专题三　保证书

在日常生活和工作中，某些团体或个人为响应上级号召，立誓完成某项任务或犯了错误决心改正，往往会使用保证书这一应用文体。

一、保证书的概念

保证书是为了保证某件事情或协议得到实施而订立的文件或写成的书面材料。

保证书按照发文对象的不同，可以分为集体保证书和个人保证书。依据保证书的内容的不同，保证书又可分为为改正错误而写的保证书和为完成工作任务而写的保证书。

二、保证书的格式

保证书的格式通常由标题、称谓、正文和落款组成。

1. 标题

标题需第一行居中填写。标题有两种写法。一种是文种式，直接用“保证书”三字。另一种是由“事由＋文种”构成，如“安全生产保证书”“假期安全保证书”“完成××任务的保证书”。

2. 称谓

另起一行顶格写上保证书送达的上级组织名称或个人姓名。其后加“:”。为完成工作任务而写的保证书有的可以不用写称谓，而是在正文中有所体现。

3. 正文

正文需另起一行空两格开始写。首先要交代清楚写保证书的缘由，其次以“为此，特做如下保证”等词语作为过渡，最后转入列出保证的具体内容。

4. 落款

在正文的右下角需写上立保证书的单位名称或个人的名字和日期。

三、例文

[范例 1]

保证书

尊敬的张老师：

学校一开学就三令五申，一再强调校规校纪，提醒学生不要违反校规，可我还是上课睡觉，带手机，不交作业，擅自旷课，这些都是不应该的。这也是对老师的不尊重。我应该把老师说的话谨记在心，把学校颁布的校规校纪谨记在心。

事后，我冷静地想了很久，我这次犯的错误不仅给自己带来了麻烦，而且我这种行为给学校也造成了极其坏的影响，破坏了学校的管理制度，在同学中也造成了不良的影响。我一个人犯的错误，有可能造成别的同学效仿，影响班级纪律性和年级纪律性，对学校的纪律也是一种破坏，而且给对自己抱有很大期望的老师、家长也是一种伤害，也是对别的同学的父母的一种不负责任。我真诚地接受批评，并愿意接受学校给予的处理。

犯了这样的错误，对于家长对我的期望也是一种巨大的打击，家长辛辛苦苦挣钱，让我们可以生活的比别人优越一些、好一些，让我们可以全身心地投入学习。但是，我犯的错误却违背了家长的心愿，也是对家长心血的一种否定，我对此很惭愧。

对于这一切我将进一步深入总结、深刻反省，恳请老师相信我能够汲取教训、改正错误，把今后的事情加倍努力干好。

在深刻的自我反思之后，我决定做如下个人整改措施：

（1）按照要求上交内容深刻的检讨书一份，对自己思想上的错误根源进行深挖细找的整理，并认清其可能造成的严重后果。

（2）我思想觉悟不高，对重要事项重视严重不足。就算是有认识，也没能在行动上真正做起来。

（3）加强与同学、班干以及学生会干部的沟通。保证今后不再出现违反校纪校规的情况。

（4）我最后保证，上课不睡觉，不带手机，按时交作业，有事要向老师请假。

保证人：×××

2015 年 5 月 14 日

◎ 写作要点

（1）写保证书时，正文部分要先表述清楚写保证书的缘由，事由要明确。

（2）然后阐述自己的反思，语言要诚恳、谦和。

（3）最后谈谈自己的整改措施及保证。整改措施要具体、可行。

[范例2]

安全生产保证书

安全工作是一次作业乃至一个工程的重中之重，对安全的懈怠就等于对生命的轻视。安全工作要从我做起，从小事做起，要坚持“安全第一、预防为主”的方针。在以后的工作中，保证做到：

（1）不违章作业。违章是事故的前奏，事故是违章的结果。嫌麻烦，图省心，省力气，抢速度，终将酿大祸。违章不除，事故难绝。

（2）提高安全意识。安全意识的提高就是安全事故的降低，加强安全意识、明确安全隐患、熟知并落实本工种的安全操作规程是消除安全事故发生的不二法门。

（3）履行安全操作规程。坚决履行本工种的安全操作规程，绝不玩忽懈怠、绝不麻痹大意、坚决正确使用劳保用品与安全防护用品。

（4）真正做到“三不伤害”。不伤害自己，不伤害他人，不被他人伤害。这“三不伤害”始终是安全生产管理工作的基本内涵。

（5）明确施工环境。明确施工环境，了解施工环境中的不安全因素，是降低、消除安全事故发生的最有效办法。

◎ 写作要点

（1）以集体名义而写的为完成工作任务立下誓言的安全生产保证书，称谓可以不写。

（2）正文先简述写保证书的事由，事由要写明确。

（3）保证的内容或措施要具体、明白。

专题四　检讨书

检讨书是一种常用的应用文。某些团体或个人在日常生活和工作中出现了问题或犯了错误，往往会以书面形式，对所犯事实做出检讨。

一、检讨书的概念

检讨书是单位或个人在学习或工作中犯了错误，为了避免再犯类似的错误，向组织或单位或个人反省错误，做自我批评，并保证不再犯的书面材料。

按照立文群体的不同，检讨书可以分为贪官检讨书、学生检讨书、党员检讨书等。依据所犯错误范围或性质的不同，检讨书又可以分为工作失误检讨书、宿舍使用高功率电器检讨书、迟到检讨书、打架检讨书、旷课检讨书、考试违反纪律检讨书、矿工检讨书、早恋检讨书、会议缺席检讨书、工作偷懒睡觉检讨书，等等。

二、检讨书的格式

检讨书的格式通常由标题、称谓、正文和落款组成。

1. 标题

标题需第一行居中填写。标题有两种写法。一种是文种式，直接用“检讨书”三字。另一种是由“事由＋文种”组成，如“无故旷工检讨书”“工作失职检讨书”“违反组织记录检讨书”等。

2. 称谓

另起一行顶格写上保证书送达的上级组织名、单位或个人姓名，如“党组织”“财务部”“尊敬的领导”“×老师”等。其后加“：”。

3. 正文

另起一行空两格开始写正文。一般要交代清楚所犯错误事实、自己对所犯错误的认识、整改措施和今后的打算等。简言之，即找出错误，做自我批评。

4. 落款

在正文的右下角需写上写检讨书的单位名称或个人的名字，最后注明日期。

三、例文

[范例1]

无故旷课检讨书

尊敬的×××：

首先我为今天上午犯下的错误做深刻悔过，今天早上由于自己的懒惰，缺席了1～2节的中国经典文学，在班里面造成了严重的影响。经过老师的教导，我知道了自己的错误，为自己的行为感到深深的愧疚和不安。早在我刚踏进这个学校的时候，学校以及学院就已经三令五申，一再强调，作为一个大学的学生，上课不应该迟到，不应该旷课。然而现在，我却旷课了。

老师的反复教导言犹在耳，严肃认真的表情犹在眼前，我深为震撼，也已经深刻认识到此事的重要性，于是我一再告诉自己要把此事当成头等大事来抓，不能辜负老师对我们的一片苦心。但是，在实际的生活中，由于个人的惰性，我还是把老师的谆谆教诲抛于脑后。今天写下这份检讨书，不仅是因为一个学校纪律处理的程序需要，更确切地来说，是想通过这份检讨，让自己牢记老师们的教诲，更让自己时刻敲响警钟！

我不想找任何的理由来为自己开脱，因为错了，就是错了，找理由来逃避，只会使自己越陷越深。推卸责任容易变成一种习惯，而这种习惯养成了就难以改变。旷课，不是一件小事。杜老师找我谈话的时候，我感到很愧对老师，更愧对我的家人。进大学以后，我什么都觉得很新鲜，觉得自己有股冲劲，这个世界上就没有自己干不成的事情。于是在生活和学习中，对自己要求不严格，随意放纵自己，像墙头的野草，风往哪面就向哪边倒，很长一段时间对什么有兴趣，觉得有意思就去忙乎什么，干事情总是三分钟的热度，连最重要的学习都落下了，纪律也散漫了。我现在都大二了，直到现在我才感觉自己清醒了些。本是申请灾区减免学费的我应该对自己更加严格，然而我却堕落起来，为此我感到十分的羞愧，因为这样的错误是愚蠢的。毕竟，想得到这些帮助是需要自己付出努力的，需要的是一个品学兼优的学生，因此我深刻检讨自己。

这次老师没有对我发火，并且耐心地劝说我，使我深刻地认识到自己的错误，我觉得非常愧疚。此次的反省尤为深刻，使我觉得改正错误是件刻不容缓的事情，经过几个小时的深思，我决定以以下行为向老师表达自己认错的决心：

（1）向老师认错，写检查书。既然自己已经犯了错，就应该去面对，要认识到自己的错误，避免以后犯同样的错误。

（2）提高纪律性。我应该认真学习学校的校规校纪，并且做到自觉遵守。不迟到，不早退，不旷课。有事应该先向老师请假。

（3）提高自己的思想觉悟。对各门课程都应该引起重视，并且要养成良好的学习习惯和生活作风。

（4）学会正确处理问题。以后遇到事情需要冷静地处理，凡事需要三思而后行，多角度地权衡利弊，不能再像以前一样冲动行事，这一点对于自己无论是做人，还是做事都是很重要的。对于自己以前所犯的错误，我已经深刻地认识到了它的严重性，特写下这篇检讨，让老师提出批评，并希望得到老师的原谅，并且向老师保证我以后将不会再犯类似的错误。希望老师能够给我一次改正的机会，我真心地接受老师的批评和教诲。同时希望老师在以后能够监督我、提醒我。我一定不会再让老师失望的。

检讨人：霍建国

2015 年 11 月 14 日

◎ 写作要点

（1）写无故旷课检讨书时，要交代自己所犯的事实错误，既不回避，也不夸张。

（2）自己对所犯错误的认识，态度要诚恳。

（3）提出的整改措施和今后的打算要切实可行。

[范例 2]

寝室使用大功率电器检讨书

尊敬的老师：

由于用电安全意识不够高，我在宿舍私自使用了电热杯烧热水，宿管查寝时，发现了我放置于宿舍门口的电水壶，当场进行了查收，并且对我进行谈话。

通过这次大功率电器的查收以及您给我进行的谈话，我对我的这种行为的错误性有了更深刻的认识。

首先，我在宿舍使用大功率电器的行为是对自己的生命安全极其不负责任的一种表现。我在场的情况下使用或许不会造成什么危害后果，但是由于我难免会犯一些疏忽性的错误，所以说不定在什么时候就因此而酿成我生命中的一场难以挽回的灾难。正如您所说的，万一这样的事情发生，我该怎么向家长交代，这将对我自身和家庭都是很大的打击，现在没有发生的事情不表示这样的灾难永远不会发生，因此我不能存有侥幸心理，因此要从根源上杜绝这种事情的发生，停止使用大功率电器。

其次，这种在宿舍使用大功率电器的行为也对其他同学的生活和安全不负责任的行为。因为我校电路是禁止使用大功率电器的，我在使用大功率电器的时候会影响其他同学正常用电，给他们造成一定的生活困扰。同时我也知道，一直不断发生的高校火灾事件，大多数都是因为违反学校规定私自在宿舍使用大功率电器所导致的。一旦火灾发生，产生的危害不仅仅是自己的损失，还会危及一些附近宿舍无辜同学的安全，这都将会对他们的生活造成很大的危害，甚至难以弥补。这种不考虑自己行为对别人造成危害的私自使用大功率电器的行为也是自私的，甚至是可耻的。一旦我使用大功率电器的行为引起火灾或其他后果的话，也会对学校造成严重的后果，火灾的发生必将使学校的财产遭到损失，同时必定会引起媒体的连续报道，对学校的正常秩序以及学校的名声造成恶劣的影响，这将是我学校发展进程中的一大安全事故污点。

最后，在宿舍私自使用大功率电器也会在同学中造成很坏的影响。老师们经常提醒我们不要私自使用大功率电器，而且学校纪律中也有禁止使用大功率电器的规定，同时学校还会不定期组织对大功率电器的使用情况进行检查。但是我还是不顾老师和学校的规定，仍旧使用了大功率电器。无论客观生活条件是怎么样的，我的这种行为都是对老师的教导以及相关规定的忽视。学校没有发现我的这种行为的时候，很多同学还是会发现的，他们看到我使用这些大功率电器来寻求自己生活便利的时候，也可能会产生模仿我的错误做法的念头。这样的情况发展下去的话，学校正常的规定秩序将会无法得到维护，在同学们中也会造成恶劣的影响。

因此，我不该贪寻自己生活的舒服便利，而做出这种对自己和别人极其不负责任的错误行为。

针对所犯错误，我决定采取以下个人整改措施：

(1) 按照要求上交内容深刻的检讨书一份，对自己思想上的错误根源进行深挖，认清其可能造成的严重后果，并向老师认错。既然自己已经犯了错，我就应该去面对，要认识到自己的错误，避免以后犯同样的错误。所以，我写下这篇深刻的检讨，向老师表明我认错的决心。

(2) 用心克服生活懒散、粗心大意的缺点，提高纪律性，认真学习学校的校规校纪，并且做到自觉遵守。

检讨人：×××

2015 年 9 月 8 日

◎ 写作要点

(1) 写寝室使用大功率电器检讨书首先要交代所犯的事实错误。

(2) 要重点谈谈自己对错误的深刻认识，特别要强调宿舍使用高功率电器对其他同学的生命安全、生活安全的危害以及在同学中造成的不良影响。

(3) 针对所犯错误，提出自己的整改措施。

[范例 3]

打架检讨书

敬爱的领导：

您好！我为我犯下的错误真心感到抱歉，以下是我的检讨书。

请允许我先把事情经过做一个简单叙述。2015 年 10 月 13 日中午我到学院食堂打饭，因为饭菜问题与食堂员工发生语言上的冲突，由于言语不快使我失去了理智，从而升级为肢体上的冲突并出手打人。

事后在同事和领导的劝慰下我深刻地认识到了问题的严重性，明白了做人需要有忍让度的道理。俗话说，忍一时风平浪静，退一步海阔天空，可是我今天却没有做到，事情发生后，我非常后悔！在这里我做出深刻的检讨！我错在不该动手打架，无论什么场合，什么原因，都不该和别人动手。我现在特别后悔，后悔自己辜负了领导的教育与期望，后悔自己的行为造成的恶劣影响，后悔自己不应该想当然地认为武力才是解决矛盾的最佳方法。早在我刚踏进单位的那刻开始，领导就已三令五申，一再强调：同事有了矛盾，自己解决不了可以找组织，绝对不可以掺杂社会成分。单位领导的反复教导言犹在耳，严肃认真的表情犹在眼前，其实我深为震撼，也已经深刻认识到此事的重要性，我也一再告诉自己要把此事当成头等大事来抓，不能辜负单位领导和同事们对我们的一片苦心。然而，这次我却没有做到，我非常后悔。

这次所有的问题都只能归结于我，还未能达到一个现代劳动者该具有的认识问题的水平。未能对领导们的辛勤劳作做出回报，我深刻地认识到了我的错误!!! 我知道这次我犯了不可饶恕的错误，这些错误让我辜负了领导和同事们对我的希望。

我怀着万分愧疚的心情郑重地向被打的伙食科同事说声对不起！同时甘愿接受经济处罚！以后，无论在什么场合，遇到什么样的人，我保证再也不会跟别人动手打架了，随时保持冷静而清醒的头脑，遇到谈不拢的人，一定要学会以理服人，如果真的无法沟通，自己就采取回避的办法，决不让打架的事再次发生在我身上。我要通过这次事件，提高我的思想认识，强化责任措施。我有决心、有信心改正。

最后，我向中心领导保证，今后如有再犯，主动请辞！请关心爱护我的领导和同事们继续监督、帮助我改正缺点，让我取得更大的进步！

检讨人：×××

2015 年 10 月 14 日

◎ 写作要点

（1）写打架检讨书时，要表述清楚自己的检讨事由，申明自己对所犯错误的抱歉或后悔。

（2）认识要深刻。

（3）改正错误的决心要坚定，措施要可行。

专题五　实验报告

实验报告是科学研究中的一种常用文体。它如实地记录了某项实验的全过程，可帮助实验者不断积累资料、总结成果，在科学研究中具有不可替代的作用。

一、实验报告的概念

实验报告是人们为了检验某一种科学理论或假设，对科学研究中的实验目的、原理、步骤、结果以及全部实验过程的记录和总结的书面材料。

实验报告按照科学实验对象的不同，可以分为化学实验报告、物理实验报告、生物实验报告、教育实验报告、电路实验报告、电子商务实验报告、测量学实验报告、网页制作实验报告、电子政务实验报告等。

二、实验报告的格式

实验报告的格式通常由标题、正文和结论组成。

1. 标题

标题需第一行居中填写。标题有两种写法。一种是文种式，直接用“实验报告”。另一种是由“实验项目名称＋实验报告”构成，如“电子政务实验报告”“网页制作实验报告”。

2. 正文

正文一般包括前言、主体。

前言要交代清楚实验目的，即为什么要做这个实验，或这个实验要为什么服务；说明实验原理，即这个实验所依据的定律、公式；说明实验装置，即这个实验采用什么仪器测定；具体的实验材料有哪些。

主体部分要如实记录实验步骤，条理清晰地将实验的程序、操作、观测到的现象、数据、结果记录下来。

3. 结论

结论为从实验项目中推论得到的结果或总结性判断。在结尾部分还要签上实验组成员的名字，并标明实验日期。

三、例文

[范例]

网页制作实验报告

实验：站点设置

一、实验目的及要求

本实验是通过“站点定义为”对话框中的“高级”选项卡创建一个新站点。

二、仪器用具

1. 每个学生分配一台多媒体电脑，组建内部局域网，并且接入国际互联网。

2. 安装 Windows XP 操作系统；建立 ILS 服务器环境，支持 ASP。

3. 安装网页三剑客（Dreamweaver MX；Flash MX；Fireworks MX）等网页设计软件。

三、实验原理

通过“站点定义为”对话框中的“高级”选项卡创建一个新站点。

四、实验方法与步骤

1. 执行“站点 \ 管理站点”命令，在弹出的“管理站点”对话框中单击“新建”按钮，在弹出的快捷菜单中选择“站点”命令。

2. 在弹出的“站点定义为”对话框中单击“高级”选项卡。

3. 在“站点名称”文本框中输入站点名称，在“默认文件夹”文本框中选择所创建的站点文件夹。在“默认图像文件夹”文本框中选择存放图像的文件夹，完成后单击“确定”按钮，返回“管理站点”对话框。

4. 在“管理站点”对话框中单击“完成”按钮，站点创建完毕。

五、实验结果

六、讨论与结论

实验开始之前要先建立一个根文件夹，在实验的过程中把站点保存在自己建的文件夹里，这样才能使实验条理化，不至于在实验后找不到自己的站点。在实验过程中会出现一些选项，计算机一般会有默认的选择，最好不要去更改。如果要更改要先充分了解清楚该选项的含义及它会造成的效果，否则会使实验的结果失真。实验前先熟悉操作软件是做好该实验的关键。

◎ 写作要点

(1) 实验报告要注重客观、科学。实验报告里的现象、数据要如实逐一记录，以保证实验结果的客观、准确。

(2) 实验报告不是文艺作品，不求文采，但不可随意，文字表述要求准确、严谨、简洁。

专题六　实习报告

实习是每个大学毕业生走出校园前的一段必经历程，是对大学期间所学知识的一次检验，也是迈进社会的第一个舞台。实习报告是对实习经历的回顾和总结，是常见的校园文书之一。

一、实习报告的概念

实习报告是大中专毕业生或技工人员学完一定课程后，到具体的单位去实习，根据实际需要将理论知识转化为实践能力后，总结实习或工作的收获和问题的一种书面文体。

实习报告按照实习目的的不同，可分为课程实习报告、毕业实习报告和生产实习报告。按照实习内容的不同，实习报告又可以分为生态学实习报告、会计实习报告、电气自动化实习报告、银联商务实习报告、参观实习报告、地理野外实习报告等。

二、实习报告的格式

实习报告的格式通常由标题、前言、正文和落款组成。

1. 标题

标题需第一行居中填写。标题有两种写法。一种是文种式，直接用“实习报告”。另一种是由“实习专业名称＋文种”构成，如“电气专业毕业实习报告”“幼师毕业实习报告”等。

2. 前言

前言需对实习目的、实习时间、实习地点、实习单位和部门做一个大概的介绍。

3. 正文

正文是实习报告的核心，是对实践活动的详细描述。一般总结一下实习内容，肯定实习期间的收获，查找自身存在的问题，提出改进的措施。

4. 落款

落款在正文的右下角，需写上单位名称，签上实习人的姓名，注明写作日期。

三、例文

[范例]

电气专业毕业实习报告

院系： 专业：

姓名： 学号：

一、实习目的

生产实习是教学与生产实际相结合的重要实践性教学环节。在生产实习过程中，学校以培养我们观察问题、解决问题和向生产实际学习的能力和方法为目标。培养我们的团结合作精神，牢固树立我们的群体意识，即个人智慧只有在融入集体之中才能最大限度地发挥作用。

通过这次生产实习，我们在生产实际中学习到了电气设备运行的技术管理知识、电气设备的制造过程知识及在学校无法学到的实践知识。在向工人学习时，培养了我们艰苦朴素的优良作风。在生产实践中我们体会到了严格地遵守纪律、统一组织及协调一致是现代化大生产的需要，也是我们当代大学生所必需的职业素养，从而进一步提高了我们的组织观念。

我们在实习中了解到了工厂供配电系统，尤其是了解到了工厂变电所的组成及运行过程，为小区电力网设计、建筑供配电系统的课程设计奠定了基础。通过参观四川第一化工集团自动化系统，使我们开阔了眼界、拓宽了知识面，为学好专业课积累了必要的感性知识，为我们以后的学习和工作奠定了有力的基础。

通过生产实习，对我们巩固和加深所学理论知识、培养独立工作能力和加强劳动观点起了重要作用。

二、实习内容

（一）安全教育

1. 安全教育学习的目的

2. 事故的发生及其预防

事故发生的因素。人为因素——不安全行为，物的因素——不安全因素。

发生事故的人为因素：（1）管理层因素；（2）违章：错误操作、违章操作、蛮干；（3）安全责任（素质）差。

3. 入厂主要安全注意事项

（1）防火防爆；（2）防尘防毒；（3）防止灼烫伤；（4）防止触电；（5）防止机械伤害；（6）防止高处坠落；（7）防止车辆伤害；（8）防止起重机械伤害；（9）防止物体打

击；（10）班前班中不得饮酒。

4. 设备内作业须知

（1）在各种储罐、槽车、塔等设备以及地下室、阴井、地坑、下水道或是其他密闭场所内部进行工作均属于设备内作业。

（2）设备上与外界连通的管道、孔等均应与外界进行有效的隔离。

（3）进入设备内作业前，必须对设备内进行清洗和置换。

（4）应采取措施，保持设备内空气良好。

（5）作业前30分钟内，必须对设备内气体采取采样分析，采样应有代表性。

（6）进入不能达到清洗和置换要求的设备内作业时，必须采取相应的防护措施。

（7）在容器内工作时应照明良好，照明用电应使用小于或等于36V的防爆型灯具。

（8）多工种、多层次交叉作业应采取互相之间避免伤害的措施，并且搭设安全梯或安全平台，必要时由监护人用安全绳拴住作业人员进行施工。

（9）设备内作业必须有专人监护，并应有抢救措施及有效保护手段。

（10）《设备内安全作业证》由施工单位负责办理，由该项目的负责人或技术员填写作业证，并填写检修作业单位应填写的各项内容。

（二）化工生产特点的简要介绍

化工生产的特点是以天然气做原料，用直接催化法合成胺。

1. 原料、半成品、成品多为易燃易爆或有毒物；

2. 生产工艺多为高温，高压或底温高压；

3. 生产的连续性强，自动化程度高；

4. 工业三废多，影响环境。

（三）学习和了解变电所的主要结构、种类和特点

（四）学习和了解变电所的主要部件的生产技术资料

主要包括各种技术标准、图纸、专用设备说明书等。

（五）了解变电所的主要技术要求及有关标准

（六）了解工厂的生产组织管理情况，劳动定额和成本核算的方法

（七）了解工厂开展的新材料、新工艺、新技术的研究情况

（八）进行社会主义、爱国主义教育，进行爱劳动、守纪律教育，进行安全、保密教育

三、实习过程

（一）安全教育

在实习开始时，学校组织我们到公司由专业人士对我们进行安全教育，讲解了安全问题的重要性和在实习中所要遇到的种种危险和潜在的危险等。

（二）组织参观

在实习开始时，学校组织我们对实习单位参观，以便了解其概况。在实习期间，我们还到其他有关车间进行专业性的参观，获得了更加广泛的生产实践知识，更加准确地理解了工厂的运作模式。参观中我们着重了解了先进的设计思想和方法、先进工艺方法、先进工装、先进设备的特点及先进的组织管理形式等。

（三）车间实习

车间实习是生产实习的主要方式。我们按照实习计划在指定的车间进行实习，通过观

察、分析计算以及向车间工人和技术人员请教，圆满完成了规定的实习内容。

（四）理论与实际的结合

为了能够更加深入地进行车间实习，在实习过程中，我们结合所学的书本知识与实习的要求，将理论与实际进行了完美的结合，也促使我们不断地进行学习与研究。

（五）实习日记

在实习中，我们将每天的工作、观察研究的结果、收集的资料和图表、所听报告内容等均记入实习日记中，随时接受老师们的检查与批改。

四、其他活动

在完成我们的实习业务内容的同时，常常利用现场学习的机会，开展向社会、向工人和工程技术人员实习的活动，在空余时间里还组织联欢、球赛等活动，并进行思想政治教育活动等。

五、实习感悟

生产实习是攀枝花学院为培养高素质的工程技术人才安排的一个重要实践性教学环节，是将学校教学与生产实际相结合、理论与实践相联系的重要途径。其目的是使我们通过实习在专业知识和人才素质两方面得到锻炼和培养，从而为毕业后走向工作岗位、尽快成为业务骨干打下了良好基础。

通过生产实习，我们了解和掌握了变电所的主要结构、生产技术和工艺过程、使用的主要工装设备、产品生产用技术资料、生产组织管理等内容，加深了对变电所的工作原理、设计、试验等基本理论的理解，了解和掌握了变电所的工作原理和结构等方面的知识，为进一步学好专业课，从事这方面的研制、设计等打下了良好的基础。

在这次生产实习过程中，我们不但对所学习的知识加深了了解，更加重要的是更正了劳动观点和提高了独立工作能力等。

◎ 写作要点

（1）实习报告的核心是正文部分，正文要详细描述实习的内容及过程，介绍实习的收获、自身的不足及今后改进的具体措施。

（2）实习报告的用语要平实、得体。

专题七　毕业论文

毕业论文是高校学生在在学业完成前写作并提交的论文，是高校的一项重要的教学或科研活动，是检验高校学生掌握知识程度的重要手段，关系到学生能否顺利毕业。它也是一种非常重要的应用文写作。

一、毕业论文的概念

毕业论文是一种在高等院校本科生、硕士及博士研究生毕业前，考察他们综合运用专业知识分析、解决问题的能力的总结性作业。

毕业论文按照不同的标准，其分类也不同。按内容性质和研究方法来划分，毕业论文分为实验性论文、理论性论文、设计性论文和描述性论文。毕业论文按学历来划分，可以分为专科毕业论文、本科毕业论文、硕士研究生毕业论文、博士研究生毕业论文等。

二、毕业论文的格式

毕业论文的格式通常由题目、署名、摘要、关键词、正文、致谢、参考文献和注释组成。

（1）题目：应简洁、明确、有概括性，字数不宜超过20个字。

（2）署名：作者本人的班级、姓名、学号。

（3）摘要：是论文内容的高度浓缩，语言要精练、有概括力，要用陈述句，用第三人称来写。不要使用“本人”“作者”“我们”等作为摘要陈述的主语。字数一般要求100～200字。摘要一般有中文摘要和英文摘要两种。

（4）关键词：又称主题词，是论文标题、摘要或正文中最能表达论文主题内容的名词或名词性词组。每篇文章一般挑选3～5个关键词。

（5）正文：毕业论文的正文包括前言、本论、结论三个部分。前言又称引言，是论文的开头部分，主要说明选题的缘由、目的、意义等。本论是毕业论文的主体，包括论点和论证，研究内容与方法、实验材料、实验结果与分析（讨论）等。结论是论文的收尾部分，其要点是总结全文，加深题意。专科毕业论文的正文字数一般应在3 000字以上。

（6）致谢：向对指导教师和协助自己完成论文的有关人员表示感谢。

（7）参考文献：在毕业论文末尾要列出在论文中参考过的专著、论文及其他资料。所列参考文献应按文中参考或引证的先后顺序排列。

（8）注释：是在论文写作过程中，需要在正文之外加以阐述和说明的内容。

专科毕业论文一般就包含这几个部分。若是研究生毕业论文，因篇幅较长，还要有目录和附录。

三、例文

[范例]

“心”的文化修辞意义

×××

（广州××职业学院，广州 510925）

摘要：“心”作为分布极广的修辞范畴，在中国古典哲学、禅宗、文学等领域中有丰富的文化修辞意义，主要表现为它融入了人们的价值判断，呈现出道德伦理上的两极指向，是汉民族恋爱、婚庆、情变的集体无意识的固有承载，是超越生命的精神追求。

关键词：心 文化 修辞意义

引言

“心”本义为心脏。《说文解字·心部》中有：“人心。土藏，在身之中。象形。博士说以为火藏。凡心之属皆从心。”[1] 徐灏笺：“在肺之下，膈膜之上，着脊第五椎。形如莲蕊，上有四系，以通四脏。心外有赤黄裹脂，谓之心包络。”

在中国文化典籍中，“心”并非只指“心脏”，而是更多地被用来指称一些抽象、不可见的概念范畴。《素问·灵兰秘典论》用可见的生理结构来指称不可见的“神”：“心者，生之本，神之变也。”孟子在其著作《孟子·告子上》则用“心”来注解“仁”“义”“礼”“智”四种范畴：“恻隐之心，人皆有之；羞恶之心，人皆有之；恭敬之心，人皆有之；是非之心，人皆有之。恻隐之心，仁也；羞恶之心，义也；恭敬之心，礼也；是非之心，信也。”在日常生活中，心诚则灵、诚信待人、善心处事，以“良心”为最高的伦理准则。

汉语中，“心”不仅是历史悠久，具有丰富义项的常用词，而且作为一个构字部件和构字语素，其生成能力也非常强，许慎的《说文解字·心部》中收入的汉字有二百七十多个，《康熙字典》中归入心部的有一千一百七十多个，特别是收字最多的《汉语大字典》收录的由心参构的汉字超过了一千个。[2]“心”在汉语中占据的地位不言而喻。“心”作为中国古典哲学、婚恋、禅宗等领域中一个修辞范畴，它像一面镜子，折射出中国传统文化的光芒。

一、心的双重审美意义（好与坏）

《汉语大词典》中“心”参与构成的语词所指称的事物，多与人的心理现象、心理活动或心理过程有关。当你细心地琢磨这些语义的联系时，有些除了本身具有相关的联系，还存在一种相反的矛盾关系，呈现出道德伦理上的两极指向，凸显了一定的社会审美标准和审美心理。

第一组（褒义）

善心：好心，善良的心。

真心：不含欺诈或欺骗的；心意真实恳切。

诚心：诚恳的心意。

忠心：忠贞不贰之心。

红心：比喻忠于无产阶级革命的心。

甜心：心甘情愿。

爱心：喜爱之情。

白心：纯洁的胸怀。

清心：心情恬静，没有牵挂。

丹心：红心、忠心。

好心：好意，有意显示友好的、讨人喜欢的或富有同情心的。

正心：公正无私之心。

白水鉴心：清澈的水能照见人的心，形容人心像明净的水一样纯洁。

赤胆忠心：形容十分忠诚。

诚心诚意：形容十分真挚、诚恳。

心旷神怡：心胸旷达，精神愉快。

心悦诚服：由衷地信服或佩服。

一心一意：形容专心专意，毫无他念。

万众一心：千万人一条心，形容团结一致。

心雄万夫：雄心胜过一万个人的心志，形容志向极大。

亿兆一心：全国人民一条心。

悦目娱心：使眼睛高兴，使心里快乐，形容使人感到美好快乐。

安心乐业：指心绪安定，生活愉快。

赏心悦目：指看到美好的景色而心情愉快。

爽心悦目：指景色美丽，令人心情愉快。

心平气和：心情平静，态度温和，指不急躁，不生气。

安心乐意：原指心情安宁，情绪愉快，后多指内心情愿，十分愉快。

心灵手巧：聪明能干，手艺巧妙。

……

第二组（贬义）

心口不一：心里想的和嘴上说的不是一回事，形容人的虚伪、诡诈。

黑心：原指陶瓷器件的一种缺陷，被认为是由于黄铁的分解所致，比喻嫉妒、怀恨、邪恶等坏心肠。

祸心：作恶的企图，为祸之心。

狠心：心地残酷的。

恶心：厌恶之极，不堪忍耐。

粗心：不谨慎；不细心。

佛心蛇口：比喻话虽说得好听，心肠却极狠毒。

蛇心佛口：佛的嘴巴，蛇的心肠，比喻话虽说得好听，心肠却极狠毒。

狼心狗肺：形容心肠像狼和狗一样凶恶狠毒。

驴心狗肺：比喻人心凶狠恶毒。

云心水性：指女子作风轻浮，爱情不专一。

鼠心狼肺：形容心肠阴险狠毒。

意懒心慵：心情怠倦消沉。

心烦意冗：心思烦乱，不知怎样才好。同"心烦意乱"。

形槁心灰：形容身体消瘦不堪，心境极为冷漠，毫无生气。

三心二意：常指不安心，不专一。

心神不定：精神状态不安定。

冷心冷面：态度冷淡，对人没有感情。

心惊胆战：形容极端恐惧。

心术不正：形容人的心地不正派，居心不良。

心猿意马：以猿腾马奔比喻凡心无常、无定而又多变，后用于比喻心思不专，变化不定。

财迷心窍：指一心爱财而心中糊涂。

不得人心：得不到别人的支持和拥护，也指不讨人喜欢。

触目惊心：看到某种情况而内心震惊。形容事态严重，引起震动。

别有心肠：指另有打算和企图。

戳心灌髓：形容刻毒得使人难以忍受。

雕心雁爪：比喻心狠手辣。[3]

……

通过语义认知，我们知道第一组词的释义都是表示肯定、赞扬的褒义词，它们的义素都含有［＋美好］/［＋善良］/［＋言行］等义素，都是从正面肯定"心"，赋予

“心”以美好的修辞指称。第二组的释义则是表示否定的贬义词，均从“心”的负面来消解“心”的善良、纯洁、美好的品质，此时的“心”是恶之源、祸之首，是人性自私的表现。

从心的这两种“好—坏”语义的对应上看，“心”融入了人们对本性、性情的品鉴，也表达了人们在社会认知基础上的价值判断。在这个意义上，“心”被赋予社会文化审美内涵，直接表现出社会道德价值的两极指向。而延伸开的就是修辞原型在与人的首次直接对话上，意象被分离为两极，开始了它丰富审美化意蕴的旅程。[4]

诚如孟华先生所说，汉字历来存在一种“能指扩大”的原则，“在这个能指系统中，其下位符号都承载了上位层累符号的全部语义场。能指的层累链条越往下延伸，其能指越被放大，秉承的语义场越丰富”。[5] 汉字“心”，随着人类社会活动范围的扩大，其意义系统必然随着先民经验的积累而发生膨胀，有更加丰富的语义信息。

二、心的婚恋修辞意义（恩爱愁怨）

纵观汉民族的婚恋史，婚恋与“心”结缘是一种必然。当两个异性相遇，“彼此怦然心跳”，彼此想念不忘，爱慕不舍，不忍舍弃，不想分开，一场恋爱也就正式拉开了序幕，“心”成了男女双方互诉钟情的表白，是对爱情的忠贞。下面我们从古代言情的诗词中任意掬起几多“浪花”来感受一下“心”与中国婚姻、恋爱的紧密关联。

1. 我心匪鉴，不可茹；我心匪石，不可转；我心匪席，不可卷。（《诗经·小雅》）

2. 芳心密与巧心期。合欢树上枝连理。双头花下，两同心处，一对化生儿。（《五张机》）

3. 子夜吴歌动君心。动君心，冀君赏。愿作天池双鸳鸯。一朝飞去青云上。（李白《白纻辞》）

4. 我住长江头，君住长江尾。日日思君不见君，共饮长江水。此水几时休，此恨何时已。只愿君心似我心，定不负相思意。（李之仪《卜算子》）

1 中，“心”既是心脏，又是一个人有限爱情空间的象征。在这句话中，明确表明了自己不是一块明镜，不能什么都包容；不是一块石头，不能人人随便转移，不是一张席子，不能人人随便卷起。2 和 3 中，心是“连理枝”“鸳鸯”，是恋爱双方对未来的一种期盼，是坚贞不渝的爱情。4 中，李之仪以水贯通两地，沟通两心；融情于水，以水喻情。“心”是融于水而又外于水的绵长不绝的情意，是女主人公对爱情的执着追求与热切的期望。

在民间的婚恋中，“心”不但成为婚姻的前奏——恋爱，而且成为婚庆的吉祥象征。同心结、心形红双喜字常悬挂或张贴在新娘房和各种婚庆场所，是结婚时必不可少的重要装饰品。同心结是一种古老而寓意深长的花结，由于其两结相连的特点，寓意“永结同心”，常出现在婚庆活动中，表达人们对新人的祝福。心形双喜字称为“心心相印”，常为人们所喜爱。与“心”为原型的婚庆装饰品，有着悠久的历史背景和浓厚的文化积淀，它不但是远古结绳记事的延续，更蕴含了中华民族五千年来质朴淳厚的精神情感，代表着人们对新人的祝福和期望，充分表达了中华民族对组成新家庭，相偎相扶的美好生活的向往与追求。[6]

当两颗原本紧挨在一起的心越来越远，当男女双方变得越来越陌生，爱情也随之变质了。“心”不再是男女双方信誓旦旦的誓言，而是幽怨的哀伤和无尽的思念。纳兰性德的《木兰词》有：“人生若只如初见，何事秋风悲画扇？等闲变却故人心，却道故人心易变。骊山语罢清宵半，泪雨零铃终不怨。何如薄幸锦衣郎，比翼连枝当日愿。”李白的《白头吟》："谁使女萝枝，而来强萦抱。两草犹一心，人心不如草。"在这里，男女双方彼此的心不再是剧烈跳动，而是越走越远。

可见，"心"伴随着人类婚恋的发展，折射出丰富瑰丽的修辞文化意义。在婚恋过程中，"心"已成为人们抒发对爱情的坚贞以及感情破裂后幽怨的哀伤、对对方无尽的思念等主题意象的集体无意识的固有承载。

三、心的宗教修辞意义（思与悟）

古人重视直观体验。这种思维方式也作用于对心的认知过程。在人的思维过程中，心脏是对思维反映最直接、最敏感的器官，这就促使古人赋予"心"以思维功能。如：《孟子·告子上》有："心之官则思。""心"的功能就是思索。

中国古人认为，人和世间万事万物一样，都是自然的一部分；作为自然一部分的人，理所当然地有自然的一切特性，在本质上和自然应该是同一的。因此，古人都将天人合一的观念作为自己理论的重要支柱，将身心与宇宙的冥合视为人生的极致。[7] 古人认为，人的思维可以直接与天道、神明相通，非常注重悟性思维，强调神悟、感悟、觉悟、心悟、颖悟、超悟、辩悟、玄悟、渐悟、捷悟等。这在禅宗中的表现更为明显。禅宗作为佛教的一大宗派，主张修习、坐禅养心，舍妄归真，体悟禅境，从而实现生命的超越和精神的自由。因此禅宗也被称为"心宗"或"佛心宗"。在禅宗中，"心"是常常被言说的对象。例如：

1. 菩提般若之智，世人本自有之，即缘心迷，不能自悟。（慧能《坛经》）

2. 心即是佛即是心，心佛元同亘古今。觉悟古今心是佛，不须向外别追寻。

（［宋］释慧开《日本觉心禅人远来炷香请益注诗迅笔赠之》）

在禅宗里，"心"是世界的唯一主宰者，既包含感性认识，又包含理性认识，是超越生命的一种精神追求。在这个过程中，"心"既是对自我本心的坚守，也是对外部世界的探究，是主观与客观的统一，是生命的有限和思维的无限的一次博弈，是关注生命、净化心灵的一种大智慧。

结论

"心"不仅仅是一个物象、一个范畴，它已成为一种文化，有着丰富的修辞意义，缩微了广阔的社会生活、积淀了深厚的历史文化内容，渗透着道德追求和审美情趣。"它就像一面镜子，摄下了民族经济、文化、心理各方面的特点；它又像一副隐形眼镜，规范着一个民族看待世界的样式，规范着一种文化的深层结构。"[8]

参考文献

1. 谭学纯，朱玲．修辞研究：走出技巧论［M］．合肥：安徽大学出版社，2004.

2. 李惠婷．汉语"心"的语义网络探析［J］．文化研究，2011（6）：203～204.

3. 申荷永．中国文化心理学心要［M］．北京：人民出版社，2001.

4. 谭学纯．文学和语言：广义修辞学的学术空间［M］．上海：上海三联书店，2008.

5. 马惠玲．言语关系的修辞学阐释——汉语双重意义修辞研究［M］．上海：学林出版社，2007.

6. 申小龙．汉语与中国文化［M］．上海：复旦大学出版社，2008.

注释

［1］许慎．说文解字［M］．北京：中华书局，1963：217.

[2] 申荷永．中国文化心理学心要［M]．北京：人民出版社，2001：46.

[3]《汉语大词典》编辑委员会．汉语大词典［M]．上海：汉语大词典出版社，2001：369～395.

[4] 谭学纯．文学和语言：广义修辞学的学术空间［M]．上海：上海三联书店，2008：127.

[5] 孟华．汉字：汉语和华夏文明的内在形式［M]．北京：中国社会科学出版社，2004：255.

[6] 马之骕．中国的婚俗［M]．长沙：岳麓书社，1988：50～53.

[7] 李惠婷．汉语“心”的语义网络探析［J]．文化研究，2011（6）：203.

[8] 申小龙．文化语言学［M]．长春：吉林教育出版社，1990：1.

◎ 写作要点

（1）这一篇论文因为篇幅所限，入选时做了删节，省略了英文摘要（Abstract）、英文关键词（Key Word）、致谢等。

（2）确定论点是论文写作的关键环节。毕业论文写作要围绕论点组织全文，与中心论点无关或关系不大的材料要一律摈弃。

（3）论文的选题宜以小见大、深入挖掘，而不是泛泛而谈、面面俱到。

（4）合格的毕业论文要有独创性，观点要有创新点，不能人云亦云，简单重复前人的东西。

应用实践训练

一、病文诊断

请指出下面例子的毛病并修改。

1.

申请书

××领导：

我协会要举行放风筝活动，地点青春广场。特向您提出申请。

此致

敬礼！

申请人：×××

2015 年 10 月 28 日

2.

保证书

在我们家，我们的大宝永远都是最重要的。我们保证最爱我们家的大宝。

2015 年 10 月 28 日

3.

检讨书

尊敬的领导：

我错了。我不应该工作时态度不好。我保证以后全心全意为人民服务。

保证人：陈可

2015 年 9 月 28 日

4.

感恩倡议书

转眼间，我们即将迎来一年一度的感恩节。鸦有反哺之义，羊有跪乳之恩。

感恩是一种心态，感恩是一种境界；拥有一颗感恩的心，同学朋友间就会多一些真诚与团结，少一些虚伪与涣散；拥有一颗感恩的心，亲人之间就会多一些宽容和理解，少一些埋怨与推诿。

在这个感恩的节日里，我们特此发出以下倡议：

感恩学校，感恩老师，感谢我们的学校为我们的学习生活提供了优越的环境，感谢我们的老师孜孜不倦尽职尽责传授给我们知识，让我们在求知之时更学会了做人。

感恩父母，感恩家人，感谢他们给了我们生命，给了我们关爱，给了我们困境时的避风港。

感恩同学，感恩朋友，相聚在一个班级、一个寝室，是最大最真的缘分。

在这个特殊的日子里，让我们用心感恩，体会生命的美好。

2015 年 9 月 28 日

二、技能训练

1. ××学院财经系 2014 级彭军同学在端午节放假回校途中不幸出车祸，经医生诊断为脑出血，左腿粉碎性骨折，肋骨挫伤，伤势严重。请为院团委拟一则捐款倡议书。

2. 4 月 23 日是世界读书日。请以××学院大学语文教研室的名义拟一则以“阅读经典，光亮人生”为主题的倡议书。

3. 李敏同学大学毕业后在广州××电梯有限公司已经工作了六个月，顺利通过了试用期考核，按照公司章程，可以转为公司的正式员工。请以他的名义向公司提出转正申请。

4. 赵民捡到了一张饭卡，没有及时交还给失主，还刷了一些钱。辅导员责令他写检讨书。请为他写一份检讨书。

5. 维护校园环境卫生，人人有责。请为自己写一份保证书。

6. 根据自己本学期所学的较感兴趣的学科，拟写一篇学科小论文。

模块三 职场文书

专题一　求职信

求职信是职场中常用的一种应用文，其主要用途在于让招聘单位进一步感受到求职者的“鲜活”的形象，进一步感受求职者的诚意，理解求职者的主要学历、经历、能力、业绩、愿望，从而增加求职者获得面试的机会。

一、求职信的概念

求职信，又称“应聘函”“自荐信”，是毕业生通过对自己的能力、素质、兴趣进行综合评估之后，写就的较有针对性的书面自我介绍。

求职信按照职位的不同，可以分计算机类求职信、经营管理类求职信、金融证券类求职信、行政文秘类求职信、建筑类求职信、教育培训类求职信等。按照语种的不同，求职信又分为中文求职信、英文求职信、俄文求职信等。按照求职方向分，求职信还可以分为定向性求职信和非定向性求职信。

二、求职信的格式

求职信的格式由标题、称谓、问候语、正文和落款组成。

1. 标题

第一行居中填写。直接用“求职信”三字。

2. 称谓

另起一行顶格写，其后加“：”。给国有企事业单位的求职信，称谓写单位名称或单位的人事处（部），也可在名称后加“领导”两个字。给民营、合资、独资企业的求职信，称谓一般写公司老板或人事部负责人个人姓名。如果不知对方姓名，可写出他的职务，如“尊敬的××××公司总经理”“尊敬的×××厂/人事部领导”等；如果知道对方姓名，可在姓名后加“先生”“女士”或职务名称等，以示尊敬。

3. 问候语

问候语是对受信人礼貌的表示。求职信的受信人是单一的，只要求突出礼节性，用“您好”即可。称谓若是单位或部门名称时，问候语便可以省略。

4. 正文

一般要交代清楚求职的缘由、自己的资格和能力。正文结束时还可加上“此致　敬礼”

“祝工作顺利”等适当的祝颂语。

5. 落款

在正文的右下角写上求职人的名字和求职信的写作日期。

三、例文

[范例1]

求职信

尊敬的先生/小姐：

您好！请恕打扰。我是一名刚刚从湖南商学院会计系毕业的大学生。我很荣幸有机会向您呈上我的个人资料。在投身社会之际，为了找到符合自己专业和兴趣的工作，更好地发挥自己的才能，实现自己的人生价值，谨向各位领导做一下自我推荐。现将自己的情况简要介绍如下：

作为一名会计学专业的大学生，我热爱我的专业并为其投入了巨大的热情和精力。在四年的学习生活中，我所学习的内容包括了从会计学的基础知识到运用等许多方面。通过对这些知识的学习，我对这一领域有了一定程度的理解和掌握，此专业是一种工具，而利用此工具的能力是最重要的。在与课程同步进行的各种相关实践和实习中，我掌握了一定的实际操作能力和技术。在学校工作中，我有意识地加强锻炼自己的处世能力，学习管理知识，吸收管理经验。

我知道计算机和网络是将来工作的工具，在学好本专业的前提下，我对计算机产生了巨大的兴趣并阅读了大量有关书籍，如 Windows 98/2000，金蝶财务、用友财务等系统，Foxpro、VB 语言等程序语言。

我正处于人生中精力充沛的时期，我渴望在更广阔的天地里展露自己的才能，我不满足于现有的知识水平，期望在实践中得到锻炼和提高，因此我希望能够加入贵单位。我会踏踏实实地做好本职工作，竭尽全力的在工作中取得好的成绩。我相信经过自己的勤奋和努力，一定会做出应有的贡献。

感谢您在百忙之中所给予我的关注，愿贵单位事业蒸蒸日上，屡创佳绩，祝您的事业百尺竿头，更进一步！希望各位领导能够对我予以考虑，我热切期盼你们的回音。谢谢！

此致

敬礼！

×××

2015年5月11日

◎ 写作要点

(1) 写求职信时，要实事求是地介绍自己，求职态度要诚恳、自信，语言要简洁，表述要清晰。

(2) 求职信的重点要对自己经历中跟企业招聘职位相应的部分做较详尽的描述。若是应届毕业生，社会实践较少的话，要集中介绍与所求岗位相关的受教育经历。

[范例2]

求职信

尊敬的领导：

您好！首先感谢您在百忙之中阅读我的求职信，为我的冒昧打扰向您表示真诚的歉意。

在即将下厂实习之际，我从学校老师了解到贵公司将来我校招聘。因此，我怀着对贵公司无比的信任与仰慕，斗胆投石问路，递上我的个人求职信，希望能成为贵公司的一员，为贵公司服务。

我是×××高级技工学校汽车电气检测与维修专业×××级的学生，将于××××年××月下厂实习。在校期间，我系统地学习了“汽车电气检修”“汽车空调检修”“汽车电控发动机检修”“汽车电控底盘检修”“汽车车身电控检修”等各门专业课及基础课，每一次我的考核成绩都是优秀，并拿到了计算机办公软件应用中级和汽车维修电工中级技能证。在校期间，我曾获得“优秀学生干部”“优秀团员”“三好学生”“二等奖学金”等荣誉。

在校期间，我担任系汽车之友协会汽电分会会长一职，主要负责组织会员利用课余时间上课，组织会员参加各类竞赛活动，取得很好的成绩，得到了校领导和系领导的肯定。这给我利用课余时间学习汽车专业知识提供了很好的机会，也给了我一个锻炼组织能力的机会。

我来自农村，吃苦耐劳、踏实肯干、做事认真、责任心强、自律自信、耐心细心、诚实守信一直都是我做人的准则，“认认真真做事，踏踏实实做人”是我的人生信条。

诚然，我还是在校学生，现在还缺乏丰富的社会经验和广泛的社会关系，如果贵公司能给我机会，我会用我的热情、勤奋来弥补，用我所学的知识和能力来回报贵公司的赏识。

此致

敬礼！

求职人：×××

××××年××月××日

◎ 写作要点

（1）写求职信时，首先要介绍自己的基本情况和求职原因，让用人单位对自己有个初步了解。

（2）如何展示自我，获得用人单位的赏识是求职成败的关键。因此，求职信的核心是向用人单位展示自己与所求的职位相关的实践经历、教育和培训、特长和能力。其他与所求岗位不相关的实践经历应舍去。

（3）求职信结尾要表达自己对所求职位的迫切程度，方能增大被录取的可能性。

专题二　简历

简历是个人在工作、服务、课外活动、学习当中所表现出的能力、经验和职责的一个清晰简洁的大纲。简历的投递，关系到毕业生能不能顺利进入面试，成功就职。因此，简历常常被很多职业指导者看成成功就职的敲门砖。简历的好坏将直接影响求职者获取求职机会。简历是自己的说明书，简历做得好不好，直接关系到能否进入面试。

一、简历的概念

简历是个人在工作、服务、课外活动、学习当中所表现出的能力、经验和职责的一个清晰简洁的大纲。

因此，简历并非个人描述，而是运用清晰简洁的语句描述有关求职者的工作、学习等方面的事实。简历的好坏将直接影响求职者获取求职机会。

简历按照使用对象的不同，可以分为通用式简历和专用式简历。

二、简历的格式

简历的格式通常由信头、求职意向、教育背景、社会实践经历、技能与特长和自我评价组成。

1. 信头

简历的信头出现在纸张最上方，包括求职者的名字、年龄、性别、籍贯、民族、专业、政治面貌、联系电话、联系方式、照片等有效信息。

这部分基本资料，尽量“基本”就好。要根据实际情况做一些筛选。如果招聘的信息里面没有强调应聘者是已婚还是未婚，一般婚姻状况就可以不写。身高、体重这两个方面，如果公司没有硬性规定，也可以省略。

[范例]

向红

籍贯：广东广州

民族：布依族

出生年月：1992 年 4 月

联系电话：(020) 8188884，1340000000

E-mail：xianghong@126.com

2. 求职意向

这一项不可或缺，非常重要。它要表明你正在寻找什么样的职位，具体包括：目标地点、行业、职能、职位及胜任特征、你想从事的工作职位名称。

求职意向一般有两种格式：一种是简约式，一种是详细式。

简约式的求职意向只要求用简洁的语言，清楚地陈述你想从事的大体工作及希望在什么样的地方工作。详细式的求职意向则要求尽可能详细、具体地表达出你希望应聘的工作的具体职位。

简约式求职意向：助理物流师。

详细式求职意向：如范例。

[范例 1]

文学硕士，对教育行业特别是中小学教育有一定的了解，参与过三个关于中小学学生学习情况调查的课题研究。具备较好的语言表达能力、沟通能力、团队合作和创新能力，希望入职中小学从事教学或科研工作。

[范例2]

经济管理专业硕士，对房地产行业有一定的了解，参与过三个研究项目。具备很好的沟通表达能力、分析和解决问题的能力、团队合作和创新能力，希望入职咨询公司从事研究/咨询工作。

3. 教育背景

教育背景包括目前最高学历、毕业时间、所获学位、毕业学校、系别、主修专业、辅修专业、所学课程等。

教育背景要用倒叙的方式写出自己的学校、专业、学位；最高的教育背景放置最顶端；如果在校期间组织过特别突出的活动，可以列出；在校期间从事的社会活动或社会工作职务可以列出；如果综合平均成绩高或排名前列可以列出；通常不写中学教育背景。

[范例]

教育背景

2011.09—2015.06：××大学电子信息工程学院　通信工程专业（top：1/39）

4. 社会实践经历

社会实践经历包括校内与校外、与专业有关或无关、学生干部工作、社团、社会实践、志愿者工作、实习、兼职等一切活动。包括何时、何地、经何人介绍、参加何种政党或组织、担任何种职务、何人证明；也包括参加过何种学会或协会等学术团体或组织、担任何种职务。

写作模式结构：

什么时间＋做了什么＋做的结果（业绩）。

[范例1]

2015.07—2015.08：××大会计师事务所　咨询服务助理

分析了30家被评企业的经营状况、行业前景、信用状况等。

独立分析了15份财务报告，协助编制了2份财务报表。

[范例2]

2015.07—2015.08：××公司销售部　销售经理助理

行动：负责业务员培训和部门管理；参与制作部门全年销售及业绩达成方案；设计销售培训计划；对市场进行调查；协助市场推广部门调整产品推广模式。

结果：销售额比上年同期提高8%，年度销售额提高15%。

不同的社会活动要突出不同的能力。

社会工作——管理能力；

团队工作——团队合作；
课题研究——创新能力；
实习——行业实践；
活动组织——组织能力。

5. 技能与特长

将自身所学的专业及特长对应到应聘岗位，使二者结合在一起。

(1) 技能证书：外语、计算机或其他证书（仅列出最高级别）。

(2) 专业技能：大学期间的论文、成果、发表的文章（提供简单的说明即可）。

6. 自我评价

主体对自己能力、优势、特点等的判断。

三、例文

[范例1]

向红

联系电话：(020) 823456×× 手机：139000234××
E-mail：12345678@sohu.com
民族：汉 政治面貌：团员
联系地址：广州市白云区××大街10号 邮编：50××07
求职意向：市场主管助理

教育背景

2011.09—2014.07：广州××学院 管理系 市场营销专业 大专
2014年通过专升本考试，取得广州××大学市场营销本科学历。

工作经历/社会实践

*2014年1月—至今：广州 ××有限公司 企划部主管助理

协助主管进行产品广告计划制定及费用控制；策划促销活动并安排实施；竞品广告的日常监测、分析，及时调整产品的企划方案；市场走访调查；提出、制定、完成零售终端的改进方案；对全年市场投放与销售数据进行对比分析；制定下一年度广告提案。

成绩：在全体员工的努力下，产品销售额稳步提升、达到公司预期销售目标。

*2013年7月—2013年8月：广州 ××广告设计室市场推广员

制定促销策略、活动实施及评估总结；制定广告方案；与广告代理公司共同完成广告的制作及投放；走访零售市场，跟踪区域零售商、代理商的销售动态，监测竞品市场动态；对市场情报进行收集分析；协调外部供货商及媒体实施大型公关活动。

成绩：产品销售及市场占有率稳步提高，锻炼了自己的表达能力和沟通协调能力。

*2012年7月—2014年6月：××电讯公司 企划部兼职产品推销员

制定并实施产品的销售计划、促销推广计划；管理促销经费；负责产品在珠三角地区的销售；协调技术中心与经销商之间的售后服务关系。

*2011年10月—2014年6月：广州 ××学院 青年志愿者协会 干事

配合学院团委开展各种大型活动；节假日为残疾人和老年人提供服务等。锻炼了自己的胆量，改善了社交技巧，拓展了人际网络，学会了如何积极乐观地面对生活。

业余爱好

球类运动、爬山、音乐。

自我评价

工作认真，经验丰富，喜欢挑战，性格温和，谦虚自律、充满自信。

技能证书

有英语四六级证书、市场营销师证书、驾驶证等。

[范例2]

甄子丹

电话：159196×××××（手机）

电子邮箱：ht××@126.com

照片

教育背景：

2010.07—至今：广州××学院机电工程系　模具专业

主修课程：

机械制图、计算机绘图、机械设计基础、液压与气动、CAD/CAM原理及应用、三维造型设计、机械制造工艺基础、模具制造工艺、冷冲压工艺及模具设计、塑料成型工艺与模具设计、塑压成型设备、数控机床与编程等。

曾任职务：

院学生党支部纪检委员、专业党支部副书记、学习部副部长。

获奖情况：

省优秀毕业生、国家奖学金、校级三好学生、CAD比赛三等奖等。

社会实践：

2014.07—2014.08　佛山市南海伟然玩具有限公司　暑假工

在流水线上焊接简单的电路板；协助师傅完成玩具零件的装配。

锻炼了动手能力，培养了不怕苦、不怕累的精神。

2013.07—2013.08　东莞市鑫联电子科技有限公司　暑假工

负责给电路板印上锡膏，然后用贴片机、高速机贴上零件并过炉。

锻炼了动手能力，培养了耐心、细心。

2013.07—2013.09　学院电子实验室　实习生

接受了模具设计与冲压模具设计的系统培训；参与了模具的来图加工；学会了组装、修理并对试模结果进行处理。

技能证书：

AutoCAD（中级）、数控车床（中级）、制图员（中级）

特长爱好：

维修电器、踢足球

自我评价：

>做事积极主动，愿意帮助别人；

>动手能力强，适应快；

>集体荣誉感强，做事细致。

◎ 写作要点

(1) 社会实践经历，是用人单位较为关注的部分，也是用人单位考量判断应聘者的经验、能力和发展潜力的主要标准之一。

(2) 一定要紧紧抓住所应聘职位的要求来写。书写简历的三个标准：一要“简”；二要突出“经历”，重点展示学过的东西和做过的事情；三要突出所应聘的“职位”信息，强调自己是这个职位最合适的人选。

专题三 辞职信

“人在职场走，哪有不辞职。”辞职是职场人士要面对的问题之一。递交辞职信是辞去职务时的一个必要程序。适时地发出辞职信既能知会上司，保证原工作的衔接，又能让自己顺利离职。辞职信是人们日常工作中经常用到的一种文体。

一、辞职信的概念

辞职信，也叫辞职书或辞呈或辞职申请，是员工经过对自己的能力、素质、兴趣进行综合评估之后，发现自己无法胜任或不适合这份工作，或者是员工确定了新的发展方向等原因而向原工作单位辞去职务时写的书信。

辞职信的内容非常广泛，分类的标准多种多样。按照内容性质的不同，辞职信可以分为辞去职务辞职信、跳槽辞职信。按照风格的不同，辞职信又分为诗意辞职信、幽默辞职信、最牛古文辞职信等。辞职信按立文对象的不同，还可以分为技术人员辞职信、文员助理辞职信、医生辞职信、班主任辞职信、公司非正式员工辞职信、保安辞职信，等等。

二、辞职信的格式

辞职信的格式由标题、称谓、问候语、正文和落款组成。

1. 标题

第一行居中填写。直接用“辞职信”三个字。

2. 称谓

另起一行顶格写。辞职信呈交的对象一般是自己所在单位的领导。一般写“尊敬的领导”或“尊敬的×经理”。

3. 问候语

问候语是对受信人礼貌的表示。辞职信的受信人是单一的，只要求突出礼节性，用“您好”即可。

4. 正文

另起一行空两格开始写。一般要交代清楚辞职的缘由，感谢公司或单位给予的工作机会，或者感谢领导、同事的指点与帮助，对自己提出辞职申请表示歉意。正文结束时还可加上“祝愿公司发展顺利”等祝颂语。

5. 落款

在正文的右下角写上辞职人的名字和写辞职信的日期。

三、例文

[范例 1]

辞职信

尊敬的领导们：

话说天下大势，分久必合，合久必分！此言虽出自古书“三国”，窃以为对当今之事亦有裨益。

今，天下遭遇百年经济危机。试看全球经济形势，除吾国外，可谓大不如前，王某人有感于此，不禁联想自身处境，不胜伤悲，呜呼哀哉！

余本布衣，自幼出身贫寒，躬耕于冀南邢州大地，苟全性命于当世，不求闻达于富贵，但求温饱以残喘。然现实残酷之至，余自去岁四月上旬至本公司工作至今，已一载有余。几度春秋几度冬夏，时光流逝过三百余个日日夜夜。

想当初，余本一意气少年，年少轻狂，梦想飞扬，欲于本社大展抱负，一则为集团增光添彩，二则为己身加衣增食，两全其美之策，岂不爽哉？惜，一年光阴，吾不仅未大展身手，且囊中羞涩，债台高筑，节衣缩食，杜绝聚会。

众朋友离去者，有之；鄙视者，有之；唾弃者，有之。皆因王某昔日之优秀少年竟完全失去自我至此所致。每月八百大钱竟是基础工资、岗位津贴及误餐补助相加之结果……众友云：“甚矣，汝之不慧，竟能容忍至今，不死何为?”余汗颜，余何尝不想多整几两纹银，上对得起天、下对得起地、中间对得起空气；然而，余出身农家，是苦皆能吃，是事皆能忍，只可惜终究徒劳无功，虽兢兢业业终究温饱都不得解决，今面容竟呈老态龙钟之相。何也?食不饱，力不足，才美不外现，故犹如千里马，虽有千里之能，然无奈唯有饿死圈中……

王虽不才，不敢以千里马自居，然自知亦不是一庸者。人之立于当世，需一技之长，王某自视甚低，不敢自称满腹经纶，然应付文字之事亦不在话下；然，一载以来，每每扪心自问，无不捶胸顿足，几欲洒泪襟前。何也？漫漫长夜，孤枕难眠，辗转反侧，陋室忆昔，每日之工作唯“清洁”二字……即打扫房屋若干、倒水端茶、虚伪客套，周旋于各所谓领导之间，日复一日，月复一月，受命以来，夙夜忧叹，兢兢业业，诚惶诚恐，畏有所疏漏懈怠……今扶膝自叹，何等悲哀！

余因工资太低，毅然辞职。

桃花谢了春红，太匆匆，年华如水，倏忽间春夏秋冬四季已轮回三百六十度。茫然回首，所得几何？所失几何？今不得不略作盘点：所得——物质上：工作十二月，前三月每月六百，后九月每月八百。区区数千，一年来不够王某解决温饱，更何谈穿衣游玩，过品质生活；精神上：备受打击煎熬，一年来新掌握一技之长，即打扫卫生，王某好歹一堂堂男子汉，本科毕业生，其不才之至，亦不应跻身为清洁工之列，故使其当年年少轻狂之心瞬间苍老，再无活力；一载以来，王某唯唯诺诺，伺候他人胜过关心自己，其所求，仅每日温饱问题，然随物价飞涨，此问题之解决亦不可得。所失——失去了时间、浪费了青春、耽误了大好年华、愧对父母兄姐、做人尊严消失殆尽……

然，何以堂堂风华正茂之青年王某人压抑之至，努力坚持到如今，唯一原因：在等待传说中众人期盼的涨工资之事而已。实在可怜，怪王某年幼无知，竟傻傻苦等一年，终究未果；王某一年来生活所需之数千外债亦无望偿还，故王某人顿悟：此处系年轻人之坟墓也，唯一功能即埋没梦想、埋没青春、消磨斗志、耗费光阴，如是而已。故，顿悟之王某人今决定不应消磨于此，做出选择的时刻已到来。

话说天下势，分久必合，合久必分！既此处不留王某，王某亦不便继续打扰贵处，既不能两惜，何不两离，从此，彼此相忘于江湖！以决绝的姿态！

今恳请开明之领导准许卑微无能之员工王某人辞职，不胜感激！

王××

××××年××月××日

◎ 写作要点

（1）写辞职信时，要表述清楚辞职的原因。这封辞职信讲述了自己满怀理想工作近一年，却无处施展才华，收入微薄、涨工资无望，外债难以归还，于是决定要与单位“相忘于江湖”。辞职理由具体、清楚，使人一看便知。一度被称为“‘90后’最牛的辞职信”。

（2）辞职信的言辞要委婉。这封辞职信模仿诸葛亮的《出师表》，用文言文写成，语言简洁、含蓄。

[范例2]

辞职申请

世界那么大，我想去看看。

顾少强

2015年4月13日

◎ 写作要点

这封辞职信，短短10个字，清楚地表达了想要离职的原因。如此任性且潇洒的辞职态度，让网友羡慕不已。有人评价：“史上最具情怀的辞职信，没有之一”。

[范例3]

辞职申请

尊敬的××领导：

您好！

入职以来，因为很多领导和同事给了我很多无私的帮助和照顾，我才能从一个无任何工作经验的应届毕业生变成了一个熟悉工作流程的经验者。在这个集体里工作，我感到非常的开心。

但我觉得，一个有上进心的年轻人应该接受更高的的教育。通过自己的努力，我已经考上了研究生。为此，向公司提出辞职申请。请领导批准。

此致

敬礼！

申请人：×××

××××年××月××日

◎ 写作要点

（1）写辞职信时，除了要表述清楚辞职的具体理由外，还要对公司或同事的帮助表示感谢和祝福。

（2）辞职信的写作要求态度诚恳、措辞委婉、简洁。不可满纸抱怨，不可指责同事，不可抨击单位制度，不可说上司坏话。

专题四　自我鉴定

自我鉴定是人们经常用到的一种应用文体。入团、入党、职称评定、先进个人评选都要求个人进行自我鉴定，这是一种帮助领导或组织了解自己的有效途径，也是个人改正不足，发扬优点的方式。

一、自我鉴定的概念

自我鉴定是个人在一个时期、一个年度、一个阶段对自己的学习和工作生活等表现的自我总结。

自我鉴定按内容性质的不同，可以分为毕业自我鉴定、实习自我鉴定、工作自我鉴定、党员自我鉴定、先进个人自我鉴定等。

二、自我鉴定的格式

自我鉴定的格式由标题、正文和落款组成。

1. 标题

第一行居中填写。标题有两种写法：一是文种式，直接用“自我鉴定”即可；二是由“性质内容＋文种”组成，如“毕业自我鉴定”“学年教学工作自我鉴定”“先进个人自我鉴定”等。

2. 正文

一般先总结自己在思想、工作、学习、生活等方面的表现和自身的不足之处，再表明自己今后努力的方向，如“今后我一定××××，争取进步”。

3. 落款

在正文的右下角写上自我鉴定人的名字和自我鉴定的写作日期。

三、例文

[范例1]

大学生自我鉴定

大学生活即将结束，面临毕业，回首大学三年的校园生活，有渴望、有追求、有成功也有失败，通过不断的努力，对自己提高要求，遇到困难时鼓励自己坚持下去，到现在，基本实现了刚进大学时设立的目标，为实现人生价值打下了坚实的基础。

在思想品德上，本人有良好的道德修养、坚定的政治方向，积极地向党组织靠拢，对我党有深刻的认识。本人遵纪守法、爱护公共财产、关心和帮助他人，并以务实求真的精神热心参与学校的公益宣传和爱国活动。

在学习上，我收获了很多。首先，我端正了学习态度。在我考进大学时，脑子里想的是好好放松从重压下解放出来的自己，然而很快我就明白，大学仍需努力认真地学习。其次，极大程度地提高了自己的自学能力。日积月累，自学能力得到了提高，懂得了运用学习方法的同时注重独立思考。要想学好只埋头苦学是不行的，要学会“方法”，尤其是做事情的方法。最后，社会实践能力有了很大的提高。大学三年中，我参加了不少校内活动，做过一些社会实践。参加校内活动可以认识到更多的同学，也就增加了与其他同学交流和学习的机会，锻炼了自己的交际能力，学到别人的长处，认清自己的短处。

在生活上，我最大的特点是诚实守信，热心待人，勇于挑战自我，时间观念强，有着良好的生活习惯和正派作风。由于平易近人、待人友好，所以一直以来与人相处甚是融洽，连续担任分院乒协的秘书长一职。

在工作上，对工作热情，任劳任怨，责任心强，具有良好的组织交际能力，和同学团结一致，注重配合其他学生干部出色完成各项工作，得到了大家的一致好评。

三年的大学生活，我学到了很多知识，更重要的是有了较快掌握新事物的能力，使自己的知识水平、思想境界、工作能力等方面都迈上了一个新的台阶。在这即将挥手告别美好大学生活、踏上社会征途的时候，我整军待发，以饱满的热情、坚定的信心、高度的责任感去迎接新的挑战，攀登新的高峰。

◎ 写作要点

(1) 写自我鉴定时，一般采取“总—分—总”的结构。

(2) 概述自己在思想、学习、生活和工作上的表现时，要客观公正，不能夸大，要具有评语和结论性质。

(3) 自我鉴定的语言要尽量简明扼要，篇幅要尽量短小。

[范例2]

毕业生实习自我鉴定

在这三个月的实习中，在领导和同事的指导下，我向行业学习知识，向同事请教经验，学习工作技巧，正是在这个过程中，我认识到自己的不足。

实习期间我认真刻苦、吃苦耐劳、有上进心。为人诚恳、虚心好学，能够正确对待、处理生活及工作中遇到的各种困难，思想积极上进，接受能力和独立能力强，有很强的团队精神和集体荣誉感。做事认真负责，有很强的责任心。有强烈的上进心、事业心，有很强的对环境的适应能力，能很快融入集体。

在工作中遇到不懂的地方，我虚心向富有经验的前辈请教，善于思考，能够举一反三。对于别人提出的工作建议，虚心听取。在时间紧迫的情况下，加时加班完成任务。能够将在学校所学的知识灵活应用到具体的工作中去，保质保量完成工作任务。同时，我严格遵守公司的各项规章制度，实习期间，未曾出现过无故缺勤，迟到早退现象。我脚踏实地地工作，努力做到最好，工作始终以“热心、细心”为准则。遇到不懂的问题，积极问同事，在同事的热心帮助下，问题很快就解决了。简短的实习生活，虽然紧张，收获也很多。但给我的仅仅是初步的经验累积，对于往后迈出社会还是不够的。

通过实习我明白到：工作往往不是一个人的事情，是一个团队在完成一个项目，在工作的过程中，如何去保持和团队中其他同事的交流和沟通也是相当重要的。一位资深人力资源专家曾对团队精神的能力要求有这样的观点：要有与别人沟通、交流的能力及与人合作的能力。合理的分工可以使大家在工作中各尽所长，团结合作，配合默契，共赴成功。个人要想成功及获得好的业绩，需牢记一个规则：我永远不能将个人利益凌驾于团队利益之上。

我相信通过自身的不断努力，拿出百尺竿头的干劲，会当凌绝顶的壮志，不断提高自身的综合素质，在与社会的接触过程中，减少磨合期的碰撞，加快融入社会的步伐，才能在人才高地上站稳脚跟，才能扬起理想的风帆，驶向成功的彼岸。

◎ 写作要点

(1) 写实习自我鉴定时，要侧重介绍自己在实习过程中的成长和收获。

(2) 描述自己的学习能力、工作能力和团队协作等方面的用语要严谨、真实。

(3) 实习自我鉴定还可以谈谈自己在实习期间的体会和自己的决心。

[范例 3]

工作自我鉴定

自参加工作以来，在单位领导的精心培育和指导下，通过自身的不断努力，无论是思想上、工作上还是学习上，都取得了长足的发展和巨大的收获，现将工作自我鉴定如下：

一、思想方面

本人积极参加政治学习，坚持四项基本原则，拥护党的各项方针政策，自觉遵守各项法规。

二、工作方面

本人自××年工作以来，先后在××部门、会计科等科室工作过，不管走到哪里，都严格要求自己，刻苦钻研业务。就是凭着这样一种坚定的信念，我已熟练掌握储蓄、会计、计划、信用卡、个贷等业务，每项工作都会详细做工作总结，目前已成为××行业的行家里手。

回想刚进××行，为了尽快掌握××行业知识，我每天刻苦学习 6 个多小时，风雨无阻，特别是冬天，冰天雪地，为了赶上车，我常常要提前两三个小时上班，因此也养成了早到单位的习惯。现在我每天都是第一个到行里，先打扫卫生，再看业务书或准备一天的工作，也是这个习惯，给了我充足的时间学习到更多的业务知识，为我几年来工作的顺利开展打下了良好的基础。

我工作过的岗位大部分在前台，为了能更好地服务客户，针对不同层次、不同需求的客户，我给予了不同的帮助和服务。在行里组织的各项活动中我也积极响应，经常参加单位组织的各项竞赛，展示自我，取得了优异的成绩，受到了单位的嘉奖。

三、学习方面

自从参加工作以来，我从没有放弃学习理论知识和业务知识。由于我的毕业院校属于中专，刚工作我就利用业余时间自学大专，并于××年毕业，但我没有满足于现状，又于××年自修东北大学金融本科，由于学习勤奋刻苦，成绩优良，学习中受到老师充分的肯定，目前正在积极准备论文答辩。我不但掌握和提高了金融知识，有了一定的理论水平，也具备相应的业务能力，完全达到了本科生所具有的水准。学习理论的同时，我更加钻研业务，把学到的金融知识融会到工作中去，使业务水平不断提高，并于××年参加全国中级经济师资格考试，顺利通过，同时被行里聘为中级师。在多年的业务知识考核当中，每次会计业务资格考试都达到1级水平。

工作中的自我鉴定已总结完毕。最后，我想说的是，上面只是我工作中取得的一点成绩，这与单位领导和同事们的帮助是分不开的。我始终坚信一句话“一根火柴再亮，也只有豆大的光。但倘若用一根火柴去点燃一堆火柴，则会熊熊燃烧”。我希望用我亮丽的青春，去点燃周围每个人的激情，用青春的烈火点燃着身边的每一位同事。

◎ 写作要点

（1）写工作自我鉴定时，要围绕和工作相关的方面进行介绍。

（2）简明扼要地阐述自己做了哪些事情时，要实事求是地突出自己具体做了什么事，遇到了什么困难，又是如何克服的。

专题五　竞聘演讲

竞聘演讲是职场中常用的一种应用文，其主要用途在于向人事部门或领导“推销自己”，展现自己的经历、能力、业绩与竞聘优势。它能够比较全面地反映出竞聘者的基本情况和素质，是我们现阶段我国人事体制改革“公开竞争，择优选聘”的重要表现。

一、竞聘演讲的概念

竞聘演讲，又称竞职演讲、竞争上岗演讲，是为了得到某一职位而发表的阐述自己竞聘条件、竞聘优势，以及对竞聘职务的认识，被聘任后的工作设想、打算等的演说。

竞聘演讲按照竞聘内容的不同，分为团支书竞聘演讲、财务科科长竞聘演讲、校学生会竞聘演讲等。按照竞聘先后顺序的不同，竞聘演讲又分为竞选演说、就职演说、述职演说等。

二、竞聘演讲的格式

竞聘演讲的格式由标题、称谓、开场白、主体和结尾组成。

1. 标题

第一行居中填写。一是直接用“竞聘演讲稿”或者“竞选演讲稿”。二是由“竞聘职位十文种”组成，如“财务科科长竞聘演讲稿”“校学生会竞选演讲稿”等。

2. 称谓

另起一行顶格写。要根据演讲的对象的不同来确定称谓。如“尊敬的老师们，亲爱的同学们”“尊敬的×××领导”“各位同胞们”“女士们，先生们”等。称谓后面还可以加上礼貌性的问候，如“大家好”“早上好”“晚上好”。

3. 开场白

演讲的开头。开场白有两大任务：一是迅速建立起说者与听者之间的情感联系；二是打开场面，引入正题。

4. 主体

竞聘演讲稿的核心。要围绕主题，反复阐明演讲的中心问题。主体展开的方式有：

(1) 并列展开：围绕中心论点，从不同角度，不同侧面进行论述，其结构呈放射状四面展开。

(2) 递进展开：步步深入，层层推进，最终揭示深刻的主题。

(3) 并列递进结合展开。

5. 结尾

对前面所讲内容进行提纲挈领的归纳和总结。长的演讲必须如此，要再一次点明中心，使听众更清楚明白。

三、例文

[范例 1]

财务科科长竞选演讲稿

尊敬的各位领导、评委、同志们：

你们好！

首先感谢局党委给我提供了这次竞争上岗的机会。我叫林源，现年 32 岁，大学本科学历。今天我竞争的岗位是局财务科科长。

本人自 1995 年参加治黄工作以来，先后在通信员、专职教师、主管会计、企业会计、公司会计、五处财务科长、局财务科副科长等岗位上工作，连年被评为先进工作者，特别是从事会计工作以来，能认真学习专业知识、法律知识、财经法规，能积极与局领导、财务科长密切配合，通过系统内外无数次审计，均无出现违法、违纪现象，保证了集体利益。

这次全局各科室副职竞争上岗，是新形势的需要，是选拔任用中层干部的一条途径，能充分调动各方面的积极性，激发干部职工干事创业的事业心、责任感，为治黄事业发展必将注入新的活力，这次我竞争局财务科副科长，如果有幸成功，我将努力做好以下工作：

一、制定切实可行的规章制度和管理办法，规范财务行为，防止资产流失。财务管理办法和规章制度是约束财务行为的有效措施，是每一个财务人员执行的准绳。制订切实可行的规章制度和管理办法，对加强经济核算，提高核算水平，促进单位增收节支和治黄事业的发展有重要作用。

二、加强自身建设，不断提高财务人员自身素质，配足会计人员，明确岗位职责，严格按《中华人民共和国会计法》办事，不断加强会计人员培训，不断提高自身素质和财务管理能力，确保单位利益不受损失。

三、把单位有限的资金管好、用好，在资金紧张的情况下，一切围绕生产，保证一线生产需要，保证本局资金的正常运行。把有限的资金用好、用活，发挥更大效益。

四、充分发挥模范带头作用，榜样的力量无穷的。作为科室的一名领导，就要以高度的热情感染人，以精湛的业务带动人，以高尚的情操教育人，以博大的胸怀团结人，时时先行一步，处处争当排头兵。

五、严于律己，克己奉公，严格要求自己，俯下身子干工作，与同志同甘苦，自觉抵制不正之风，做一名廉洁奉公、乐于奉献的好干部。

六、在抓好正常工作的同时，积极协调好各方面的关系，尤其是与税务部门的关系，创造宽松的工作环境，促进治黄事业的健康发展。

如果我有幸成为财务科副科长，我定会履行我的诺言，让局党组放心，让职工满意，我真诚地接受局党委的挑选，希望各位领导、评委、同志们支持我！

谢谢大家！

◎ 写作要点

(1) 首先，竞聘演讲一般要先开门见山地表明自己竞聘的职务。

(2) 其次，简洁地介绍清楚自己的年龄、政治面貌、学历、现任职务等情况。

(3) 再次，详细介绍假如自己当选后的“施政纲要”，这是竞聘演讲的重点，要讲得具体、清楚、切实可行。

(4) 最后，表明自己的决心和请求。

[范例2]

正科长职位竞争上岗演讲稿

尊敬的各位评委，同志们：

感谢领导、同志们的信任和支持，给我这个机会参加竞职演讲。我叫林源，原籍广东，现年32周岁，中共党员，大学本科文化。××年在××担任财务会计。1997年参加全市公务员统一招考，被录用到市××局。10年来，相继在基层科、教育科和办公室工作。

今天我竞争的职位是正科级岗位。根据对自身条件的客观分析，我认为自己有以下优势：

一、具有强烈的事业心和工作责任感。

二、具有较高的政治素质。能系统地掌握马克思主义基本原理，对毛泽东思想、邓小平理论和“三个代表”重要思想有较深刻的认识；能够牢记为人民服务的宗旨，树立科学发展观，认真学习党的路线、方针、政策，熟练运用马克思主义的立场、观点和方法去分析问题、解决问题，在政治上、思想上与党中央保持高度一致，始终保持党员先进性。

三、具有良好的思想道德修养。平时注重个人修养，踏实做事，正直为人，坚持原则，公正地看待问题、处理问题。有大局观念，团结意识、配合意识强。

四、经过多个工作岗位的实践锻炼，培养了自己多方面的能力；本人出身农村，来自企业，培养了自己吃苦耐劳、坚忍不拔的性格，且深感人生不易，颇具同情心，乐于助人。这些正是团结同志、做好工作的基础。

这次如果走上科长职位，我将和全科同志一起牢记“××”局风，发扬“××”的××行政精神，扎扎实实地做好各项工作，圆满完成领导交给的各项任务。自身方面，一是加强自身修养。在认认真真学习上有新进步，在堂堂正正做人上有新境界，在踏踏实实做事上有新成效，在清正廉洁上有新形象。二是向领导多请示，勤汇报，并且搞好与兄弟科室的协作配合。了解领导意图，琢磨领导思路，把工作的主动性与针对性、实效性统一起来；虚心向兄弟科室学习，多交流，多协调，互相帮助，共同提高。三是搞好科室内部团结。生活上多关心同志，让同志有一种温暖感；工作上帮助同志多出成绩，让同志有一种成就感；在利益和荣誉面前，不争不抢，多让同志，让同志有一种被承认感。对于同志之间的矛盾，在坚持原则的前提下，多做思想工作，求同存异，让大家一起朝着共同的目标迈进。

如果这次落选，我将一如既往地服从领导，踏实工作，朝着人生目标不懈努力！

汇报完毕，谢谢大家！

◎ 写作要点

（1）竞聘演讲时先简单介绍自己的情况，可以帮助听众了解自己。

（2）竞聘演讲要表明自己所竞聘的职务，并摆出自己优于他人的竞聘条件。最好用一些获得的成果和业绩来证明。

（3）竞聘演讲还要表述清楚工作思路和竞聘态度。

[范例3]

大学学生会组织部部长竞选演讲稿

尊敬的老师、学长学姐、亲爱的同学们：

我所知道的学生会是一个服务同学，协助学校开展活动的组织。而组织部是学生会的重要组成部分，是学生组织工作开展的重要帮手。

如果我能竞选成功，我会努力做好我的工作，我从以往的工作经验中学会了怎样更好地组织工作，动员一切可以团结的力量；怎样的为人处世，怎样忍耐，怎样解决一些矛盾，协调同学间的关系；怎样处理学习与工作间的矛盾。如果我竞选成功，我对组织部有以下工作计划：

一、为新生团员换发、补发团员证，及时收取团费；二、针对团内活动，争取每学期每班至少举办两次，加大新时期团委工作创新力度；三、让各个班团支书协助班长管理班级，负责各班纪律，监督考勤，带团徽，每月开好团课，丰富同学知识；四、做好推优入团入党工作，努力发展新团员，监督好推优工作的“公平，公正，公开”原则；五、协助各个部门开展各种活动，听从学校、老师的安排，做到上传下达，密切与校团委联系，做好团内工作管理。指导各班开展积极向上的活动，丰富同学的课余生活等。如果我竞选成功，我会更加完善自己，提高自己各方面的素质，以积极热情的心态去对待每一件事情，我会更加努力学习，虚心求教，有错就改，广纳贤言，在工作中大胆创新，不盲目从事，有计划有原则地做事。

我知道现在再多的豪言壮语也不过是纸上谈兵，拿破仑说过“不想当将军的士兵不是好士兵”。相信我，我会用实际行动来证明我会是个好士兵。如果我没有竞选成功说明我还有不足之处，但我不会气馁，这一份热情、这一份努力会一直伴随着我，我会更加充实自己。而且我认为我竞选的不仅仅是一个职位，更是在争取一个让自己更加努力奋斗的机会，一个让自己更好成长的平台。希望学校能给我一个机会。谢谢大家。

◎ 写作要点

(1) 竞聘演讲先简单介绍自己所在部门的情况，能够帮助听众了解自己所竞聘的职位的要求。

(2) 竞选时若能具体说说自己上岗后将采取的措施，更能让人信服，也更能赢得竞选的成功。

应用实践训练

一、病文诊断

请指出下面应用文的毛病并修改。

1.

求职信

尊敬的领导：

您好！

感谢您在百忙之中抽出时间来翻阅这份求职信。我是××××公司的在职人员，能熟练地操作 Office、Excel 等办公软件。虽然我对此行业不是非常精通，但是每个人都希望自己在更大的平台有更大的进步。我诚实可靠，有上进心。我选择贵公司就是想领导能给我一个展示的平台。请给我一次磨炼自己的机会，我一定不会让您失望。

祝您身体健康、万事如意！

此致

敬礼！

求职人：张龙

2015 年 9 月 28 日

2.

应聘教师求职信

尊敬的园长：

您好！非常荣幸能在某某招聘网这一平台得知贵园的招聘会，我对幼教这个职业具有一定的专业基础，而且我在思想上对幼儿教育学也有一定的理解和想法。所以我相信我有能力做好这一职业，我希望园领导能够给我一次证明自我的机会。

我是一名即将毕业的大学生，我将于20××年7月毕业于幼教专业，根据我的自身情况，我认为我对从事幼教也具有一定的优势。我对幼教行业有很大的兴趣。在校期间，我所学习的教育学与心理学的成绩都非常突出，并且我具有××××等证书。我认为这些也是幼教行业的基础。在思想上，我对现代幼儿教育方法有一些自己的想法。当今社会中大都是传统意义上的幼儿园，其实质就属于寄托班，缺乏真正意义上的特色教育方式。虽然现有的国情和居民生活水平的差异使得我们必须面临这样的现实，但是渴望孩子受到特色教育的家长还是占很大的比例，所以特色幼儿教育是一项非常有发展前景的行业。我所说的特色教育不是单纯的双语教育和现在所流行的蒙式教育。我设想的教育方式是以发展儿童天性为基础，根据幼儿兴趣所选择的特定教育方法。如果园领导需要，我会详细地说明我的想法。

当然，从事幼教这个行业会有很多的困难，我自身也有很多的不足，我对特色教育的理解仅仅是自己的一些粗浅的认识，而且我缺乏工作经验，专业不对口。这些我都能够清楚地看待，我相信我具有坚定的意志，对于自身的不足，我会通过不懈的努力和在工作中的锻炼、学习来弥补，从而提高自身能力不断完善自我。对于传统教育的改革，虽然我不会起到关键性的作用，但我也希望能贡献出自己的一份力量，因为我怀揣着对幼教事业的理想。

最后，我真诚地希望园领导能够给我一次实现理想的机会，我相信我最后能胜任这一职业靠的是实力而不是运气。同样，我也会为园里做出最大的贡献。

此致

敬礼！

求职人：欧阳风

2015年6月20日

3.

辞职信

李云舟者，蜀中高隐，川北野儒也！浪迹江南，栖滞湖州。虽有经天纬地之才，而奈时遇不济，命运多舛，冯唐亦老，李广难封，屈贾谊于长沙，窜梁鸿于海曲；心比天高，身为下贱！自是口吐珠玑，腹罗锦绣，虽无徐儒来下陈蕃之榻，却有文光可射斗牛之墟也！文采风流已临精神世界之绝顶层巅；会当凌绝顶，一览众山小，古今才大难为用。文章憎命达，魑魅喜人过。吾如屈子之忧时伤世，离骚九歌，离风飘零！世人瞽瞽盲盲，徒留汨罗之憾也；更加深陈老杜，胸怀尧天舜日之志，指奸斥倭，与世不偕，直落得身世浮沉，屑小共怒。可堪千古一慨！

吾之品格精神，如临风之玉树，又如当空之明月浩然，怎堪与俗流共舞哉！可叹屈身于湖州某某物业，为一小小秧护员。诚如伏枥之骥，纵有千里之志，而奈缚手缚脚，无所可为，混迹于碌碌无为中矣！鉴于此，特向公司主管大人先生们引咎请辞！从此踏破樊笼飞彩凤，顿开铁锁走蛟龙。好比那万里白鸥鸥驰，驰骋于浩荡云海之间，谁复可训也！

即此　以致

红丰管理处

2015 年 6 月 2 日

4.

辞职申请

××领导：

大学毕业后，我就一直在公司上班。感谢大家对我的帮助和爱护。现在我已经找到自己的发展方向，这份工作我不想干了。对于由此给公司造成的不便我深感抱歉，也请您体恤我的情况给予批准。

此致

敬礼！

申请人：张龙

2015 年 7 月 8 日

5.

自我鉴定

××领导：

您好！

我是××××部门的在职人员。本人自入职以来，清清白白做人，踏踏实实工作，任劳任怨，甘于奉献。

此致

敬礼！

鉴定人：张龙

2015年9月28日

6.

大二自我鉴定

光阴似箭，在不知不觉中大二的时光已经快要结束了。蓦然回首，在过去的一个学期里，我的收获还是很大的。通过大二这一学年的学习，在各个方面都有所提高。下面就是我的学年自我鉴定：

在工作方面，该学年我担任了物流协会学习部的部长，阳光互助会心理辅导团队的队长，以及编辑部部长，在班上我担任文娱委员职位及市场营销小组的负责人，负责班上文娱活动筹备工作，为学校食堂进行市场营销的策划，负责报纸和杂志的出刊工作，不过因为缺乏经验，觉得自己有些方面做得不够好，需要进一步提高。

在学习方面，平时经常出入图书馆，吸取精神营养，为以后工作做好准备，在这一学年中，我坚持平均每周至少看三本书，感觉收获还是可以的，不过还得继续努力。

在生活方面，能够处理好与同学之间的关系，而且尽力帮助他人，只要自己能做到的，我都会尽力而为。因为家庭比较贫困，生活上我非常节俭，从不乱花一分钱，利用假期的时间进行工作，不但不影响学习，还可以锻炼自己，也为父母分担辛苦。

总的来说，大二的学习生活，让我成长了许多，收获了许多，前进了许多。虽然称不上硕果累累，却也可以说是有所成绩。以后的路更长，这点小小的进步是微不足道的，只有不断地学习，不断地进步，才能使自己的人生更有价值，更有意义。在今后的日子里，我要更加努力，争做一个优秀的人才。因为没有最好，只有更好。

二、技能训练

1. 假如你即将毕业，恰逢你梦寐以求的××公司（单位）××部门正在招聘××职位。请结合自身实际，为自己写一封求职信。

2. 假如你即将毕业，恰逢你梦寐以求的××公司（单位）××部门正在招聘××职位。请结合自身实际，为自己制作一份简历。要求：简历要能体现你是这个职位最合适、合格的人才之一。

3. 顶岗实习的日子快到了，请给你所在的社团或部门写一封辞职信。

4. 大学生涯马上就要结束了，请结合自身实际，为自己写一份自我鉴定。要求：自我鉴定要体现我就是我，而不是别人。

5. 新学期开始了，很多社团都在招新，其中不乏你“心仪的对象”。请结合自身实际，为自己写一份竞聘演讲稿。要求：演讲稿的内容要体现你竞聘的优势和你上岗后的措施。

模块四

旅游文书

专题一　欢迎词

欢迎词是导游人员给游客留下“第一印象”的重要组成部分，如能自然、风趣，会缩短与游客的距离，使大家很快成为朋友，熟悉起来。欢迎词是导游员同游客交流思想，向游客传播文化知识的良好开端，是导游人员与游客沟通的第一座桥梁，是导游人员赢得游客良好印象的关键所在，也是常见的应用文之一。

一、欢迎词的概念

欢迎词也叫开场白，是导游与游客第一次见面时所说的话，是游客对导游产生“第一印象”的重要组成部分。

欢迎词按照风格的不同，可以分为陈述式欢迎词、幽默式欢迎词、抒情式欢迎词、闲谈式欢迎词、感慨式欢迎词。

二、欢迎词的格式

欢迎词的格式由标题、称谓、问候语、正文和祝愿语组成。

1. 标题

第一行居中填写。直接用“欢迎词”三个字即可。

2. 称谓

另起一行顶格写，其后加“:”。如果知道对方单位，不知道姓名，可写出他们的职务，如“尊敬的××××学院的老师们”“尊敬的×××公司的领导们”等；如果不知道对方单位和姓名，可直接称呼“游客朋友们”“各位团友”，以示尊敬。

3. 问候语

问候语是对游客礼貌的表示。只要求突出礼节性，用“您好”“大家好”即可。

4. 正文

正文包括向游客问好并表示欢迎、自我介绍、表示自己的服务态度、预告节目等。

5. 祝愿语

预祝成功，即希望得到游客支持与合作，努力使游览获得成功，祝大家愉快。

三、例文

[范例1]

欢迎词

各位××学院的老师们：

大家好！坐了这么久的车，大家辛苦了。欢迎大家到厦门旅游。我是××旅行社的导游，我姓龚，大家可以叫我小龚，或者叫我龚导都可以。给我们提供驾驶服务的是有着十多年驾龄的司机郝师傅。郝师傅可是旅游界公认的三好司机，哪三好呢？那就是技术好、人品好、服务态度好。所以，大家对我们这几天的行车安全尽可放心。您在厦门的这几天呢，将由小龚和郝师傅为您提供全程的导游服务。我们所乘坐的车是一辆白色的大巴车，车牌号是闽D××××，大家一定要记住车牌号，千万别上错车。如果您找不到车或有事不能及时回来，请联系我。我的电话是13×××××××××。我们的车已经行驶在高速公路上了。在行车途中，为了避免意外发生，请大家在座位上坐好之后，就不要随便地走动了。坐在窗边的朋友不要把您的头、手、肘伸到车窗外，以免弄出危险。出门在外平安就是一种幸福，希望大家高高兴兴地出来，平平安安地回去。在游览途中旅游车就是我们的第二个家，请大家注意保持车上的卫生，如果您有什么要求，可以直接告诉我，我将竭诚为您服务。等下我们的目的地是××宾馆。这是我们今天食宿的地方。我们在入住房间的时候，进门以后一定要检查一下东西是否齐全，床单、被罩是否干净，若有不好的立即要求服务员来换一下，避免我们退房时造成不必要的麻烦。厦门是一座美丽的滨海城市，有着“海上花园”的美称。祝愿大家在旅游中有一份好心情。

◎ 写作要点

导游欢迎词包括几个部分：首先，要问候游客，对游客的到来表示欢迎。其次，要向游客介绍司机、车牌号。再次，要表明自己愿意为大家竭诚服务、努力工作，确保大家满意的态度。最后，简要介绍一下城市的概况，下榻旅社概况，游览活动安排，必要的卫生、饮食、安全、购物等注意事项及其他必要的内容等。

[范例2]

欢迎词

我呢，是××旅行社的一名专职导游员，大家有缘坐在一辆车里就是一家人了。古语有云：“百年修得同船渡，千年修得共枕眠。”今天我们同吃、同游、同乐还同“居”（驹）。哎，怎么就同居了，有些游客问，古时候不就把车叫驹吗？难道我们还不是同居吗？只要你需要我，我会第一时间出现在你面前。

那么，啰唆完自己之后呢，隆重给大家介绍一位重要人物，一般呀重要人物出场都会有一种声音??好，谢谢大家的掌声，他就是我们风流倜傥、英俊潇洒、人见人爱、车见车载、男人见了喝醋、女人见了喝蜜的张师傅（笑声），从后脑勺看就很像梁朝伟嘛，大家想不想看张师傅正面呀？想呀？那让张师傅站起来跟大家打声招呼好不好呀？（笑声）

好呀，那可不行，他站起来谁给我们开车呀？好了，我替张师傅谢谢大家的掌声。张师傅开起车来呀那可是相当的有技巧，用东北话说那是“杠杠的”。大家呀别看张师傅一本正经，他呀可有两个老婆，大老婆在家给他洗衣服做饭，小老婆呀陪他走南闯北，今天他这位小老婆就在我们身边，大家找找看，找不到呀？其实呀他这位小老婆就是我们这辆车，大家说张师傅小老婆漂不漂亮呢？漂亮呀？那大家就要好好爱护他，保持车内的清洁，爱护她，就像你们爱自己的小老婆小老公一样。

大家出来旅游呀，一定要服从导游的领导，一定要跟着导游走，这跟着导游走，吃喝啥都有，问啥啥都会，走着还不累。等一下到景点就请大家跟着我的导游旗走，小旗不倒，不许乱跑，因为呀只有跟着我的导游旗走，美好的感觉才会有！

◎ 写作要点

导游人员与游客大多是初次接触，比较陌生。为了拉近彼此的距离，导游人员必须主动消除这种陌生感。致欢迎词时，适当的幽默能够带来意想不到的效果。幽默式欢迎词其语言幽默风趣，能制造轻松、愉快的氛围，一下子缩短了导游人员与游客之间的距离。

专题二 解说词

导游人员在陪同游客游览的过程中，为引导游客感受山水之美而对旅游景点、景观、景物所做的介绍或为帮助游客了解景点涉及的历史背景和历史人物而进行的解说，是旅游过程中最重要的组成部分。

一、解说词的概念

解说词是导游在陪同游客参观景点进行解说的语言，是导游口才中最重要的部分。

解说词按照导游员讲解风格的不同，可以分为围绕景点主题的解说词，融入情感的解说词，突出地方特色的解说词、结合游客身份的解说词等。按照讲解对象的不同，解说词又分为自然景观（山地景观，水体景观，动、植物景观，气象、气候景观，自然景观）解说词和人文景观（古建筑、园林、宗教寺庙、民俗风情、博物馆、主题公园）解说词。

二、解说词的格式

解说词的格式由标题、称谓、问候语、正文和落款组成。

1. 标题

第一行居中填写。标题有两种写法：一是文种式，直接用“解说词”即可；二是由“内容＋文种”构成，如“冠豸山旅游景点解说词”“北京故宫解说词”“颐和园导游解说词”等。

2. 称谓

另起一行顶格写，其后加“：”。如果知道对方单位，不知道姓名，可写出他们的职务，如“尊敬的××××学院的老师们”“尊敬的×××公司的领导们”等；如果不知道对方单位和姓名，可直接称呼“游客朋友们”“各位团友”。

3. 问候语

问候语是对游客礼貌的表示。只要求突出礼节性，用“您好”“大家好”即可。

4. 正文

讲解有关景点涉及的历史背景和历史人物或自然景观的规模、特色、成因等，帮助游客宏观了解，引发游客兴趣。

5. 结束语

表示感谢。

三、例文

[范例1]

冠豸山旅游景点解说词

远道而来的各位朋友：

旅途辛苦了！欢迎来到冠豸山观光旅游。我是××旅行社的导游×××。今天我要带大家去游览一处国家重点风景名胜区——冠豸山景区。

朋友们，请大家往上看，看看这座山峰形状像什么呢？先看看主峰两边紧挨着的两座山像是两个帽翅，对了，像个官帽。它叫“獬豸冠”，也就是宋代以前执法官的官帽，在古代也泛指执法官，关汉卿的《玉镜台》中“生前不惧獬豸冠，死来图画麒麟像”说的就是执法官。

什么是“獬豸”呢？相传它是古代的神羊，独角，能辨是非曲直，若见人争斗，就会角触理亏的一方。楚文王曾按这个形状制成“獬豸冠”，远远地望冠豸山，就像“獬豸冠”，也正是体现了冠豸山的威严正义。因此，古往今来，人们把冠豸山视为刚正的神山，也是人们追求建立公正廉明社会的象征。

现在我们开始登山了，请大家谨记观景不走路，走路不观景，同时要注意保护我们的生态环境哦！看，前方这株迎客松正向我们微微点头，欢迎大家的到来。

这颗迎客松已有二百多年的历史了，过去的冠豸山上满山遍野古木参天，半山腰有“松风亭”，山顶有“听松亭”，还有“印松麓”等景观和石刻，也留下了厦门书法名家罗丹先生在抗战期间写的：“一天秋色千峰雨，万壑松涛十里关”的崖刻。

品松韵，沐松风，树正气，赞风格，这是游冠豸山的一大乐趣，20世纪60年代，广东省委书记陶铸写有一篇《松树的风格》，他笔下的松树给人以傲霜凌雪，百折不挠，无私无畏的凛然正气，这正与“冠豸”公正廉明刚正不阿的寓意相吻合。是不是感觉迎客松为我们带来一片荫凉，那就让我们带着一身脱俗超凡的感觉，继续登山吧。

传说这座山原来在武夷，只因为有一年九龙江发大水，玉帝命令一神仙将山赶往九龙江堵水，赶山神仙到连城地界时，口渴难忍，来到一村庄讨水喝，热情的村姑让他喝了三大碗酒，醉后误了时辰，把山留在这里，故早有“北夷南豸，丹霞双绝”之称。

各位团友，在这里我们看到有“冠豸”二字，这是元代一县令同卿镌刻在这里的。这是圣旨牌坊，清咸丰八年（1858年），太平天国余部石达开的族弟石镇吉部署千人进攻连城，连城无险可守，县令随同数千群众，登山避难，最后太平军攻上冠豸山，造成三千多群众惨死。这圣旨牌坊就是朝廷下令诰封在此阵亡的县衙官兵和三千多群众的。

朋友们，我们已经到达山顶了！站在这里眺望前方，县城的景致尽收眼底，真是“城在景中，景在城中”！冠豸山人文鼎盛，出过二十多名进士，堪称连城文化摇篮。民族英雄林则徐和大才子纪晓岚在游冠豸山时，于“东山草堂”题下了“江左风流”和“追步东山”名匾，至今还在。

好，冠豸山的游览到这里告一段落，我们在这里休息十分钟。如果大家还有兴趣，可以到“雪洞”“壁立千仞”“莲花洞”“灵芝寺”等景点游览。谢谢合作。

◎ 写作要点

解说词除了要讲解自然景观的规模、特色、成因等外，还要解说有关景点涉及的历史背景和历史人物，这样才能帮助游客更好地了解景点，激发兴趣。

[范例2]

解说词

团友们：

火把节是彝族人民具有悠久历史的传统节日。关于火把节的来历，有一个彝家儿女敢与天争、敢与天斗的传奇故事。相传古代天地相通，天王恩梯古慈对人间不按其旨纳贡，大发雷霆，派凶神斯热阿比下界为虐，彝家勇士阿堤八拉率众向凶神宣战，他们高举火把，将天地之间唯一通道烧毁，把凶神打败并杀死。天王闻讯极怒，即向人间撒下天虫，暴食庄稼和果树。农历六月二十四日，阿提八拉和愤怒的彝族人民举火烧死了全部天虫。天王还想再度降害于民，只因天道被焚，无奈作罢。后彝族先民于每年农历六月二十四日举行火把节，历时三天，纪念这一胜利节日，以示除恶扬善。节日集欢庆、祈祷、娱乐为一体，并成为川、滇、黔、桂广大彝区人民的传统节日。

◎ 写作要点

这段解说词从彝族的民间传奇故事开始，详细讲述了火把节的来源。导游员成功地在游客的好奇心被激发起来之后，不知不觉地将火把节的知识输送给游客。

[范例3]

解说词

大熊猫生性顽皮，喜欢爬树，打滚，饮水。爬树是为了躲避敌害，在树上享受阳光。为了满足自己嗜饮习性，它的家园大都选在有清泉流水的地方，便于随时畅饮。天寒冰封，熊猫就用前掌击碎冰层饮水。干旱季节，它会下到很深的山谷寻找清净的水源，反复痛饮直到喝得腹胀肚圆，行走困难，才恋恋不舍地蹒跚而去。有时干脆卧躺溪边，形如醉汉，当地人称为“熊猫醉水”。

◎ 写作要点

生动形象是导游语言美的魅力所在。这段解说中导游员巧妙运用拟人、比喻等修辞手法，讲解得绘声绘色，使大熊猫顽皮可爱、憨态可掬的形象跃然纸上，生动形象。

专题三　欢送词

欢送词是导游工作中不可忽视的一个工作环节。如何致欢送词，往往关系到导游工作的成功与否。好的欢送词能给游客留下难忘的印象，为旅游活动画下一个圆满的句号，让游客高兴而来，满意而归。

一、欢送词的概念

欢送词是指在旅游活动结束，游客即将返回时导游说的临别赠言。

欢送词按照风格的不同，可以分为抒情式欢送词和总结式欢送词。

二、欢送词的格式

欢送词由标题、称谓、问候语、正文和落款组成。

1. 标题

第一行居中填写。直接用“欢迎词”三字即可。

2. 称谓

另起一行顶格写，其后加“：”。如果知道对方单位，不知道姓名，可写出他们的职务，如“尊敬的××××学院的老师们”“尊敬的×××公司的领导们”等；如果不知道对方单位和姓名，可直接称呼“游客朋友们”，以示尊敬。

3. 问候语

问候语是对游客礼貌的表示。只要求突出礼节性，用“您好”“大家好”即可。

4. 正文

正文包括小结整个旅程、感谢合作、道出依依惜别之情、祝福语和征求意见语等。

三、例文

[范例 1]

欢送词

几天前我们在这里开始起程，今天大家终于回到了起点，我们×天的行程马上就要结束了。有一首诗大家不会陌生，“轻轻的我走了，正如我轻轻的来，我挥一挥衣袖，不带走一片云彩”。天下之大，没有不散的宴席。我由衷地感谢大家对我的支持和配合。其实能和大家达成这种默契真的是很不容易，大家出来旅游，收获的是开心和快乐；而我作导游带团，收获的则是友情和经历。各位到了机场后，即将乘坐飞机，回到自己温暖的家，在这里小吴祝大家一路平安、旅途愉快。最后，祝大家在以后日子里，生活好、工作好、样样都好，亲戚好、朋友好、人人都好。欢迎你再来华东！谢谢大家！张学友有首歌，叫做《祝福》。里面的歌词写得很好：“若有缘，有缘就能期待明天，你和我重逢在灿烂的季节。”在这里呢，我想把祝福送给大家。

◎ 写作要点

（1）临别欢送词，一般先要小结一下整个旅程，对游客几天来的配合表示感谢。

（2）若能引用一些诗句或歌词来道出依依惜别之情和表示祝福语，会为整个旅程画下一个圆满的句号。

[范例 2]

欢送词

各位游客朋友：

我们的旅程到这就基本上就结束了，小张也要跟大家说再见了。临别之际没什么送给大家的，就送大家四个字吧。第一个字是缘分的缘，我们能够相识就是缘，人们常说百年修得同船渡，可以说我们是百年修得同车行。这次旅程也是百年修来的缘分啊，现在我们就要分开了，缘分却未尽。第二个字就是财源的源，也希望各位朋友在以后的日子，财源如滔滔江水连绵不绝！第三个字是原谅的原，在这次几天的旅程中，小张有什么做的不到的地方还请大家多多包涵多多原谅，多提宝贵意见，让我以后的工作能做得更好。最后是圆满的圆，朋友们，我们的旅程到这就圆满地结束了。预祝大家以后工作好、家庭好、身体好、心情好、今天好、明天好、不好也好、好上加好、来点掌声好不好！谢谢大家！

◎ 写作要点

（1）温情招牌的欢送词，给游客一种亲切的感觉，能给游客留下难忘的印象，更能勾起双方的依依惜别之情。

（2）导游员态度诚恳的祝福语，在临别欢送时，往往能让游客满意而归。

专题四　旅游专题活动策划文案

策划文案是旅游行业常用、常写的应用文。不管是旅游活动，还是旅游形象口号征集，抑或是旅游广告都少不了策划书。“凡事预则立，不预则废。”一份好的旅游活动策划书，可以保证旅游活动的顺利进行。好的旅游活动策划书有利于树立良好的旅游城市形象，提升景区的影响力，促进旅游消费。

一、旅游专题活动策划文案的概念

旅游专题活动策划文案是旅游业为树立良好的旅游城市形象，提升景区的影响力，促进旅游消费对有关旅游活动、旅游广告、旅游营销目标、实施方案、具体措施进行设计和计划的文书。

旅游专题活动策划文案按照内容性质的不同，可以分为旅游活动策划书、旅游广告策划书、旅游营销策划书、旅游形象口号征集策划书等。

二、旅游专题活动策划文案的格式

旅游专题活动策划文案的格式由标题和正文组成。

1. 标题

第一行居中填写。标题有两种写法：一是文种式，直接用“策划书”即可；二是由“内容＋文种”构成，如：“秋游活动策划书”“旅游形象口号征集策划书”“颐和园广告策划书”等。

2. 正文

一般包含活动背景、活动目的及意义、活动内容、分工、经费预算，可行性分析、活动中应注意的问题及细节等。

三、例文

[范例 1]

旅游节策划书

一、活动简介

上海对外贸易学院旅游节是学校学生品牌活动之一，是由会展与旅游学院承办的一项旨在展现各地民俗人文风土、传承中华民族悠久文化传统、提高大学生人文素质、提升人们生活品质的特色活动，第一、第二届旅游节都获得了较好的反应和好评。第三届旅游节的举办，恰逢上海世博会、我校 50 周年校庆，会展与旅游学院分团委、学生会将于 2013 年 9 至 10 月份举办第三届旅游节，本届旅游节的主题是“时尚旅游，无处不在”。本届旅游节已纳入上海市第二十六届旅游节活动，同时本届旅游节还得到了上海市商务和旅游委员会的大力支持，上海日尧文化传媒有限公司、海乐旅游服务公司、万德会展会务公司、Myway 摄影社、久游远足社等单位和组织也参与到本届旅游节活动中来。在此一并表示感谢。

“选择时尚”为这次旅游节的主题，除了吸引学生的眼球，也想表明，旅游作为一种大众化的休闲方式，已经越来越成为人们不可缺少的生活构成。旅游是一种时尚，大学生旅游更是一种趋势，时尚型旅游产品发展迅速。

上海对外贸易学院第三届旅游节将于 2013 年 9 月 25 日开幕，七大板块活动精彩纷呈。将陆续推出潮人选秀暨旅游形象大使评选活动、松江旅游线路 DIY 设计大赛、“人文松江，上海之根”——美在松江摄影大赛、松江七校自驾行、会展旅游文化节成果展销会、会展旅游相关系列讲座和旅游节闭幕式等活动，并将以专业化的节事运作和优质高效的筹备吸引广大师生的积极参与。

二、第三届贸院旅游节活动组成

（一）潮人选秀暨旅游形象大使评选活动

1. 时间：2013 年 9 月 25 日 18:00

2. 地点：信息楼 500 人报告厅

3. 承办：旅游节组委会，海乐旅游服务公司，上海日尧文化传媒有限公司

4. 简介：“潮人选秀”活动，是多方合作在松江大学城进行的一次“香港名店街潮人选秀”活动。此次香港名店街的潮人选秀活动，也为会展旅游文化节活动搭建了一个平台，通过外贸学院邀请松江七校的学生一起，展现学生的多才多艺，同时体现时尚旅游形

象，选出大家心目中的旅游形象大使，为松江旅游增添色彩，为七校的学生们提供一个交流学习的平台。

（二）松江旅游线路 DIY 设计大赛（分“松江一日游”和“松江两日游”两个主题）

1. 时间：9 月下旬启动，10 月 15 日前决赛

2. 承办：旅游节组委会，海乐旅游服务公司

3. 简介：作为从第一届旅游节传承下来的传统主打活动，今年将扩大参与面，面向松江大学城七所高校学生，征集特色旅游线路。此次线路设计将分“松江一日游”“松江两日游”两个主题，围绕松江本地旅游资源设计、开发最佳旅游线路，让更多的人参与到松江旅游中来。

（1）初赛形式：各团队通过调查研究，撰写旅游线路策划书并做展示推销。

（2）决赛形式：

1）现场演示：通过初赛筛选出的决赛团队，用中英文双语讲演及中文 PPT 展示各自特色线路，并开展团队攻辩、接受评委和观众答辩等形式充分体现团队的合作精神、创新意识、表达能力。

2）人气比拼：决赛团队在旅游节旅游线路推介会的现场，摆摊宣传，进行线路展示与推销，现场接受投票报名。对于人气最高的两条线路，海乐旅游服务公司将投入实际运营，帮助线路推广。

4. 评分标准：

（1）初赛：大赛组委会邀请我校旅游管理专业教师根据各团队线路策划案的可行性、创意性、规范性等进行综合考量评分，遴选出 8 支左右入围决赛。

（2）决赛：决赛将邀请旅游专业老师、松江商旅委领导、旅行社专业人士针对现场讲演和答辩的表现进行评分，同时决赛团队还需进行线路展示、推销和模拟报名，进行人气考评。

（3）最终结果由两部分组成，室内展示和推介会现场效果。比赛结果在旅游节闭幕式上揭晓。

5. 奖励：大赛将分组决出一等奖 1 支队伍、二等奖 2 支队伍、三等奖 3 支队伍，入围奖若干，同时，人气最高的两条设计线路由海乐旅游服务公司进行开发，推向市场。

（三）“人文松江，上海之根”——美在松江摄影大赛

1. 时间：9 月下旬启动，11 月 13 日前公布获奖名单及成果展示。

2. 承办：旅游节组委会，Myway 摄影社。

3. 简介：此次摄影大赛作为本届上海对外贸易学院旅游节重要的组成部分之一，以“人文松江，上海之根”——美在松江为主题征集稿件进行评比。本次摄影大赛旨在鼓励参赛选手用崭新的、人文的角度重新审视自己生活、求学所在地——上海之根松江，发现未曾留意的美丽和温情。要求反映松江美丽的自然景色、人文景观、居民生活、人与自然的和谐统一等内容，内容积极向上。作品的征集通过大赛邮箱投稿的方式进行。松江大学城的学生和教职工均可投稿参赛。

4. 作品的评比和奖励：组委会将所有征集作品委托相关社团或专业协会专家进行评比，最终将产生一等奖 1 名、二等奖 2 名、三等奖 3 名以及优胜奖若干名，颁发相应的证书和奖励。比赛结果在本届旅游节闭幕式现场揭晓。

（四）会展旅游相关系列讲座

1. 时间：10月、11月

2. 承办：活动组委会

3. 简介：

（1）旅游文化讲座。

面向普通受众，邀请旅游管理专业教师讲授丰富多彩的旅游文化与风土人情。

（2）会展文化讲座。

面向普通受众，邀请会展管理专业教师讲授会展文化及相关讯息。

（3）商业讲座。

作为商业合作回报，邀请相关赞助企业就专业人才、旅游市场开发和线路设计、会展行业发展状况等方面进行讲演。

（4）会展与旅游两专业公开课。

通过学院内部会展与旅管专业互开公开教学课，展示我院教学新成果、新思路，推进学院内部跨专业教育交流，促进共同发展。

（五）松江七校自驾行

1. 时间：10月30日前

2. 地点：松江大学城

3. 承办：旅游节组委会，久游远足社

4. 简介：此次活动作为本届上海对外贸易学院旅游节重要的户外活动，以宣传健康绿色的旅行生活方式为主旨，旨在倡导健康、环保、自由的旅游出行方式。由久游远足社联系七校相关社团，联合在松江地区开展自行车骑行活动，进行旅游节宣传。本次骑行活动旨在鼓励推广骑行活动在松江的发展，并吸引一批热爱旅游的同学们加入到这种全新的旅游团体中。活动以松江车协全体成员巡回骑行宣传拉开帷幕，面向各车协所在学校的学生召集骑行爱好者，同游松江。各车协负责所在学校的地陪和导游事项，由组委会统一安排活动相关时间、地点和线路。

（六）会展旅游文化节成果展销会

1. 时间：10月30日前

2. 地点：校内学生食堂门口广场

3. 承办：旅游节组委会，万德会展会务公司，海乐旅游服务公司

4. 简介：此次会展旅游文化节成果展销会共包括五个展区，分别为旅游相关产品展销区、旅游线路DIY设计大赛展示推介区、城市足迹摄影大赛作品展区、旅游节公共展示互动区和演艺区。

（1）旅游相关产品展销区。

1）海乐公司将与祥杰公司合作，推出个性化的旅游纪念产品。以“新颖、环保”为理念，分为不同的主题，如“世博系列”“校庆系列”“复活节系列”等，让更多的人能够接触到这类产品，也同时丰富大家的见闻。

2）联系各大旅行社，直接到校园里进行一次精品旅游线路的推荐会，并能够给大学生一个优惠价。另外，参展的旅行社可以与大学生进行沟通，海乐公司在学生中进行调研，根据调研结果，给旅行社开拓大学生市场提出建议。

（2）旅游线路 DIY 设计大赛展示推介区。

此展区为旅游线路 DIY 设计大赛决赛团队线路展示推介专区，现场摆摊宣传，进行线路展示与推销，并接受投票，进行人气比拼。

（3）城市足迹摄影大赛作品展区。

展示获奖作品和参赛作品。

（4）旅游节公共展示互动区。

准备一些世界各地美丽景色的照片，在照片上添加一些关于这些地方的地理位置、气候特征、关键词之类的提示，请同学们猜猜看照片上景色所属的地方，如果猜对了就将这张照片（或关于这个地方的其他纪念品）送给他作为参与本次旅游节的纪念。另外还可设计一些旅游相关小游戏，与现场观众互动。

（5）演艺区。

由新选出的会展旅游文化节形象大使进行现场宣传，同时献上精彩的文艺表演节目，除传统歌舞外，若条件允许，还可加上各地民俗风情。

（七）旅游节闭幕式

1. 时间：××月 30 日前

2. 地点：信息楼 300 人报告厅

3. 承办：旅游节组委会

4. 出席人员：校领导院领导列席，松江商旅委领导、部分旅行社代表、各二级学院代表、部分媒体及对会展旅游文化节有兴趣的同学参与。

5. 流程：

（1）由我院领导发言，回顾本届校旅游节的所有活动。

（2）公布旅游线路 DIY 设计大赛获奖名单并颁奖。

（3）公布城市足迹摄影大赛获奖名单并颁奖。

（4）松江旅委代表为闭幕式致辞。

（5）由校领导宣布第三届贸院旅游节暨会展旅游文化节闭幕。

上海对外贸易学院第三届旅游节组委会

◎ 写作要点

（1）写活动策划书时，要对活动进行简单介绍，让受众有所了解。

（2）系列活动策划书一定要对活动的整个流程安排叙述详尽，语言要简洁，表述要清晰。

（3）涉及竞赛的部分，评分标准和培训等要表述清楚。

[范例 2]

大学生秋游活动策划书

一、活动背景

秋天，是一个美丽的季节，在这个美丽的季节里，落叶纷纷，大雁南飞，瓜果飘香，为什么在这个季节我们不去亲近大自然，去看看那金色的菊花，看看那硕大的瓜果？那就让我们出发吧，向树林进发，向大自然进发，向田野进发。走，让我们秋游去！去看看那神秘的大自然！在这秋高气爽的季节里，带大学生出去秋游是件很有意义的事，不仅让大学生走进大自然，感受秋天绚丽多姿的美景，也可对青年大学生进行各方面的教育。

二、活动目的

1. 充实会员周末生活，让会员感受协会氛围，会员之间相互认识了解，加深交流，更好地融入协会，增强协会凝聚力。

2. 通过秋游放飞童心，培养会员热爱大自然的情怀；

3. 通过亲近大自然，可以培养会员关心同伴的爱心；

4. 通过秋游对会员进行安全教育；

5. 通过精心组织的互动活动，培养会员的合作意识。

三、活动地点

展览馆，玄武门，情侣园。

四、活动组织

1. 活动总负责：海鹰辩论社、经贸辩论社、交通辩论社。

2. 活动策划书：海鹰辩论社策划部。

4. 活动时间：11 月 13 日。

5. 参加人员：三校辩论社成员。

6. 乘车路线：旅游公司专车、地铁。

五、活动行程安排

具体时间及活动项目如下：

8:00——从学校出发，一路欢歌笑语奔向展览馆

10:00——到达展览馆，短暂休整；参观

12:00—12:30——休息　午餐

12:30—13:00——奔向玄武门

13:00—14:30——游玩

14:30—16:00——转战情侣园

16:30——一起分享快乐成果

六、注意事项

1. 上下车有序排队，不拥挤，就座时能互相谦让。不在座位上打闹，不将手、头等伸到车窗外。

2. 不在公共场地乱丢果皮纸屑。

3. 一切行动听指挥，如有事情必须先向组织人报告。手机保持开机，好联系他人。

4. 自由活动时能开展一些有益、有趣、有序的活动，不做危险游戏。

5. 不暴饮暴食，注意饮食卫生。

6. 关于本次活动的未尽事宜，辩论社将另行通知。

七、活动经费

车费暂定 20 元。

备注：午餐自备。

八、活动前期准备

1. 会员选择项目，11 月 10 日前报至各自部长处。

2. 各部长将统计结果报会长，确定出游项目，并迅速通知各会员。

3. 会长负责组织调配人员安排活动，去公交车站联系包车。

九、活动意义及总结

此次活动实惠安全，很有实际意义。对会员来说，经历了一次协会之间的秋游，得到放松与锻炼；对协会来说，有利于协会与协会的了解，增进了友谊，彰显了协会活力。

◎ 写作要点

(1) 写活动策划书时，要用简洁明了的语言表述清楚活动的意义和目的。

(2) 重点要对活动的地点、行程安排、注意事项、活动经费、活动的前期准备等内容安排进行详尽的描述，让人一清二楚、明明白白，以便活动的顺利进行。

专题五 旅游广告

旅游广告是一种公开、有效的宣传方式，大大地提升了旅游产品的销售，是旅游企业推广旅游产品，获得经济利润的重要途径。旅游广告对于旅游业有着不同寻常的意义，是常见的传递旅游产品、旅游服务信息的应用文体。

一、旅游广告的概念

旅游广告是旅游企业付费通过橱窗、报刊、电视、广告牌等媒体向公众介绍旅游商品、报导旅游内容和传递旅游信息的一种商业宣传方式。

旅游广告按照传播媒体的不同，可以分为旅游报刊广告、旅游电视广告、旅游网络广告、旅游橱窗广告、旅游广播广告、旅游新媒体广告等。按照广告的表现形式，旅游广告还分为静态广告和动态广告。按照旅游企业类别的不同，旅游广告还分为会展广告、景区广告、酒店广告、旅行社广告、旅游节日庆典广告，等等。

二、旅游广告的格式

旅游广告的格式通常由标题、正文、广告语和随文组成。

1. 标题

第一行居中填写。标题有三种写法：一是直接以旅游商品或服务的名称做标题，如“千年古城台儿庄快乐游”“鼓浪屿情游”等；二是以含蓄暗示的方式，引起受众兴趣，如“看，谁的假日更疯狂”“冒险家的乐园”“旅游去哪儿”等；三是由复合标题构成，如“中国原生态最美山乡——石台欢迎您再来”“哈哈哈漂流景区——勇士征集令”“玄妙的老子文化——永远的周山至水”等。

2. 正文

另起一行空两格开始写。旅游广告正文的写法比较灵活，风格各异，没有统一的标准。有的着重介绍旅游产品和服务的相关情况，有的借助有形的视觉效果进行产品的宣传，有的展示旅游产品的文化内涵，诱发受众的旅游需要等。

3. 广告语

广告语又叫广告口号，通常放在广告的结尾部分，是加强旅游产品或旅游服务信息的标志性短语，它往往是受众印象最深的地方。

4. 随文

随文又称附文，是在广告正文之后补充旅游企业的名称、联系人、联系地址、联系电话、网址等，它是对广告正文的有益补充，对消费者起着购买指南的作用。随文的语言要求简洁明了，以免喧宾夺主。

三、例文

[范例1]

厦门鼓浪屿蜜月岛烧烤动车4天

Day. 1

星期四

广州南一深圳北一厦门北一厦门（用餐：早餐×｜中餐×｜团队晚餐√）

广州南站乘高铁前往深圳北高铁站（车程约35分钟），后转乘厦深高铁线动车前往“海上花园”厦门市（二等座，车程约4小时，自行安排动车上的用餐）。抵达后游览【惠和石文化园】（游览约2小时），亲自动手参与石磨豆浆。后入住酒店。

景点介绍：

【惠和石文化园】：闽南最具规模和代表性的“石文化”主题公园，充分展示了闽南石文化的源远流长及惠和石文化深厚的文化底蕴。游客还可观看闽南独具一格的惠安女表演。

特色活动磨豆浆：和小伙伴们一起动手磨出原汁原味的豆浆，体会自己动手，丰衣足食。

住宿：厦门凯丽莱酒店或同级

Day. 2

星期五

厦门鼓浪屿（用餐：酒店早餐√｜中餐×｜晚餐×）

早餐后，前往码头，乘轮渡前往“海上花园”“东海明珠”“音乐之乡”——【鼓浪屿】，展开一场神秘的寻宝活动（有奖品哦），后返回厦门市区，入住酒店。

寻宝活动：在游玩、探究、领略鼓浪屿特色的同时发现团队的精彩与魅力，带着任务和目标，踏上这片神奇的领域，让我们一起走进鼓浪屿，留下我的“智慧与风采”，给你的青春之旅留下不一样的美好回忆（详情以当日导游安排为准）。

住宿：厦门凯丽莱酒店或同级

Day. 3

星期六

厦门观光一蜜月岛（火烧屿）（用餐：酒店早餐√｜中餐：自助烧烤｜团队晚餐√）

早餐后，前往【五缘湾游艇码头】（约1.5小时），开启帆船体验之旅。别样的帆船体验让你与厦门的海更加亲密的接触，游出不一样的厦门游。后乘车前往海沧渔人码头/厦门旅游客运码头，码头乘船至蜜月岛【火烧屿】，午餐可于蜜月岛上烧烤，后参观海豚馆、海洋濒危物种科普馆、火烧屿地质博物馆（游览时间约1.5小时），后返回入住酒店。

景点介绍：

【蜜月岛（厦门火烧屿）】是厦门西海域中最大的岛屿，岛上地质构造奇特，岩石色彩斑斓，且具有“海中有岛，岛中有湖”的独特地质景观。美丽的鹭栖湖边是“曲水烧烤营”，这里能容纳三百多人共同烧烤聚会。此外，被称为“天然地学博物馆”的缤纷峡谷中，岩石色彩绚烂、造型各异。沿着峡谷走到海边，就来到了中华白海豚观测台，这里是观赏“海上大熊猫”——中华白海豚的极佳场所。

住宿：厦门凯丽莱酒店或同级

Day. 4

星期日

厦门一厦门北一深圳北一广州南（用餐：酒店早餐√｜中餐√｜晚餐×）

早餐后，游览现存最完善的也是唯一的原生态渔村【曾厝垵】（游览约 10 分钟，自由活动 2.5 小时）。前往千年古刹——【南普陀寺】（游览约 1 小时），参观寺里天王殿、大雄宝殿、大悲殿、藏经阁、左右厢房、钟鼓楼等建筑。后动车组返回深圳北站，转乘高铁前往广州南站（车程约 35 分钟），结束愉快海滨之旅。

（资料来源：广之旅。）

◎ 写作要点

（1）旅游广告是一种宣传和竞争手段，必须以真实为基础，要讲求诚信，不得有虚假内容。

（2）旅游广告要把受众最关心、最需要了解的内容作为宣传和促销的重点，如旅游路线、游玩时间、旅游景点、住宿情况等。

[范例 2]

埃及，我更爱你苍老的容颜!

埃及，这个有着七千年历史的文明古国，把自己的一半给了“活人”，一半给了“死人”。为什么我会这么说？今天小旅带你欣赏古往今来的埃及容貌。无论是它傲立沙漠风尘仆仆的一面，还是它努力迎合时代竭力令你的旅程百般顺心的一面，怀着按捺不住的心动朝它狂奔而来的你，绝不会失望而归。

开罗

从未见过开罗的人，就等于没有见过世界的人。——《一千零一夜》

在神话故事里，开罗就是全世界，文明古都的魅力随金字塔展开，就连时间也畏惧它。开罗是埃及的首都，充满活力和迷人的异国情调，人民非常热情好客，会用中文很大方地与你打招呼。

吉萨金字塔群

金字塔是东方文化四大奇迹之一，是古埃及法老王们死后的安眠之地。它气势威严、古老神秘，迄今已有四五千年的历史。

第四王朝的法老为什么要建造金字塔？金字塔的咒语是不是真的存在？……金字塔，是一个难以解开的谜!

狮身人面像

如果你来到了狮身人面像，千万要等到晚上再走，日落之后这里会有声光秀，代表了古埃及悠久历史的回想。

埃及博物馆

有人说这是借助外星人智慧建成的博物馆，馆内珍藏着自古埃及法老时代到公元五至六世纪罗马统治时代的历史文物共 12 万多件。据说如果每件陈列品看一分钟，需要花 9 个月的时间才能看完。

在博物馆的二楼有间存放木乃伊的陈列室（需另付门票约 100 埃镑）。木乃伊陈列室里安放着十几具法老及其后妃们的木乃伊，展室幽静肃穆，紧裹着亚麻布的木乃伊双手交叉放在胸前，3 500 多年的面容身体如今仍清晰可见，面对眼前这一切真不知道是惊叹还是敬畏。

尼罗河

一部《尼罗河上的惨案》，让尼罗河的神秘更深一层。可以说，没有尼罗河，就没有埃及文明。尼罗河确实是埃及人民的生命源泉，6 700 多千米尼罗河创造了金字塔，创造了古埃及，创造了人类的奇迹。

游尼罗河最好的方式是乘坐豪华游轮，由卢克索向阿斯旺前进，享受游轮上的美食、参加各种化装舞会、混进老外堆嘻嘻哈哈、躺在甲板上看两岸风光、看日暮西垂……最重要的是一个美景都不能放过！

卢克索

埃及人常说："没有到过卢克索就不算到过埃及。"卢克索位于尼罗河岸，是古埃及帝国中王朝和新王朝的都城，至今已有 4 000 多年的历史。

卡纳客神庙

卡纳客神庙是埃及最大的神庙，神庙的甬道两旁有狮身羊面像，那么为什么是狮身羊面像而不是把狮身雕在人的身上？因为卡纳客神庙是献给阿蒙神的，而阿蒙神最青睐的动物是羊。

在神庙里面有埃及最高的一支方尖碑，属于女王哈特谢普苏特。

卢克索神庙

在埃及语中称作"阿蒙南方的闺房"，这座神庙是专门为底比斯的三神太阳神阿蒙、自然神姆特和他们的儿子月亮神孔斯所修建的。

游览卢克索神庙的最佳时间是在夜晚，几千年的建筑配上现代的声光科技，夜间的卢克索神庙美轮美奂，越发展示它的神秘梦幻，而你如同穿行在 5 000 年的时光隧道。

阿斯旺

埃及南方的大门，历史上阿斯旺曾是非洲贸易的货物集散地。阿斯旺是埃及街道最清洁、最漂亮，空气最好的城市，因为这里几乎没有工厂，阿斯旺以农业为主，盛产的甘蔗由专门的小货车运载到周边城市加工。

阿布辛贝神庙

阿布辛贝神庙靠近苏丹边界，荒芜的沙漠中一座神庙拔地而起，如同黄沙中金子雕成的城堡。

阿布辛贝神庙是为古埃及最伟大的法老拉美西斯二世所建的，它正是古埃及精神所在。这座直接凿刻在岩窟上的神庙气势恢宏，神像威严，面朝着美丽的纳赛尔湖，你不得不感叹：古埃及人民的智慧实在太让人赞绝了！

阿斯旺大坝

阿斯旺大坝是世界七大水坝之一。它横截尼罗河水，高峡出平湖。1960 年在原苏联援助下动工兴建，1971年建成，历时10年多，耗资约10亿美元，使用建筑材料4 300万立方米，相当于大金字塔的17倍，是一项集灌溉、航运、发电的综合利用工程。

埃德夫神庙

埃德夫是游览卢克索至阿斯旺黄金线路的必经之地。

埃德夫神庙是埃及保存最完好的神庙，里面供奉着鹰头人身的天空之神荷露斯。

埃及购物

埃及作为世界上的文明古国，它的物产也是极为丰富的，无论是自然产品，还是工艺品，绝对都是上上之选。

香精：世界大品牌香水原料是埃及香精，有着5 000年的历史，就连香精瓶都是镀上金边的。

地毯：埃及著名特产，纯棉制作，带有乡村气息和浓墨重彩的挂毯，具有朴素迷人的特色。

纸莎草画：埃及的特色工艺品之一，在纸莎草上作画，古朴凝重，充满埃及风情。

椰枣：最为常见的水果，脂肪含量及胆固醇含量都很低，富含各种维生素及矿物质的营养成分。

阿拉伯头巾：大多为丝质，价格便宜，很多游客入乡随俗，带着头巾既可以防晒防沙，也可以当做装饰。

亚历山大橄榄油：这里的橄榄油非常的精纯，这种具有地中海风情的橄榄油是送礼的不二选择。

◎ 写作要点

写旅游广告时，要讲究表现手法，注意推陈出新。这则旅游广告成功运用了陈述式、抒情式、文艺式等多种表达手法，有效地达到了宣传目的。

标题部分以抒情方式倾吐了对埃及的喜爱、赞美，引发了受众了解广告的兴趣。陈述式广告部分着重介绍了古埃及的多处景观，使受众对埃及有了较为清晰、明确的认识。广告内容借助《一千零一夜》《尼罗河上的惨案》等文学形式作为载体，展现了旅游产品中的文化渊源，诱发了受众的消费需求。

[范例3]

城市形象广告

这里弥漫过甲午战争的硝烟，

这里被秦始皇称之为天之尽头，

如今，这里是世界上最适合人类居住的范例城市之一。

——威海，CHINA!

在镜头的设计上，或三个一组，或两个一组，一组人文接着一组自然，充分体现自然和人文相和谐的思想。30秒时间，20多个镜头组接。

邓世昌雕像、古战舰、海军公所；

秦行宫、古车马雕塑、成山头；

海鸥落下、广场鸽飞起；

由海驴岛自然风光过渡到提着公文包的人和城市建筑；
由沙滩美景到人在海水中嬉戏；
由挥杆打高尔夫到园丁浇花、儿童开怀；
由大乳山晚霞剪影变为城市夜景；
最后定格为威海全景（出字幕）。

◎ 写作要点

（1）这是一则宣传威海城市形象的旅游广告，是第一个，也是唯一一个获得电视金鹰奖的城市形象广告。它成功地运用了声音、图像和文字将反映威海历史、自然和人文的鲜明特色呈现在观众面前。

（2）广告的诉求点明确，主题深入人心，朗朗上口，提高了城市的影响力。

应用实践训练

一、病文诊断

请指出下面应用文的毛病并修改。

1.

欢迎词

欢迎来到桂林。我姓张，名倩，是桂林××旅行社的导游。坐在驾驶室里的是我们的司机鲁师傅。鲁师傅有十几年的开车经验，技术娴熟，行车稳妥。我们所乘坐的这辆巴士的车牌号是×××××。在接下来的几天里，我和鲁师傅将竭诚为您服务，保证让大家开心而出，满意而归。

____

____

____

____

____

____

2.

解说词

天府一词见于《周礼》，其云：“天府者，掌祖庙之守藏，与其禁令。凡国之王镇、相藏器也焉，若有大祭大丧，则出而陈之，既事而藏之。”

____

____

____

____

3. 请挑出下列不属于深圳景区的广告语。

景区广告语

非凡体验，欢乐谷见。

世界与你共欢乐。您给我一天，我给您一个世界。

深圳人的世外桃源。

24 个村寨，56 个民族。

桂林山水甲天下。

露天博物馆。

二、技能训练

1. 假如兄弟院校的同学到你们学校参观，恰逢你是他们的导游员。请写下欢迎词。

2. 请用简洁、生动的语言写一段导游词，向前来观光的兄弟院校的同学介绍你们学校的景点。要求：要注重景物的神似，运用恰当的比喻，引起游客遐思；要穿插介绍自然景观和人文景观，满足游客渴求人文知识的愿望。

3. 黄鹤楼，巍峨耸立于湖北省武汉市武昌蛇山峰岭之上，始建于三国时代东吴黄武二年，国家 5A 级旅游景区。与湖南岳阳楼、南昌滕王阁并称江南三大名楼。因崔颢“昔人已乘黄鹤去，此地空余黄鹤楼。黄鹤一去不复返，白云千载空悠悠”的千古绝句而名声大噪。

要求：

（1）知识积累：查找有关黄鹤楼的文章或诗词。

（2）全班同学分为若干组，分别解说黄鹤楼的主要景点。

4. 你陪同来自台湾的一个教师团在厦门游玩了 3 天，主要游览的景点包括鼓浪屿、陈嘉庚纪念馆、南普陀、环岛路、竹坝度假村。请以这则材料为背景写一则欢送词。

5. 重阳节快到了。你所在的班级决定举行一个以“登高”为主题的旅游活动。请以这则材料为背景写一份旅游活动策划书。要求：策划书的写作内容要包括背景、目的、意义、内容、经费预算、活动中应注意的问题和细节。

6. 湖北省黄梅县历史悠久，是佛教禅宗发祥地。黄梅佛教禅宗文化独树一帜，全国六座禅宗祖庭，黄梅独占两座，闻名中外的禅宗祖庭四祖寺、五祖寺就分别坐落在该县的西山和东山；禅宗六位祖师中，四祖道信、五祖弘忍、六祖慧能均在黄梅修行并传承衣钵，自古就有“蕲黄禅宗甲天下，佛教大事问黄梅”的美誉。

为提升黄梅作为中国佛教禅宗发源地和传承地的知名度和影响力，打造中国禅文化旅游区，该县旅游部门于 2015 年 4 月 7 日公开发布信息，面向社会有奖征集黄梅禅文化旅游宣传广告词。要求广告词能充分体现黄梅禅文化旅游的文化特征和内涵精髓，言简意赅，寓意深远，朗朗上口，易读易记，具有吸引力和感召力。

请你拟一个独具特性的黄梅禅文化旅游宣传广告词。

7. 春光正好，广州旅游正借世博东风，迎接八方来客。请你代广州市旅游局拟一份“到广州玩两天”的旅游策划书。

要求：

(1) 按策划书的格式写；

(2) 可针对不同人群，可按“景点旅游”“温泉旅游”“休闲旅游”“情侣旅游”“自家旅游”等方案设计一种即可。

8. 从化温泉又名流溪河温泉，是世界上仅有两处的珍稀的含氡苏打温泉之一（另一处是欧洲的瑞士温泉）。以水质好、水温高、泉景佳为著的从化温泉被人们称为“岭南第一泉”。经广东省政府批准，这里已建有省级旅游度假区。请你结合从化温泉的相关特点，代从化温泉度假区拟写一则以“泉”为主题的旅游广告。要求：标题、正文、随文齐全；突出创意性。

9. 广州从化以温泉著称。从化康辉旅行社决定打造一条以“温泉”为主题的旅游线路。请你代康辉旅行社拟一篇以“温泉”为主题的从化旅游路线宣传广告。

模块五 礼仪文书

专题一　请柬

现代社会，人们越来越重视人际交往。请柬既是我国的传统礼仪文书，也是国际通用的社交联络方式。小到结婚、生日宴会，大到国庆盛典，都需要通过请柬来邀请客人参加。请柬是对客人盛情、郑重的邀请，是宾主之间建立或增进友谊的重要媒介，是开展工作或开拓市场的重要渠道。

一、请柬的概念

请柬又称请帖、柬帖，是邀请单位或个人出席或参加某项活动时使用的一种礼仪性书面信函。

请柬按照形式不同，可以分为横式写法和竖式写法。根据内容的不同，请柬又分为会议请柬、宴会请柬、结婚请柬、中秋茶话会请柬、参展请柬、仪式请柬等。

二、请柬的格式

请柬一般由标题、称谓、正文、敬语和落款构成。

1. 标题

一般直接写“请柬”或“请帖”即可。有封面的请柬，一般应做些艺术加工，即采用名家书法、字面烫金或加以图案装饰等。如果请柬是单页纸，第一行正中写“请柬”二字即可，字体较正文稍大。

2. 称谓

顶格写清被邀请对象（单位名称或个人姓名），如“××先生”“××女士”“××教授”“××研究所”。称谓后加冒号。

3. 正文

另起一行，空两格，写明邀请的原因，包括活动或会议的名称、内容、时间、地点及其他应知事项。

4. 敬语

一般以“敬请（恭请）光临”“敬请届时出席”“敬请光临指导”“此致敬礼”等作结。“此致”另起行，前空两格。再另起行顶格，写“敬礼”等词。

5. 落款

在文面的右下角写明邀请者（单位或个人）名称和请柬发出的时间。如果是单位发出的请柬，要签署主要负责人的职务和姓名，以主邀请人的身份告知对方。有些舞会、音乐会、大型招待会的请柬还写有各种附启语，如“每柬一人”“凭柬入场”“请着正装”等，通常写于请柬正文的左下方处。

三、例文

[范例1]

结婚请柬

×××（女士）先生：

我们定于下周六（12月12日）下午6时，在红牡丹大酒楼二楼举行婚宴。恭请光临。

新娘　方明
新郎　陈晓　谨上

2015年12月6日

◎ 写作要点

（1）请柬的标题要醒目。开头要写清被邀请者的姓名和身份。

（2）结婚请柬正文要表述清楚婚礼举行的时间、地点。

（3）个人发出的请柬要亲笔签名。

（4）横版的结婚请柬落款要写在右下角。竖版的结婚请柬落款要写在左下角。

（5）请柬的语言要简洁、凝练、得体。

[范例2]

中秋节茶话会请柬

×××女士/先生：

兹定于6月20日晚6点到8点在白云酒店大礼堂举行中秋茶话会，届时敬请光临。

此致

敬礼！

×××工会

2015年6月18日

◎ 写作要点

（1）请柬的内容一般要交代清楚邀请的事由、目的、意义及应注意事项（活动的内容、时间、地点）。

（2）请柬若是单位发出的，要署名单位的名称。比较重要的请柬，还需加盖公章。

（3）请柬的结语应避免出现“准时”两字。有些请柬把“届”改成了“准”字，这样就成了命令式，体现了邀请者的高高在上，对被邀请者的不尊敬。

(4) 大型活动的请柬，有时还需附上入场券。

专题二　邀请函

邀请函是当今社交活动中的一种非常重要的应用写作文种。在国际交往以及日常的各种社交活动中，这类书信的使用是十分广泛的。它体现了活动主办方的友好盛情，是社交活动反映良好的人际社交关系的一面镜子。

一、邀请函的概念

邀请函是单位或个人邀请亲朋好友或知名人士、专家等参加某项活动时所发出的请约性书信。

邀请函按照内容的不同可以分为政务邀请函、展会邀请函、学术会议邀请函、成果评审邀请函、文化活动邀请函、座谈会邀请函等。

二、邀请函的格式

邀请函一般由标题、称谓、正文、敬语和落款五部分构成。

1. 标题

居中写“邀请函”，也可以由“活动的名称＋文种”构成，如“×××慈善晚会邀请函”“搬迁邀请函”“‘第一届旅游形象大使比赛’邀请函”。

2. 称谓

邀请函的称谓使用“统称”，并在统称前加敬语。如“尊敬的×××先生/女士”或“尊敬的×××总经理（局长）”。

3. 正文

一般要告知被邀请方举办活动的缘由、目的、事项及要求，写明礼仪活动的日程安排、时间、地点，并对被邀请方发出得体、诚挚的邀请。

4. 敬语

正文结尾一般要写常用的邀请惯用语。如“敬请光临”“欢迎光临”等。

5. 落款

写明邀请方的全称和成文日期。

三、例文

[范例1]

“快快乐乐庆新年”活动邀请函

尊敬的各位家长：

首先感谢您这一年来对我们工作的支持和理解，新年的钟声即将敲响，它震撼着我们每个人的心灵！新年的歌声即将唱起，它播撒着我们灿烂的笑容！

在这举国欢庆的日子里，请接受我们——北戴河区第一幼儿园全体教职员工的深深祝福：祝您身体健康、工作顺利、节日快乐、好运连连！

在这欢乐的日子里，你想了解您的孩子在这一学期里的学习成果吗？您想与自己的宝宝一起参加游戏吗？您想进一步增进您和孩子之间的感情沟通吗？……那就请您暂且放下手头的工作，以愉快的心情来参加本班举办的"快快乐乐庆新年"活动吧。

活动时间：2015 年 12 月 31 日上午 8:30 家长和幼儿准时到园参加活动，9:00 正式演出，谢谢合作！

活动地点：幼儿园中一班教室

为了更好地让幼儿展示自己，请家长配合做到以下几点：

1. 请您准时来园参加活动，早晨在家吃早饭，周一不用带行李，自带一支黑色笔。

2. 服装要求——女孩：里面穿黑色紧身毛衣、黑色打底裤，外面穿班服，纯色靴子；男孩：里面穿黑色紧身毛衣、外面穿班服，深色棉鞋。

3. 要求家长在家里为孩子化好妆，女孩梳两个小辫子。

4. 活动时请将手机设为振动，以免分散孩子的注意力。

5. 活动中家长要以赏识的心态积极鼓励孩子参与班内的活动，并在孩子面前起模范作用。

6. 在活动结束后请您认真填写家长意见反馈表，留下宝贵意见和建议。

7. 元旦放假时间为：31 日庆新年活动结束就放假到 1 月 3 日。

幼儿园中一班

2015 年 12 月 20 日

◎ 写作要点

（1）邀请函一般要开门见山地交代清楚活动的目的及召开的具体时间、地点及应注意的事项。

（2）邀请函的语言应恳切、热情、庄重、凝练，富有感召力和鼓动性。

（3）邀请函中涉及的时间、地点、事项等切记要反复核对，确保准确无误后再寄出。

[范例 2]

中国外国文学学会学术研讨会邀请函

尊敬的×××先生/女士：

中国外国文学学会定于 2015 年 5 月 29 日—31 日在四川大学举行第十三届年会暨学术研讨会。素仰您学养深厚，著述丰赡，诚邀您莅临本次会议。

一、会议主题

本次会议的主题是：外国文学与国家认同

会议的分议题是：

1. 外国作家作品流派与国家认同（或爱国主义主题）

2. 外国文学与文学教育

3. 外国文学翻译之研究

4. 外国文学出版态势研讨

5. 外国文学与中国当代文学

6. 中国文化语境与外国文学

7. 纪念肖洛霍夫诞辰 110 周年

8. 外国文学研究与中华文化的海外传播

二、会议地点：成都市四川大学望江校区。

三、会议论文和回执

与会者请提交会议论文与回执，回执内容包括与会者信息、论文题目、论文摘要（300 字左右）。请在 2015 年 3 月 15 日之前将回执发至：russc@scu.edu.cn，联系人：池济敏老师。

四、费用：会议收取会务费 600 元，在读研究生减半，交通费和住宿费自理。

会议回执

<table>
<tr><td>姓名</td><td></td><td>性别</td><td></td><td>职称职务</td><td></td><td>联系电话</td><td></td></tr>
<tr><td>工作单位</td><td colspan="4"></td><td colspan="2">email</td><td></td></tr>
<tr><td>住宿标准</td><td colspan="7">单间（ ）　标准间（ ）</td></tr>
<tr><td>论文题目
及摘要</td><td colspan="7"></td></tr>
</table>

中国外国文学学会

四川大学外国语学院（代章）

四川大学当代俄罗斯研究中心（代章）

2014 年 12 月 28 日

◎ 写作要点

（1）被邀请者的姓名应写全，不应写绰号或别名。若被邀请者不止一人，在两个姓名之间应该写上“暨”或“和”，不用顿号或逗号。

（2）正式的会议邀请函要将邀请的目的、会议的主题、会议召开的时间、地点、内容、对与会者的要求等分条列项，让被邀请者一目了然。

（3）大型活动的邀请函，通常要附上回执。

专题三　祝酒词

随着社交活动的日益频繁，人们常常会出席各种酒席宴会。主人为了对客人表示欢迎，主宾之间为了营造热闹氛围，增进感情，陌生人之间为了宣传自我，扩大交际，往往都需要借助祝酒词这一重要载体。祝酒词是日常礼仪的常用文体之一。

一、祝酒词的概念

祝酒词又叫祝酒辞，是在酒席宴会开始时，主人对客人表示热烈欢迎，亲切问候，诚挚感谢的应酬之辞，是招待宾客的一种礼仪形式。

祝酒词按照内容的不同，可以分为答谢祝酒词、公司年会祝酒词、朋友聚会祝酒词、满月宴祝酒词、婚宴祝酒词、生日祝酒词、优秀员工颁奖祝酒词、就职祝酒词等。根据结构形式的不同，祝酒词又分为简约型祝酒词（多用一两句精粹的词语，把自己最美好的祝愿表示出来）和书面型祝酒词（以文章的形式表达，全文由标题、称呼、正文和祝愿语等构成）两种。

二、祝酒词的格式

祝酒词一般由标题、称谓、正文和结语构成。

1. 标题

居中写，可以直接写为“祝词”“祝酒词”等，也可以由“祝酒人姓名＋宴会名称＋文种”构成，如“周恩来总理在欢迎尼克松总统宴会上的祝酒词”“×××在恩师寿宴上的祝酒词”等。有时省略祝酒人姓名，直接由“宴会名称＋文种”构成，如“同学聚会祝酒词”“朋友生日祝酒词”等。

2. 称谓

另起一行顶格写。称呼一般用泛称，还可以根据到会者的身份来定，如“各位女士、各位先生”“朋友们”“同志们”等。为了表示热情和亲切、友好之意，前面可以加修饰语“亲爱的”“尊敬的”等。

3. 正文

致辞人（或代表谁）在什么情况下，向出席者表示欢迎、感谢和问候；谈成绩、作用、意义；联系面临的任务、使命展望未来。

4. 结语

常用“请允许我，为××而干杯”。

三、例文

[范例1]

同学聚会祝酒词

各位同学：

时光飞驰，岁月如梭。毕业18年，在此相聚，圆了我们每一个人的同学梦。感谢发起这次聚会的同学！回溯过去，同窗四载，情同手足，一幕一幕，就像昨天一样清晰。

今天，让我们打开珍藏18年的记忆，敞开密封18年的心扉，尽情地诉说吧！诉说18年的离情，畅谈当年的友情，也不妨坦白那曾经躁动在花季少男少女心中朦朦胧胧的爱情。让我们尽情地唱吧、跳吧，让时间倒流18年，让我们再回到中学时代，让我们每一个人都年轻18岁。窗外满天飞雪，屋里却暖流融融。愿我们的同学之情永远像今天大厅里的气氛一样，炽热、真诚；愿我们的同学之情永远像今天窗外的白雪一样，洁白、晶莹。

现在，让我们共同举杯：为了中学时代的情谊，为了18年的思念，为了今天的相聚，干杯！

◎ 写作要点

（1）同学聚会的祝酒词要写得情真意切，表达出自己对往日同学情的怀念与珍惜。

（2）结语要表达与致辞者身份、主题、现场气氛相一致的祝贺和希望。

（3）祝酒词不宜长篇大论，态度要真挚诚恳，语言要简洁热情。

[范例2]

朋友生日祝酒词

各位来宾、各位亲爱的朋友：

晚上好！烛光辉映着我们的笑脸，歌声荡漾着我们的心潮。伴着优美的旋律，我们迎来了××先生的生日，在这里我谨代表各位好友祝××先生生日快乐，幸福永远！

在这个世界上，人不可以没有父母，同样也不可以没有朋友。没有朋友的生活犹如一杯没有加糖的咖啡，苦涩难咽，还有一点淡淡的愁。因为寂寞，因为难耐，生命将变得没有乐趣，不复真正的风采。朋友是我们站在窗前欣赏冬日飘零的雪花时手中捧着的一盏热茶，朋友是我们走在夏日大雨滂沱中时手里撑着的一把雨伞；朋友是春日来临时吹开我们心中冬的郁闷的那一丝春风，朋友是收获季节里我们陶醉在秋日私语中的那杯美酒……来吧，朋友们！让我们端起芬芳醉人的美酒，为××先生祝福！祝你事业正当午，身体壮如虎，金钱不胜数，干活不辛苦，悠闲像老鼠，浪漫似乐谱，快乐莫你属，干杯！

◎ 写作要点

（1）生日祝酒词要写出自己对过生日的人殷切祝福，最好不说套话，让对方真切感受到你的祝福。

（2）开场白要第一时间拉近彼此的关系。可以是感谢来宾的到来，也可以是代表来客为寿星祝福。

专题四 开幕词

不论召开什么重要会议，或开展什么重要活动，按照惯例，一般都要由主持人或主要领导人致开幕词，这是一个必不可少的程序，标志着会议或活动的正式开始。开幕词是一种常见的应用文体。它对引导会议或活动朝着既定的正确方向顺利进行，保证会议或活动的圆满成功具有重要意义。

一、开幕词的概念

开幕词是指在重要会议或重大活动开始时，会议主持人或主要领导人所作的讲话。

按照内容的不同，开幕词分为侧重性开幕词（往往对会议召开的历史背景、重大意义或会议的中心议题等作重点阐述）和一般性开幕词（只简要概述会议的目的、议程、基本精神、来宾等）两种。

二、开幕词的格式

开幕词通常由标题、称谓和正文三部分组成。

1. 标题

一般有三种写法：

（1）由“会议名称＋文种”构成。如“2008 北京奥运会开幕词”“开学典礼开幕词”。

（2）由“致辞者的姓名＋会议名称＋文种”构成。如“×××同志在××市第×届人民代表大会第×次会议上的开幕词”。

（3）“正标题＋副标题”式，如“发展中的中国家庭教育问题——教育部基础教育司副司长朱慕菊在新东方家庭教育教育研究与指导中心上的开幕词”。

2. 称谓

另起一行顶格写，常用“同志们”“朋友们”“各位代表”等。

3. 正文

一般包括开头、主体和结尾。开头写宣布开幕之类的话。主体部分一般包括以下内容：会议的筹备和出席会议人员情况；会议召开的背景和意义；会议的性质、目的及主要任务；会议的主要议程及要求；会议的奋斗目标及深远影响等。结尾一般都是“祝大会圆满成功”之类的话。

三、例文

[范例 1]

开学典礼开幕词

尊敬的领导、老师，亲爱的同学们：

很荣幸，能在这个美丽的季节和你们相聚在绿茵如画的经贸园，和你们一起分享收获的喜悦。我们很是激动，能够凭着自己的努力从激烈的竞争中脱颖而出，我们很是骄傲，能够在全国涉外经济最高学府继续深造。五十年来，外经贸大学在“博学、诚信、求索、笃行”校训的指导下，逐渐成为一所在国内外享有较高知名度的大学。五十年来，她送走了一批又一批的学子，为祖国培养了数以万计的经贸人才，在各自的岗位上成为国家的栋梁。迈进新千年，两校合并后，经贸园正发生着巨大的变化：装扮后的经贸园如西子般的美丽，五十年的文化积淀喷薄出新的生命，改革后的经贸园焕发着青春的气息……这一切，都深深地吸引着我们，激励着我们。

我相信，我们在座的大多数人都曾经过“导航”“起航”“领航”的指引，都曾品尝过昼夜苦读的艰辛，甚至曾经徘徊在放弃的边缘，终于战胜了彷徨与挫折，稳稳地踏上惠园这片沃土！这里有我们渴求的书林瀚海，有我们企盼的学界鸿儒，更有我们向往的开拓进取、勇于创新之精神！

大浪淘沙，方显真金本色；暴雨冲过，更见青松巍峨！经过考研磨炼的我们，经过工作磨砺的我们，更加成熟、稳重而自信。如今，在这研究生新的起点上，我们心中更是充满了期待：期待着更多的机遇与挑战，期待着结交各方英才，期待着更为硕果累累的三年，在未来的三年里，我们要努力巩固知识结构，钻研理论内涵，丰富实践经验，在以后更为激烈的竞争中乘风破浪，展现经贸之子的风采！

谢谢大家！

◎ 写作要点

（1）在写开学典礼开幕词的时候，要充分表达出自己对于新的学习阶段的渴望和期待。

（2）开幕词语言要简洁明了，通俗，朗朗上口。

（3）多使用祈使句，表示祝贺和希望。

[范例2]

校运会开幕词

各位裁判，各位运动员，老师们，同学们：

天高气爽，金桂飘香。在举世瞩目的“神舟5号”载人飞船胜利升空的大喜日子里，我们豪情满怀地迎来了第八届学校田径运动会。首先，我谨代表本届运动会组委会向全体运动员、裁判员、教练员和大会工作人员致以崇高的敬意和亲切的问候！体育是一个国家精神文明建设的重要方面，是民族素质、人民精神面貌的集中体现，而学校体育则是一个国家体育工作的基础和重点。

办学几年来，我校全面贯彻党的教育方针，积极推进素质教育，切实采取有效措施，把体育摆到学校工作的重要位置。教师队伍充满生机，体育设施不断完善，推动着学校体育工作的蓬勃发展。在开发区第二届中小学田径运动会上，我校夺取了初中组团体总分第一名和广播操比赛第一名；金华市首届中小学生定向运动赛，我校获得初中组团体第二名和体育道德风尚奖。

刚刚上个月，我校参加金华市“田歌杯”体育传统项目中学生健美操比赛，又荣获了市级第一名的优异成绩，让我们以热烈的掌声，向为我校争光的体操健儿和教练员，表示衷心的感谢和祝贺！本届校运会场地小，赛程短，任务重，参赛运动员共有1 221名，分9个单项6个组别，赛前还将举行入场式的评比和广播操比赛。

希望全体运动员发扬“团结、友谊、奋进”的良好风格，弘扬“更高、更快、更强”的体育精神，严格遵守竞赛规程，自觉服从裁判，顽强拼搏，赛出风格，赛出水平。希望裁判员以严谨、公正的态度自始至终做好裁判工作，大会工作人员各尽其职、通力合作，为大家提供优质服务。同时更希望全体同学提高安全意识，做文明观众，使本届校运会开得安全、文明、有序、高效。

最后，预祝本届校运会圆满成功！谢谢大家！

◎ 写作要点

（1）校园会的开幕词要将学生们的热情充分调动起来，让学生们有参加项目，赢得荣誉的渴望。

（2）写校园会开幕词的时候还要强调“友谊第一，比赛第二”的运动精神。同时还要强调运动员的安全问题。

（3）运动会开幕词前半部分一般要说明运动会的目的、意义，接着回顾历届运动会取得的成绩，最后对本次运动会提出任务和要求。

专题五　闭幕词

重大会议或活动结束时，为了显示大会的圆满成功，会议的有关领导人或具有一定社会地位的人，会对相关的会议或活动进行评价和总结，并郑重宣布会议闭幕或活动结束。这种文体就是与开幕词前后呼应，首尾衔接的闭幕词。闭幕词是大会的尾声，是大会成功结束的标志。

一、闭幕词的概念

闭幕词是指在重要会议或重大活动结束时，德高望重者或有关领导人对有关会议所作的总结、评价，并提出希望，表示祝愿等的讲话。

按照内容的不同，闭幕词分为侧重性闭幕词（往往对会议成果、意义及影响等作重点阐述，其他问题则一带而过）和一般性闭幕词（只简要概述会议的情况、效果、希望等）两种。

二、闭幕词的格式

闭幕词通常由标题、称谓和正文三部分组成。

1. 标题

一般有三种写法：一是由“会议名称＋文种”构成，如“中国共产党第十七次全国人大代表大会闭幕词”；二是由“致辞者的姓名＋会议名称＋文种”构成，如“罗格致北京奥运会闭幕词”；三是“正标题＋副标题”式，如“北京残奥会完美谢幕——克雷文：这是有史以来最伟大的一次残奥会”。

2. 称谓

另起一行顶格写，通常和开幕词的称谓一样。常用“同志们”“各位来宾”“亲爱的朋友们”“各位代表”等。

3. 正文

一般包括开头、主体和结尾。

（1）开头。一般宣布大会结束，并感谢大家的努力之类的话。如“今晚，我们即将走到 16 天光辉历程的终点。这些日子，将在我们心中永远珍藏。感谢中国人民，感谢所有出色的志愿者，感谢北京奥组委”。

（2）主体。一般包括以下内容：会议的筹备和出席会议人员情况；会议召开的背景和意义；会议的性质、目的及主要任务；会议的主要议程及要求；会议的奋斗目标及深远影响等等。

（3）结尾。对保证大会顺利进行的相关人员或组织表示感谢，或者是向与会者发出号召，或者是对即将举行的相关的会议表达良好的祝愿。

4. 例文

[范例]

罗格在北京第 29 届奥运会闭幕式上的致辞

亲爱的中国朋友们：

今晚，我们即将走到 16 天光辉历程的终点。这些日子，将在我们的心中永远珍藏，感谢中国人民，感谢所有出色的志愿者，感谢北京奥组委。

通过本届奥运会，世界更多地了解了中国，中国更多地了解了世界，来自 204 个国家和地区奥委会的运动健儿们在光彩夺目的场馆里同场竞技，用他们的精湛技艺博得了我们的赞叹。

新的奥运明星诞生了，往日的奥运明星又一次带来惊喜，我们分享他们的欢笑和泪水，我们钦佩他们的才能与风采，我们将长久铭记再次见证的辉煌成就。

在庆祝奥运会圆满成功之际，让我们一起祝福才华洋溢的残奥会运动健儿们，希望他们在即将到来的残奥会上取得优秀的成绩。他们也令我们倍感鼓舞，今晚在场的每位运动员们，你们是真正的楷模，你们充分展示了体育的凝聚力。来自冲突国家竞技对手的热情拥抱之中闪耀着奥林匹克精神的光辉。希望你们回国后让这种精神生生不息，时代永存。

这是一届真正的无与伦比的奥运会，现在，遵照惯例，我宣布第 29 届奥林匹克运动会闭幕，并号召全世界青年四年后在伦敦举办的第 30 届奥林匹克运动会上相聚，谢谢大家！

◎ 写作要点

(1) 闭幕词要与开幕词相呼应，要围绕开幕词进行针对性的写作。

(2) 闭幕词的语言要尽量口语化、简洁。

(3) 闭幕词除了郑重宣布会议闭幕，对保障大会顺利进行的相关单位和人员表示衷心的感谢之外，还要结合大会的实际情况进行恰当的总结和评价。

专题六　讣告

生老病死是人生不可避免的一道程序。在人去世之后，遗体告别仪式之前，人们要将某人去世的消息发出，以便亲朋好友或者同事及相关人员及时作出必要的安排和准备，这就是讣告。讣告是一种报丧的专用文书。

一、讣告的概念

讣告也叫讣文、讣闻。“讣”原指报丧、告丧，也指死者亲属向亲友及有关方面报告丧事用的文书的意思，“告”是让人知晓。讣告就是告知某人去世消息的一种丧葬应用文体。

根据逝者生前的身份和地位，讣告一般分为一般式讣告、公告式讣告、新闻报道式讣告。

二、讣告的格式

讣告通常由标题、正文、结语和落款四部分组成。

1. 标题

由于讣告的种类不同，其标题的写法也不一样。

（1）一般式讣告：需在正文的上面居中写上“讣告”即可，也可在“讣告”前加上逝者的名字。如“钱学森同志讣告”。

（2）公告式讣告：要写明发讣告的单位或组织，几个单位联合发布的讣告，单位名称要以其社会地位排序。如“中共中央　全国人大常委会　国务院　全国政协讣告　乔石同志逝世”。

（3）新闻报道式讣告：一般由“逝者生前的职位身份＋姓名＋逝世讣告”构成。如“国学大师季羡林逝世讣告”。

2. 正文

标题的下一行空两格书写。正文需要写明的是，逝者的姓名，生前的身份和职务，去世的时间、地点、原因、去世时的年龄等。如果有遗体告别仪式的话，要通知准确的时间、地点以及接送事宜的安排。

3. 结语

通常以“特此讣告”“谨此讣闻”等。也可以省略不写。

4. 落款

在正文的右下角写明逝者家属的姓名，并加“哀告”二字或者是标明治丧委员会名称。署名的下面注明讣告发出的具体日期。

三、例文

[范例1]

讣告

×××单位的党支部书记×××同志因病医治无效，于2015年10月20日凌晨4点25分不幸辞世，享年81岁。×××同志的遗体告别仪式定于2015年10月22日上午8时30分在×××殡仪馆举行。

特此讣告。

×××同志治丧委员会

2015年10月21日

◎ 写作要点

（1）讣告要将逝者的姓名、身份、职务及逝者离世的原因等要写正确，不可出现错误。

（2）讣告要周详、简明地表述清楚丧葬仪程（吊唁、遗体告别、追悼会等的时间、地点）。

（3）讣告是表达对逝者的哀悼之情，语言要简明、质朴、庄重。

[范例2]

中共中央　全国人大常委会　国务院　全国政协讣告　乔石同志逝世

中国共产党中央委员会、中华人民共和国全国人民代表大会常务委员会、中华人民共和国国务院、中国人民政治协商会议全国委员会沉痛宣告：中国共产党的优秀党员，久经考验的忠诚的共产主义战士，杰出的无产阶级革命家、政治家，党和国家的卓越领导人，中国共产党第十三届、十四届中央政治局常委，中央纪律检查委员会原书记，第八届全国人民代表大会常务委员会委员长乔石同志，因病医治无效，于2015年6月14日7时8分在北京逝世，享年91岁。

乔石同志1924年12月出生于上海。少年时期，他接受进步思想，追求革命真理，积极参加抗日救亡活动。1940年8月加入中国共产党，相继任上海同济大学地下党总支部书记，上海地下党新市区委副书记，上海市北一区学委书记等职，组织指挥了同济大学"一·二九"争民主、反迫害运动，是上海学生运动的重要领导人之一。

1949年7月起，乔石同志历任中共浙江省杭州市委、青委书记，中共中央华东局青委统战部副部长，鞍山钢铁建设公司工程技术处处长，酒泉钢铁公司设计院院长兼钢铁研究院院长，酒泉钢铁公司陕西工程管理处党委书记等职。1963年4月，调中共中央对外联络部工作，历任研究员、副局长、局长。

"文化大革命"中，乔石同志受到残酷迫害，被隔离审查和拘禁，先后两次被下放到"五七"干校。

1978年1月至1983年7月，乔石同志先后任中共中央对外联络部副部长、部长。1982年9月，当选为中央书记处候补书记。他全面贯彻中央关于党的对外工作的方针政策，按照党际关系四项原则，广泛同各国共产党、社会党、民族主义政党及其他进步政党和组织接触，为党的对外工作拨乱反正、开创新局面作出了积极贡献。

1983年6月，乔石同志兼任中共中央办公厅主任。他大力推进各项改革，建立健全工作机构，梳理整顿各项业务，推动中办各项工作为实现党的工作中心战略转移、推进改革开放和现代化建设服务。

1984年4月，乔石同志兼任中共中央组织部部长。他坚定贯彻落实中央关于干部队伍革命化、年轻化、知识化、专业化的方针，大胆启用和培养中青年干部，大力推动干部队伍第三梯队建设，积极推进干部人事制度改革，扎实推进整党工作，积极落实干部政策特别是知识分子政策，有力推动了组织战线的拨乱反正工作的深入和新时期新老干部的合作与交替，为全面加强党的建设作出了积极贡献。

1985年7月，乔石同志任中共中央政法委员会书记，同年9月，增选为中共中央政治局委员、中央书记处书记。1986年4月任国务院副总理。他认真贯彻中央关于政法工作的方针政策，加强和改善党对政法工作的领导，在推进民主法制建设、依法管理、加强社会治安综合治理、保障社会安定等方面倾注了大量心血。他深入研究新时期社会治安的新情况、新问题，为探索形成改革开放新形势下具有中国特色的广泛依靠群众解决社会治安问题的新路子作出了贡献。

1987年11月，乔石同志当选为中央政治局委员、常委，中央书记处书记，中央纪律检查委员会书记。他认真贯彻从严治党方针，大力加强党风廉政建设，深入研究改革开放和社会主义市场经济条件下反腐败斗争的特点和规律，制定完善廉政建设的法律法规，把惩治腐败纳入法制化轨道。

1989年3月，乔石同志兼任中共中央党校校长。他大力推进深化党校改革，强调理论学习和教育是加强党的领导和建设的一条根本措施，要加强干部理论教育，坚定不移地走有中国特色的社会主义道路。

1992年邓小平同志发表南方谈话后，乔石同志积极支持、大力宣传邓小平同志改革开放的思想主张。

1992年10月，乔石同志当选为中央政治局委员、常委。1993年3月，当选为第八届全国人民代表大会常务委员会委员长。他高度重视人民代表大会制度建设、立法工作、监督工作。1992年11月，乔石同志兼任宪法修改小组组长。该宪法修正案由八届全国人大一次会议通过，以国家根本大法的形式确立了建设有中国特色社会主义理论的指导地位。乔石同志任职期间把加快经济立法作为第一位的任务，出台了一批重要经济法律，初步形成了社会主义市场经济法律体系框架，任期内审议通过法律和有关法律决定草案百余件，为形成中国特色社会主义法律体系奠定了坚实基础。

1998年3月，乔石同志不再担任全国人大常委会委员长职务。从领导岗位上退下来后，他仍然关心党和国家事业的发展，坚决拥护支持党中央的领导，关心中国特色社会主义伟大事业，特别是十分关注民主法制建设，关注党风廉政建设和反腐败斗争，表现出一个老共产党员的赤诚与忠贞。

乔石同志的一生，是革命的一生、战斗的一生、光辉的一生，是追求真理、追求进步、为共产主义事业奋斗的一生。在70多年的革命生涯中，他对共产主义崇高理想坚贞不渝，对党和人民无限忠诚，对革命、建设和改革事业鞠躬尽瘁。他的逝世，是党和国家的重大损失。我们要学习他的革命精神、崇高品德和优良作风，更加紧密地团结在以习近平同志为总书记的党中央周围，高举中国特色社会主义伟大旗帜，协调推进全面建成小康社会、全面深化改革、全面依法治国、全面从严治党，为实现“两个一百年”奋斗目标、实现中华民族伟大复兴的中国梦而奋斗。

乔石同志永垂不朽!

◎ 写作要点

(1) 对于德高望重、有重大影响的逝者，宜采用公告式讣告。

(2) 公告式讣告的正文要简洁、准确地介绍逝者生前具有代表性的经历、事件或思想、言论。

(3) 公告式讣告往往要对逝者进行评价，多是褒扬逝者生前的功绩或优点。对逝者的评价要实事求是，客观公正。

(4) 公告式讣告一般以“×××同志永垂不朽!”为结尾。

专题七 悼词

悼词，在中国古代被称为“诔词”“哀辞”“吊文”“祭文”等。悼词是向死者表示哀悼、缅怀与敬意的悼念性文章。它寄托着生者对逝者的敬意与哀思，对逝者家属的安慰，激励着生者学习逝者的美德，是追悼活动中不可或缺的礼仪文书。

一、悼词的概念

悼词是指对死者表示哀悼的话或文章，它有广义和狭义之分。广义的悼词指向死者表示哀悼、缅怀与敬意的一切形式的悼念性文章；狭义的悼词专指在追悼大会上对死者表示敬意与哀思的宣读式的专用哀悼的文体。

悼词按照时代可以分为古代悼词（文言写作）和现代悼词（现代汉语写作）；按照用途的不同，悼词又可分为宣读体悼词和书面语悼词；根据表现手法的不同，悼词又分为记叙类悼词、议论类悼词和抒情类悼词三类。

二、悼词的格式

悼词通常由标题、正文和落款三部分构成。

1. 标题

标题有三种写法：一为文种式，直接写“悼词”二字即可；二是由“死者姓名或职务＋文种”构成，如“周恩来总理悼词”；三是由“致辞者＋死者姓名＋追悼会＋文种”构成，如“×××同志在宋庆龄同志追悼会上的悼词”。

2. 正文

悼词的正文通常包括以下几个方面：

(1) 简介逝者的生平。包括逝者的姓名、籍贯、出生时间和地点，去世的时间、地点及原因、寿龄，生前的主要经历、职务和头衔。

(2) 评价和赞颂逝者生平业绩及优秀思想品质，肯定其对他人和社会的贡献。

(3) 对逝者的家属表示慰问。

3. 落款

悼词一般在开头就已介绍了参加追悼会的人员情况，所以悼词的落款只需在正文右下角署上成文的日期即可。

三、例文

[范例1]

罗曼·罗兰悼词

（郭沫若）

罗曼·罗兰先生，你是一位人生的成功者，你现在虽然休息了，可你是永远存在着的。你不仅是法兰西民族的夸耀，欧罗巴的夸耀，而是全世界、全人类的夸耀。你的一生，在精神生产上的多方面的努力，对于人类的贡献非常的宏大，人类是会永远纪念着你的。你将和历史上各个民族各个时代的伟大的灵魂们，像太空中的星群一样，永远在我们人类的头上照耀。罗曼·罗兰先生，在二十年前你的杰作《约翰·克利斯朵夫》初次介绍到中国来的时候，你曾经向我们中国作家说过这样的话：“我不认识欧洲和亚洲，我只知道世界上有两种民族——一种是上升，一种是下降。上升的民族是忍耐、热烈、恒久而勇敢地趋向光明的人们——趋向一切的光明：学问、美、人类爱、公众进步；而在另一方面的下降的民族是压迫的势力，是黑暗、愚昧、懒惰、迷信和野蛮。”你说，只有上升的民族是你的朋友，你的同志，你的弟兄。你说，你的祖国是自由的人类。这些话对于我们中国的文艺工作者是给予了多么正确的指示，多么有力的鼓励呀！在今天的世界，正是这两种民族斗争着生死存亡的时候。你所说的上升的民族就是我们代表正义、人道的民主阵线，你所说的下降的民族就是构成轴心势力的法西斯。一边是赴汤蹈火，视死如归，牺牲自己的一切以解救人类的困厄；另一边是奴役，饥饿，活埋，杀人工场，毒气车，庞大的集中营，一个鬼哭狼嚎的活地狱。但今天，上升的不断地上升，下降的不断地下降，光明竟快要把黑暗征服了。我们要使全人类都不断地上升，全世界成为自由人类的共同祖国。罗曼·罗兰先生，你伟大的法兰西民族的儿子，当你看到法兰西民族又恢复了她的光荣的自由，而你自己在这时候终结了你七十九年的人生旅程，在你那肃穆的容颜上，恐怕必然表露出了一抹更加肃穆的微笑的吧？但当你想到你的朋友，你的同志，你的兄弟的好些民族，依然还呻吟在法西斯蒂的控制下边没有得到自由，在和死亡、饥饿、奴役、恐怖作决死的斗争，在你那肃穆的容颜上，恐怕也必然表露出了一抹更加肃穆的悲愤吧？但是，罗曼·罗兰先生，伟大的人类爱的使徒，你请安息吧。上升的要不断地自求上升，下降的要不断地使它下降，我们要以一切为了人类解放而英勇地战斗着的民族为模范，我们要不避任何的艰险、凶暴的压迫势力、法西斯蒂、现世界的魔鬼，搏斗！我们中国是绝对不会灭亡的，人类是必然要得到解放的，法西斯魔鬼们是必然要消灭的！罗曼·罗兰先生，你请安息吧。我们中国的文艺工作者们，更一定要以你为模范，要像你一样，把“背后的桥梁”完全斩断，不断地前进，决不回头；要像你一样，始终走着民主的大道，把自己的根须深深插进黑土里面去，从人民大众吸收充分的营养，再从黑土里面生长出来。我们一定要依照你的宝贵指示：“每天早上，我们都得把新的工作担当起来，把前一天开始的斗争继续下去。……对于错误，对于不公正，对于死，我们必须不断地力争，为着更大的更大的胜利。”

一九四五年三月二十一日

◎ 写作要点

（1）对逝者生前的事迹及评价要是真实的，选取具有代表性的事迹。

（2）对逝者的一生的评价应该是正面的，积极的，实事求是的。

（3）语言要质朴，充分表达真情实感。

[范例 2]

萧三同志追悼会悼词

1983 年 2 月 4 日 9 时 55 分，中国共产党优秀党员萧三同志与世长辞了。我们党失去了一位老一代的无产阶级革命家，一位杰出的无产阶级文化战士，国际著名诗人，一位为中国革命、为保卫世界和平和促进各国人民的友谊和文化交流作出了积极贡献的政治活动家和国际活动家。此刻，我们的心情非常沉重和悲痛。

萧三同志1896年10月10日生于湖南省湘乡县萧家冲。少年时代，他曾和毛泽东同志在湘乡县东山小学同学，之后一起在长沙湖南第一师范求学。他和毛泽东、蔡和森等同志一起创建了“新民学会”，并为毛泽东同志主办的《湘江评论》撰稿。此后，他参加了“五四”运动。1920年加入了赵世炎、周恩来等同志组织的“少年共产党”（即“社会主义青年团”）。1922年他经胡志明同志介绍和王若飞等五位同志加入法国共产党，同年转入中国共产党，协助陈乔年、邓小平等同志出版刊物《少年》，1923年到莫斯科东方劳动者共产主义大学学习。1924年夏回国。曾任共青团湖南省委书记、中共湖南省委委员、中共张家口地委书记、共青团中央组织部部长和代理书记等职，1927年出席中国共产党第五次全国代表大会，1945年出席党的第七次全国代表大会。新中国成立后，先后出席了第一、第二、第五届全国政治协商会议和第一、第二届全国人民代表大会，并当选为第五届全国政协常委。

萧三同志对中国无产阶级文艺运动和世界各国人民的斗争以及文化交流事业作出了重要贡献，1928年在莫斯科期间，就开始从事文学活动。1934年他出席了苏联作家第一次代表大会，会见了高尔基，并代表中国左翼作家联盟作了大会发言。在苏联其间，他与鲁迅保持着亲密的通讯联系，并通过文艺作品向全世界介绍了中国的工农红军、土地革命及其领导人物，写了毛泽东、朱德等同志的传略，写了大量的诗歌、散文和一些小说、报告文学等作品，被译为俄、保、英、德、法、西、捷等多种文字，在国际上产生了广泛的影响。

萧三同志的作品，充满高度爱国主义和国际主义精神。由他主编的《革命烈士诗抄》及其续集，成为进行革命传统、革命理想和革命情操教育的宝贵教材。它的主要诗集有：《和平之歌》《友谊之路》《萧三诗选》《伏枥集》等，俄文诗集《湘笛集》《我们的命运是这样的》《埃弥·萧诗集》《萧三诗选》等。萧三同志是著名的文学翻译家，是广为流传的《国际歌》歌词的主要译者之一。

萧三同志对中国文学运动的贡献是多方面的，他长期担任文艺界各种领导职务，做了大量的工作。新中国成立后历任中国文联委员、中国作协书记、顾问、作协外国文学委员会主任和国际笔会中心副会长等职，为中国文学事业的发展作了长期不懈的努力。

萧三同志又是一位著名的国际文化活动家和保卫世界和平的战士。他曾担任中华人民共和国文化部对外文化联络事务局局长等职，作为一位著名的文化战士和中国人民的和平使者，常年奔走于世界各地，出席历届保卫世界和平会议，访问过许多国家，两次出席亚非作家会议。

萧三同志一贯坚持马克思主义、毛泽东思想，坚持社会主义，时刻以普通党员的标准严格要求自己，尊重组织，关心群众。1962年他把自己主编的《革命烈士诗抄》全部编辑费上交，1981年又把《萧三诗选》的全部稿费捐赠给四川灾区人民。

在十年内乱中，萧三同志受到林彪、江青、康生一伙的诬陷和迫害，被非法关押七年多，恢复自由以后，他虽然以八十高龄，体弱多病，但终以老骥伏枥的精神顽强工作，还尽力参加各种社会活动。晚年，他写了大量的革命回忆录和诗歌。他在辛勤劳动和与疾病顽强斗争中走完了他生命的最后历程。

萧三同志是中国人民和我们党的忠实儿子，是促进世界进步的人类的忠实朋友，他为中国人民的革命事业和人类的进步事业奋斗了一生，鞠躬尽瘁，献出了自己的一切。我们要学习他对敌斗争的顽强精神、一丝不苟的工作作风、热爱人民的高尚品质、严于律己的崇高精神。萧三同志永远是我们学习的榜样！

萧三同志和我们永别了，我们要化悲痛为力量，为把中国建设成为一个高度民主、高度文明的社会主义现代化国家，为开创中国社会主义文学事业的新局面，为促进中外文化交流，为发展同各国人民的友好事业和保卫世界和平，而努力奋斗！

◎ 写作要点

（1）悼词的开头要以沉痛的心情简单说明逝者何年何月何日何时因何与世长辞，以及所享年龄等。

（2）悼词正文部分要先言简意赅地介绍逝者的生平，再评价并赞颂逝者的生平业绩和优秀的思想品质，肯定其为社会，为祖国，为人民所作出的卓越贡献。

（3）悼词的结尾部分要化悲痛为力量，号召大家继续努力，用实际行动来表达对逝者的哀悼和怀念之情。

（4）悼词的语言要凝重、朴实、真挚，切忌浮华。

应用实践训练

一、病文诊断

请指出下面例子的毛病并修改。

1.

请柬

尊敬的×××单位：

为答谢与我单位多年来的合作，我公司定于周三在迎宾馆二楼餐厅××号包厢，宴请市领导、轻工业局领导和与会单位负责人。请准时光临。

×××公司

______

______

______

______

______

______

______

______

______

2.

结婚请柬

尊敬的罗格先生：

我们定于6日下午，在广州酒家花好月圆餐厅举行结婚典礼。恭请光临。

宁泽涛

2015年6月1日

3.

会议邀请函

郝龙斌同志：

兹定于2015年12月12日8时，召开福建省辞书学会第三次会议，敬请您准时光临。

现将有关事项通知如下：

一、会议内容：×××。

二、会议的费用：600元。不含住宿费用。

三、接到通知后，请即向大会筹备组寄回代表登记表。

四、报到时间：2015年12月11日。

五、报到地点：福建××大学（福州市仓山区上山路××号）。

六、代表登记表请寄到×××。

4.

七十大寿祝酒词

尊敬的各位来宾、老师们、朋友们：

今天我们共聚一堂，共贺老校长七十古稀大寿。老校长，几十年来，您，严于律己，宽以待人；您，堂堂正正，胸怀磊落；您永远是我们学习的榜样。你虽贵为校长，但爱生如子，敬业精业，播撒希望，奉献自我，树木树人，桃李满天下。就是在你晚年光景，你仍诲人不倦，发挥着光与热，为教育事业创造了一春又一春！让我们以最热烈的掌声向老校长今天的寿星表示最衷心的感谢。

金沙峭岸一株松，干劲遒枝塑望龙
桃李盛时甘寂寞，雪霜多后竞青葱
根深更爱阳春雨，叶茂犹怜翠谷风
师表才情堪敬仰，耄耆不愧焕神容

尊敬的老校长，您就是我们心中一株永远挺拔的青松，您的形象，您的精神，永远值得我们敬仰。

七十大寿是人生的畅想，七十大寿是前辈的辉煌，七十大寿有大家的祝愿，七十大寿有天赐的吉祥。在此，还是让我们献上最诚挚的祝福，祝福老人家生活之树常青，生命之水长流，寿诞快乐，春晖永绽！

同时也祝福在座的所有来宾身体健康，家庭幸福，事业腾达，万事顺意！

谢谢大家！

5.

毕业纪念晚会开幕词

今天是我们初中毕业十周年纪念日，很高兴能在此与大家一同分享这个美好的夜晚，我们今晚能在此相聚本身就是一种缘分，也希望我们能够珍惜这种缘分。

回想二十年前那是一个纯真无邪的年代，我们一起学习，一起玩乐，相互鼓励，相互支持，共度那个属于我们的刺青年代，生活在我们眼里是充满希望和理想的，我们用丰富的想象力去编织多彩的生活宏图，沉浸在未来的梦想王国里。

而如今原本纯真的脸已平添了几分岁月的沧桑，当年的浪漫，当年的梦想，因生活的历练而变得愈发的朴实和厚重，生活变得丰富多彩的同时也徒增了不少酸楚，在社会的大潮里我们渴望友谊的清泉，为此我们感谢和祝福在座的每一位，因为你们是友谊的缔造者和见证者。

在此我衷心祝福各位，愿大家友谊地老天荒，生活美满幸福！谢谢，谢谢大家！

6.

讣告

××市原政协委员×××同志因病医治无效，不幸于×年×月×日×时×分逝世。今定于在××火葬场火化，并遵×××先生遗愿，一切从简。特此讣告。

××市政协

7.

×××同志悼词

同志们、朋友们：

今天，我们怀着十分沉痛的心情深切悼念离休干部×××同志。×××同志 1925 年 4 月生于广东省××县，1947 年 5 月参加革命工作。1949 年 12 月加入中国共产党。新中国成立前夕担任东江纵队联络员。新中国成立后，任××县粮食局科长、副局长、××公社副书记、书记。后任××市财政局副局长、××集团公司党委书记兼董事长。1985 年 5 月离休。

在几十年的革命工作生涯中，×××同志忠于共产党，热爱祖国，热爱人民。在错误路线干扰下，受到极不公正待遇，蒙冤 10 多年仍坚持革命信念，其高尚的品格勘为后人楷模。

×××同志一生勤勤恳恳，任劳任怨。无论是在行政管理岗位，还是在企业管理岗位，他总是一心扑在工作上，敬业爱岗，廉洁自律。×××同志为人正直、谦虚谨慎；生活节俭、家庭和睦；他对子女从严管教，严格要求。

×××同志的逝世，使我们失去了一位好同志。他虽离我们而去，但他那种勤政廉政和无私奉献精神，仍值得我们学习和记取。我们要化悲痛为力量，以×××同志榜样，勤奋学习和努力工作，再创佳绩。以慰×××同志在天之灵。

×××同志安息吧！

二、技能训练

1. 假定你将于 2015 年 8 月 8 日结婚，请为自己写一份结婚请柬。

2. 14 级会计 1 班将于 2015 年 12 月 25 日晚上 7:30 利用本班教室举行“实在爱我”主题班会。请以班委会的名义拟写一份发给老师的请柬，邀请老师参加主题班会。

3. 你所在的公司（广州三善有限责任公司）要举办年会，请你为公司写一份邀请函，邀请跟公司有业务往来的公司的领导参加年会。你的职位是公关部经理助理。

4. 你就读的学校即将迎来十周年校庆。请你为学校十周年庆典写一封邀请函，发给已毕业的学生。

5. 请你为妈妈的生日聚会写一份祝酒词。

6. 请为二十上下、三十上下、四十上下、五十上下、六十上下、七十上下这几个不同年龄段的人，分别写几句生日祝词。

7. 你校的秋季运动会将于 10 月 15 日举行，请你为校长拟写一份开幕词。

8. 一年一度的校运会结束了。请你为本次运动会闭幕式致辞。

9. 请你为已故的亲人写一份讣告。

10. 请你为自己敬佩的已故的某个人写一篇悼词。

模块六

事务文书

专题一 计划

《管子·权修》云："一年之计，莫如树谷；十年之计，莫如树木；终身之计，莫如树人。"无论是"计"还是"计划"，均指计虑、谋划。古人云："凡事豫则立，不豫则废。"何为"豫"?"豫"即"预"。这句话的意思是说，只要事先做好准备和预防，就可以避免祸患或最大限度地减少祸患造成的损失。可见，若要实现既定的目标，必须先有客观科学的计划。实践中常用的计划、规划、安排、方案、预案、工作要点等文种，其基本属性中均有事先性的特点，都属于计划类文书。

一、计划的概念

计划是单位或个人为了实现某一特定时期内的决策目标而制定的总体的或阶段的目标和任务，以及实施的方法、步骤和措施的一种事务文书。

计划按内容分，有生产计划、工作计划、教学计划、学习计划、科研计划等；按时间分，有年度计划、季度计划、月份计划等；按主体分，有单位工作计划和个人工作计划等；按性质分，有综合性计划和专题性计划。

二、计划的格式

计划的内容结构通常由标题、正文和落款三部分组成。

1. 标题

计划的标题一般由制订计划的单位名称、适用时间、计划内容和文种四项要素组成，如"××市教育局2016年培训工作计划"。也可以省略时间或省略制订计划的单位名称，或者采用公文标题的三要素形式拟写，如"××省旅游业发展计划"。凡未定稿的计划，均应在标题后或标题之下正中括注"草案""初稿""征求意见稿""讨论稿""送审稿"等。

2. 正文

计划的正文包括前言、计划事项、措施和步骤、结尾四个部分。

(1) 前言。前言的内容一般包括制订该计划的指导思想、政策依据和计划希望达成的目的，以及总任务、总要求等内容，即说明"为什么"要制订这一计划。主要应当写明两点：一是计划根据党和国家哪些方针政策或上级指示进行制订；二是针对面临的形势做简要的分析，或对前期工作的基本情况做简要的概括（也可以不写）。前言是计划的总纲，必须简明扼要交代制订计划的理论依据和事实依据，对形势做出综合分析，其作用是统帅全文、引出正文。

（2）计划事项。要写清计划的目标，说明“做什么”。目标是对计划总任务的分解。任何工作计划都是在提出总任务的前提下，确定完成任务的各项基本目标，包括应该达到的指标在数量和质量上的要求。这部分内容要做到重点突出，简洁明确，数量、质量指标清楚、准确。必须着重写明计划期限内应该遵循的方针或原则、完成的目标和任务、实施的措施和步骤，亦称“计划三要素”，具体回答遵循什么、做什么、做到什么程度、怎么做、什么时候做等问题。

（3）措施和步骤。即针对所提出的工作指标和任务，写清楚“怎么做”。措施，是指围绕计划目标而设计的一系列的实施办法，如要动员和依靠什么力量、利用哪些有利条件、采取哪些措施、克服哪些困难、负责人、配合合作的单位及个人等。措施是实现目标的保证，一定要周到严密、切实可行。步骤，是指目标实现的程序设计和时间安排。计划的实现是一个过程，包含了不同的阶段，每一阶段又包含了若干环节。因此，工作计划的实施步骤要对计划目标的各个阶段和各个环节从时间、空间作出全局性的分析和评估，做好统筹安排，明确计划在实施中应先做什么后做什么，以及重点解决什么问题。

（4）结尾。结尾可以用来提出希望、发出号召、展望前景、明确执行要求等，也可以在条款之后就结束全文，不写专门的结尾部分。

计划通常使用的结尾方法有：

1）突出重点，把工作的重点和计划执行过程中的主要环节突出点明，作为结尾。

2）强调注意事项。主体部分未写注意事项的，可在结尾中交代。

3）发出号召，即在计划结尾部分写明努力方向，展望计划前景，激励大家坚定信心，鼓足干劲，完成计划提出的工作任务。结尾之后，还要署明单位名称和制订计划的详细时间，如果以文件的形式下发，还要加盖公章。

3. 落款

计划的落款主要包括以下两项内容：一是如有指标和数字材料，可以“附件”列于正文之后、计划制订机关名称之前。二是在正文下方署上制订计划的机关名称和时间；如果标题中已注明，此处可不再标示。

三、例文

[范例]

2013年食品安全重点工作安排

2012年，各地区、各有关部门按照国务院的部署，深入开展食品安全治理整顿，强化日常监管，严惩重处食品安全违法犯罪，消除了一大批食品安全隐患，保持了食品安全形势总体稳定向好。但制约我国食品安全的突出矛盾尚未根本解决，问题仍时有发生。为进一步提高食品安全保障水平，根据《国务院关于加强食品安全工作的决定》（国发

〔2012〕20号）和国务院关于地方改革完善食品药品监督管理体制的有关精神，现就2013年食品安全重点工作作出如下安排：

一、全面排查隐患，深化治理整顿

（一）深入开展风险隐患排查整治。各地区、各有关部门要集中力量全面组织开展食品安全风险隐患大排查大整治，在种植、养殖、屠宰、生产、流通、餐饮以及进出口等各环节广泛排查各类食品安全风险隐患，深挖带有行业共性的隐患和“潜规则”。重点排查列入《食品中可能违法添加的非食用物质和易滥用的食品添加剂名单》的物质。强化进口食品检验检疫和监督管理，坚决依法处理不合格食品，防止不合格食品进入流通和消费领域。在此基础上，建立风险隐患清单，实施整治督办制度，坚决清理整顿不符合食品安全条件的生产经营单位，坚决取缔“黑工厂”“黑作坊”和“黑窝点”，切实净化食品市场和消费环境，有效防范系统性、区域性食品安全风险。

（二）开展饲料农药兽药专项整治。全面加强对饲料、农药和兽药生产经营企业的监管，严格执行许可准入制度。严厉打击在饲料中添加激素类药品或其他禁用药品、在农药兽药中添加违禁物质等违法生产销售行为。以蔬菜、水果、茶叶种植基地和畜禽、水产品养殖场（小区）为重点，严厉查处使用禁用农药兽药或其他违禁物质、超范围超剂量使用农药兽药、将人用药品用于动物、不执行休药期规定等违法违规行为。

（三）开展私屠滥宰和“注水肉”等违法违规行为专项整治。严格屠宰行业准入，加强定点屠宰企业资格证牌使用管理。规范屠宰检疫和肉品品质检验行为，落实“两章两证”（即肉品品质检验合格章、生猪检疫合格验讫章、肉品品质检验合格证、动物检疫合格证明）制度，严惩重处只收费不检疫等违法行为，严厉打击销售未经检疫检验或检疫检验不合格肉品的违法行为。坚决取缔私屠滥宰窝点。严惩收购加工病死畜禽、向畜禽注水或注入其他物质等违法违规行为。加强对农贸市场和超市等生鲜肉经营场所、肉制品加工企业和餐饮服务单位等生鲜肉采购单位的监督检查，督促落实进货查验、索证索票制度。

（四）开展保健食品专项整治。完善保健食品生产、经营行政许可制度，整顿、关闭不符合规定的保健食品生产经营单位。以减肥、辅助降血糖、缓解体力疲劳类保健食品为重点开展整治，对生产环节非法添加药物成分的，依法吊销相关批准证明文件；涉嫌犯罪的，依法移交公安机关立案侦查。严厉查处套用、冒用批准文号、违法发布广告等行为。

（五）开展食品标签标识问题专项整治。进一步细化完善食品标签标识管理规定，着力解决食品标签标识不规范问题。强化食品出厂检验、流通环节食品标签标识检查，严厉打击篡改生产日期、伪造产地、违法涂改标签、伪造冒用食品生产经营许可证及“三品一标”（即无公害农产品、绿色食品、有机农产品和农产品地理标志）标识等违法行为。

（六）切实巩固治理整顿成果。各地区、各有关部门要继续严厉打击食品非法添加和滥用食品添加剂行为，进一步深化乳制品、酒类、调味品、食品包装材料、“地沟油”等综合治理和专项整治。扩大食品安全监督检查、市场巡查、执法抽检的频次、范围，督促企业规范内部管理，切实巩固各项治理整顿成果。及时总结治理整顿经验，细化完善监管措施，健全长效机制。

二、严惩违法犯罪，加强应急处置

（一）进一步加大打击惩处力度。各级监管部门要认真履行职责，坚持重典治乱，切实提高对食品安全违法行为的惩处力度。公安机关要进一步巩固“打四黑除四害”专项行动成果，严厉打击在饲料、农药兽药、保健食品中非法添加违禁物质和为谋财有危害食品安全等违法犯罪行为，强化刑事责任追究。建立健全公安机关和监管部门之间案件移交、立案等衔接机制，提高办案效率。地方各级人民政府要积极支持公安机关明确机构和人员负责打击食品安全违法犯罪工作。地方各级食品安全综合协调机构要协调有关方面加快完善技术鉴定相关制度，明确技术鉴定机构，积极为公安机关提供技术支持并协调解决鉴定费用。

（二）强化食品安全应急处置。各地区、各有关部门要根据政府机构改革和职能转变要求，完善各级各类食品安全预案，建立各级人民政府及相关部门共同参与的协调联动工作平台，明确部门应急处置职责。制定食品安全事故调查处理办法，规范事故调查处理流程，提高事故查处效率。各地要积极组织开展应急演练，切实提高快速响应能力。发生食品安全事故后，及时启动应急预案，有序开展事故调查、危害控制、医疗救治、分析评估、信息发布等工作，确保食品安全事故在第一时间得到有效处置，最大限度地减少损失和危害。

（三）加强舆情监测和信息发布。各地区、各有关部门要全面建立食品安全舆情监测制度，密切监测舆情特别是网络舆情，强化信息通报。完善食品安全信息发布机制，加强信息发布前的相互沟通，确保信息的科学性、准确性和及时性，重大食品安全信息统一归口发布。针对人民群众关心的食品安全热点问题，及时、客观、准确发布权威信息，回应社会关注。

三、加强能力建设，夯实基层基础

（一）健全食品安全监管体制机制。要按照有关规定，加快改革完善食品安全监管体制，切实加强地方各级食品安全监管机构能力建设，确保职能、机构、队伍、装备及时划转到位，保障机构人员编制和工作经费，建立健全工作机制，提升工作水平。地方各级人民政府要切实负起责任，全面梳理查找监管漏洞和盲区，结合实际逐项明确细化监管分工和要求，特别是要针对群众反映强烈的监管职责不清问题，尽快明确监管责任主体和要求。建立健全部门间、区域间食品安全监管联动机制，强化跨部门、跨区域信息通报和案件协查，及时彻底查处不合格产品。全面落实食品安全有奖举报制度，完善投诉举报机制，充分发挥群众监督作用。

（二）健全基层食品安全监管体系。推进食品安全工作重心下移，力量配置下移，强化基层食品安全管理责任，确保县级人民政府食品安全监管责任到位，乡镇、街道食品安全管理责任到位。充分发挥基层派出机构及乡镇农产品质量安全监管公共服务机构的作用，加快构建覆盖社区（村）的协管员队伍。加强乡镇、街道与监管部门的沟通协作，密切协管员队伍与监管执法队伍的衔接配合，全面推行基层食品安全网格化监管，加快形成分区划片、包干负责的基层食品安全工作责任网。

（三）完善相关法律法规。推动食品安全法、保健食品监督管理条例、餐厨废弃物管理及资源化利用条例等法律法规的制修订，强化相关法律法规的衔接，完善监管执法依据，加大惩处力度。明确食品安全刑事案件侦办中的行为定性、案件管辖、证据规格等法律适用问题，特别是行政执法证据在刑事诉讼中的运用问题。推动地方加快畜禽屠宰、食品生产加工小作坊和食品摊贩管理等方面的立法工作。

（四）加快食品安全标准建设。健全标准审评程序和制度，增强标准制定的透明度。2013年底前，基本完成食品相关标准的清理，完善食品中致病微生物、食品添加剂使用、食品生产经营规范、农药兽药残留等方面的标准，制定修订蜂蜜、食用植物油等产品标准和配套检验方法标准。各地要结合实际做好食品安全地方标准的制定修订和企业标准的备案工作，省级人民政府有关部门依照规定向社会公布备案的食品安全企业标准。加强食品安全标准的宣传培训及跟踪评价，及时做好标准的解读工作。

（五）做好风险监测评估工作。组织实施国家食品安全风险监测计划，强化农产品质量安全例行监测，加强农产品产地环境监测。按照“统一计划实施、统一经费渠道、统一数据库、统一结果分析”的要求，建立统一的食品安全风险监测体系。逐步规范食源性疾病监测、报告工作，在优势农产品主产区建立食用农产品质量安全风险监测点，初步建成统一的风险监测数据库。加快国家食品安全风险评估中心建设，加强评估基础数据采集和相关研究，重点围绕食品安全突出问题开展风险评估。进一步完善《食品中可能违法添加的非食用物质和易滥用的食品添加剂名单》《保健食品中可能非法添加的物质名单》《饲料、养殖中禁用药物和物质清单》。

（六）加强检验检测能力建设。按照“提高现有能力水平、按责按需、填平补齐、避免重复建设、实现资源共享”的原则，统筹各级食品安全检验能力，特别是最急需、最薄弱环节以及中西部地区和基层的食品安全检验能力建设。组织开展县级食品检验资源整合试点，推动县域内食品安全检验人员和设备的统筹使用，检验经费的统一归口管理，检验建设项目的统筹规划安排，检验任务的统一部署实施，提高基层整体检验水平。支持农贸市场检验检测站建设，补助检验检测经费。严格检验机构管理，规范委托检验行为。规范食品快速检测试剂及设备的技术认定，明确生产资质要求，继续推动提升食品企业检测水平。

（七）推进食品安全监管信息化建设。根据国家重大信息化工程建设规划，充分利用现有信息化资源，按照统一的设计要求和技术标准，建设国家食品安全信息平台，2013年底前，完成主系统和子系统的总体规划和设计。统筹规划建设食品安全电子追溯体系，统一追溯编码，确保追溯链条的完整性和兼容性，重点加快婴幼儿配方乳粉和原料乳粉、肉类、蔬菜、酒类、保健食品电子追溯系统建设。

四、加强诚信建设，落实主体责任

（一）督促企业强化内部管理。各级监管部门要严格督促食品生产经营单位强化内部管理，建立健全质量安全管理体系，保障食品安全投入，配备专、兼职安全管理人员，严格落实进货查验、出厂检验、食品安全事故报告等制度。强化农民合作社、农业产业化龙头企业、农产品批发市场等生产经营主体的农产品质量安全管理责任。2013年底前，督促所有规模以上食品生产企业和相应的经营单位设置食品安全管理机构，明确分管负责人。推进食品安全责任强制保险制度试点，开展食品生产企业首席质量官制度试点。

（二）加强食品安全诚信体系建设。制定进一步加强食品安全信用体系建设工作的指导意见，完善诚信信息共享机制和失信行为联合惩戒机制。建立实施“黑名单”制度，公布失信食品企业名单，促进行业自律。加快规模以上乳制品、肉类食品加工企业和酒类流通企业诚信管理体系建设。加强对食品相关行业协会的监督指导，充分发挥行业协会作用。

（三）大力开展食品安全宣传。将食品安全纳入公益性宣传范围，列入国民素质教育内容和中小学相关课程。打造一批精品科普栏目、节目、宣传片，利用报刊、广播、电影、电视、互联网、手机等各类媒介，深入宣传党和政府抓食品安全工作的决心、部署和成效，普及食品安全知识，提高全社会的食品安全意识、认知水平和应对风险能力。组织好2013年食品安全宣传周等重大宣传活动。支持新闻媒体开展舆论监督。加强对食品安全监管先进人物和诚信经营典型的宣传，发挥示范引导作用。

（四）强化食品安全培训。各级监管部门要制定年度培训计划，开展食品安全法律法规、业务技能、工作作风等方面的培训，提高监管人员的责任意识和业务素质。加强对协管员队伍的基础知识培训。强化对食品从业人员的职业道德和专业知识培训。各级食品安全监管人员、各类食品生产经营单位负责人、主要从业人员全年接受不少于40小时的食品安全集中培训。

五、加强组织保障，严格责任追究

（一）加强组织领导。地方各级人民政府要进一步落实食品安全属地管理责任，切实加强对本地区食品安全工作的统一领导和组织协调，主要负责人要亲自抓，分管负责人要直接负责，逐级落实工作责任。建立稳定的食品安全资金投入保障机制，将食品安全监管人员经费及行政管理、风险监测、监督抽检、标准制修订、应急处置、科普宣教等各项工作经费纳入财政预算，强化对经费的统筹分配和使用，进一步向基层倾斜，提高资金使用效率。进一步加大食品安全科技研发投入，集中力量开展重大科技攻关。积极开展农产品质量安全监管示范县（市）等各类示范创建工作。

（二）强化协调配合。各地区、各有关部门要密切配合，通力协作，形成全程监管合力。各级监管部门要认真履行职责，切实提高执行力，确保监管到位，坚决杜绝有案不查、推诿扯皮等问题。各级食品安全综合协调机构要加强综合协调和监督指导，及时解决工作中的重点难点问题，开展督促检查，确保各项工作扎实推进。

（三）强化考核评价。进一步完善食品安全绩效评价指标体系，逐级健全督查考核制度，加强对地方政府、监管部门食品安全工作的考核。将信息通报、行政执法、违法行为处理等列入对监管部门履职情况考核的内容。将食品安全纳入社会管理综合治理考核、政府绩效考核内容。发生重大食品安全事故的地方在文明城市、卫生城市等评优创建活动中实行一票否决。

（四）严格责任追究。健全食品安全责任追究制，细化责任追究对象、方式、程序。县级以上地方各级政府要督促各监管部门建立具体到单位、人员、岗位的责任制。监察部门要依法依纪严肃追究重大食品安全事件中失职渎职责任。

◎ 写作要点

（1）制定的目标要具体、可衡量。

（2）要强调工作成果，而不是强调工作过程，要有挑战性，要可行。

（3）措施要围绕目标任务来写。

（4）语言表达要准确，意思要清楚，语言要平实、庄重，文字要精炼。

专题二 总结

总结是一种站在现在时用全面的眼光来审视评价过去的行为，以发展的眼光展望未来的工作。总结的着眼点不是回忆过去，它的目的是要从已经走的道路中去探索和寻找经验，把感性认识上升到理性认识，有助于我们进一步升华认识、提炼经验。

一、总结的概念

总结是各级党政机关、人民团体、企事业单位和个人对一定阶段内的工作进行系统的回顾，分析研究，从中寻找出具体的经验或教训，发现某些工作规律或缺点错误产生的原因，以利于今后工作的发展与进步的一种事物文书。

总结按照不同的标准，可分为不同的种类。按内容分，有工作总结、学习总结、生产总结、和思想总结；按范围分，有个人总结、班组总结、部门总结和地区总结；按时间分，有月份总结、季度总结和年度总结。

二、总结的格式

总结的结构一般由以下几部分组成。

1. 标题

标题的写法有三种形式。

（1）公文式。由单位名称、时限、内容、文种四项要素组成，如“××市教育局2015年培训工作总结”。也可省去时限要素，由单位名称、内容、文种组成，如“××区财政局政治思想工作总结”，或由时限、内容、文种组成；也可由内容和文种两部分组成，如“学习总结”。

（2）文章式。也称主旨式，往往在标题中体现总结的主要观点、主要经验或基本教训，有利于读者把握文章的主旨。一些专题性总结常采用这种写法，如“运用法律手段，综合治理城市”。

（3）新闻式。采用正标题和副标题组合的方法，如“越学越有信心，越学越长志气——领导干部学习习近平同志重要讲话的体会”。

2. 正文

正文的内容包括情况概述、工作成绩、经验体会、存在问题、努力方向等五个方面，可以分为开头、主体、结尾三个部分。

（1）开头。也称导言，即情况概述。它简要地介绍有关形势和工作背景、环境，说明担负的任务与要求、完成任务的基本情况等。目的是使人们对全面情况有一个概括性的了解。

（2）主体。即经验体会，这是总结的精华所在。要对所叙述的情况加以分析，回答为什么要这样做和为什么能够这样做；哪些做法是成功的、行之有效的，有什么经验体会，揭示出取得成绩的主客观原因。经验体会是在摆事实、讲道理、述过程、讲成绩的基础上概括出来的规律性东西，无论是全面总结，还是专题总结，都要总结经验体会。

（3）结尾。即存在的问题及努力方向。要具体提出存在什么问题和缺点，原因是什么，有哪些教训可资借鉴，今后应如何去做。

三、例文

[范例]

区民政局 2014 年上半年工作总结

今年以来，我局工作在区委、区政府的正确领导下，在上级民政部门的具体指导下，坚持“以人为本，为民解困、为民服务”的宗旨，发挥民政在构建和谐社会中的基础作用，落实民权、改善民生的各项要求。经过努力，重点工作进展顺利，各项业务协调发展，多项工作取得了新突破，做到了时间过半，任务过半。

一、2014 年上半年工作总结

（一）突出社会救助体系建设，强化基本民生保障

1. 实施阳光操作，全面清查城乡低保

一是按时发放城乡低保救助资金。今年 1—6 月份城市低保累计保障 43 072 户、79 612 人、2 221.35 万元，月人均补差达 279.06 元。农村低保累计保障 10 536 户、24 744 人、352.81 万元，月人均补差达 142.84 元。累计发放五保资金 17.67 万元。在动态调整下 1—6 月新增城市低保对象 81 户、126 人，增加保障金额 3.8 万元，提高了保障标准 914 户、1 327 人、增加保障金额 5.38 万元；对因家庭生活得到改善而降低保障标准 74 户、68 人，减少保障金额 0.74 万元，取消城市低保对象 320 户、553 人，减少保障金额 14.15 万元；新增农村低保对象 237 户、615 人，增加保障金额 7.14 万元，取消农村低保对象 23 户、47 人，减少保障金额 0.55 万元，城乡低保实现了动态管理下的“应保尽保”。二是开展城乡低保清理整改。6 月 6 日，召开了全区城乡低保清理整改工作动员会，区政府副区长贺水源同志安排部署了低保整改工作，整改工作将历时三个月，要求各乡、街道、村、社区要通过此项大宣传、大走访、大清查、大整改活动，进一步完善动态管理下的应保尽保、就退尽退。三是加大监督力度。我们在区社会救助局、乡（街道）、村（社区）都设立了举报电话和举报信箱，对群众反映的问题，一经查实，立即处理。四是开展年检清查。3 月 1 日至至 5 月 31 日在全区范围内开展城乡低保对象年检年审工作，此次年检工作以乡、街自查为主，区救助局抽查和对个别街道进行集中核查的方式进行。五是对《社会救助暂行办法》进行宣传。5 月 9 日至 6 月 9 日我局开展了以“法治救助惠民生”为主题的《办法》宣传活动。利用报刊网络进行宣传，在石鼓党政网、石鼓手机报、石鼓江山报和石鼓民政刊登社会救助政策，发表专题文章，在演武社区设立《社会救助暂行办法》宣传咨询台，展示政策宣传海报，面向群众解释申请社会救助的条件和程序，免费发放社会救助政策宣传小册 453 本。

2. 精准认定城市“三无”对象

依据城市“三无”对象认定标准，我局于 3 月 29 日至 4 月 10 日开展对我区所辖六个街道在册的“三无”对象进行了走访调查。通过走访调查对符合“三无”条件的对象 71 人继续按“三无”待遇进行保障（其中集中供养 4 人），对不符合“三无”条件的 53 人转入城市低保救助。

3. 进一步规范农村敬老院管理

指导乡敬老院制定了岗位职责、财务制度等一系列管理制度，敬老院成立了院务管理

委员会和院民管理委员会，民主理财，民主管院。6 月 5 日区政府督查室与我局对乡敬老院进行了夏季安全管理检查，对检查情况在全区进行了通报，要求乡敬老院对存在的问题立即整改。

4. 实施新型的医疗救助制度

我局在以“五位一体”综合救助为原则的基础上，采取对城乡患重病人员住院、门诊和城乡特殊人群参保参合的方式实施医疗救助。一是资助城乡低保人员参保参合。今年资助城区特殊人群 11 522 人参保，资助金额 69.13 万元，资助农村特殊人群 3 567 人参合，资助金额 21.4 万元。二是对城乡患有重病的人员实施住院和临时医疗救助、门诊医疗救助 194 户，保障人数 290 人次，发放保障金额 40.8 万元。三是对我区重病、残人员共计 2 657 人办理了补充医疗保险，保险金额 21.3 万元。四是发放医疗门诊救助证 1 155 个。五是建立医疗救助服务平台，整合定点医疗机构信息系统、新农合或城镇居民医保结算系统与医疗救助系统，实行结算“一站式”服务。六是对我区患艾滋病人员实施住院医疗救助，建立一人一档制。

5. 加大对困难群众的“救、急、难”救助

我区在上级没有临时救助资金的安排下，加大对特困人员家庭救助，对凡因火灾、交通事故等意外事件，家庭成员突发重大疾病等原因，导致基本生活暂时出现严重困难的家庭，或者因生活必需支出突然增加超出家庭承受能力，导致基本生活暂时出现严重困难的低保家庭，以及遭遇其他特殊困难的家庭，给予临时救助。1—6 月份累计救助困难家庭 1 216 户、2 054 人、48 万元。

（二）突出救灾应急机制建设，提升灾害应急救助能力

…………

（三）突出维护优抚对象权益，完善双拥优抚安置体系

…………

（四）突出基层民主政治建设，推进和谐社区创建

…………

（五）突出社会专项事务建设，优化民政公共服务职能

…………

（六）自身建设进一步加强

…………

二、存在问题

上半年，虽然我区民政工作开局比较平稳，做了大量的事务性工作，也取得了一定的成绩，但还存在一些不足。一是上半年主要精力放在村两委换届上，社区建设工作进展缓慢。二是城乡社会救助局力量不足，特别是大清查、大走访活动，需要对全区上万户城乡低保对象进行重新上户，时间紧，任务重，工作人员严重不足。三是用于民政救助对象的资金紧张，各类特殊群体突出，如艾滋病患者、临时受灾户都需要进行救助，但对这部分群体的救助经费严重不足。四是殡改执法难度较大，各职能部门合力不够强。对这些问题和不足，我局在下步工作中一定要认真加以研究，逐步得以解决。

三、下半年工作打算

1. 进一步规范社会救助工作。继续进行《社会救助办法》宣传活动，建立长效机制。开展好清查整改活动，在社会救助政策宣传和自查自纠阶段基础上扎实抓好整改规范和检

查验收阶段的工作。严格落实制度规定，抓好敬老院的日常管理和安全工作。

2. 提高救灾快速反应能力，确保灾害发生后 12 小时内受灾群众得到有效救助，重点抓好自然灾害救助应急预案的落实，救灾款物及时发放到位。抓好减灾示范社区创建工作，争取圆满通过市里验收。

3. 加强当选村干部的培训，加强业务知识培训和民主法制教育，提高村干部素质，增强民主管理、民主监督、民主决策的意识，达到自我教育、自我管理、自我服务的目的。继续协调有关部门，着力解决城市社区办公用房的问题。进一步推进农村社区和谐社区创建工作。协同组织部、住建局等部门一起指导各社区开展好“家门口服务工程”工作。完善村（居）民自治，深化村（居）务公开民主管理。

4. 积极开展“慈善一日捐”活动，年内召开慈善会成立大会。

5. 加大对社会工作的宣传力度，出台相关优惠政策，完善制度，争取区财政支持，加大财政投入，同时积极开发社会工作岗位，开发社工服务项目。

◎ 写作要点

（1）写总结时要用数据说话，例文中运用了大量的数据对工作进行汇总，既简单明了，又能清楚地说明总结者的工作能力。但在工作中搜集、汇总、使用数据是一项有一定难度的工作，需要在平时的日常工作中，有心地对工作进行记录。

（2）总结中既要有成绩，也要有不足。成绩肯定是工作总结的重头戏，但人无完人，不可能事事都做得那么圆满，总有进步的空间。

（3）要总结过去，更要面向未来。可以在文末针对现有的问题提出下一步的整改方案和工作打算，与工作计划整合起来。

专题三　简报

简报就是简要的调查报告，简要的情况报告，简要的工作报告，简要的消息报道等，是机关、企事业单位和社会团体常用的一种文书。

一、简报的概念

简报是机关、团体、企事业单位编发的一种用于沟通信息、交流经验、指导工作的内部事务文书。

简报按内容和性质分，有动态简报、情况简报、会议简报、典型经验简报；按编写方法分，有综合性简报和专题性简报。

二、简报的格式

简报没有统一的格式标准。一般来说，它由报头、报核、报尾三个部分构成。

1. 报头

这是简报首页的第一部分，包括如下项目。

（1）密级。

有秘密、机密、绝密三个级别。一般顶格编排在报头第一行左侧。

(2) 份号。

用于涉密简报，一般编排在报头第一行右侧顶格或第二行左侧顶格。

(3) 简报标志。

又称简报名称，位于报头正中央。居中排布，颜色为红色或黑色。写法有如下几种：一是地区、行业、组织、部门名称加事由、文种；二是行业名称、文种；三是会议名称、文种；四是事由、文种；五是文种。具体写“××简报”“××简讯”“××要讯”“××快讯”“××通讯”“××工作”“××信息”“××情况”“××反映”“××交流”“××动态”“××参考”“××要参”“××要闻”“××要情”“××摘报”“××快报”“××通报”“信息与反馈”“内部参考”等。

(4) 期号。

在简报标志正下方注明。有两种方法：一是按总期号排列，写“第××期”，有时在该期号后写“总第×××期”，外加圆括号；二是按年内期号排列，写“××××年第××期”。

(5) 编发机关。

在期号左下方注明，如“×××××”“×××××编”“×××××编印”“×××××主办”等。

(6) 编发日期。

与编发机关同处一行，紧靠右侧，用阿拉伯数字写具体的日期，如“2015 年 12 月 22 日”。此外，有的报头还根据实际情况加徽标图案。

2. 报核

报核，即简报的主体部分，大体上在编排方面有以下内容。

(1) 按语。

部分简报在间隔线的下方，目录或标题上方加注编者“按语”，表明办报单位的主张和意图的文字。当编辑人员感到单纯的编发或编转已经不能满足编发的需要，需对内容加以必要说明、评论或说明转发目的时，就必须加上编者按。

一般来说，或转发下级机关报上来的材料，或刊登领导机关转发下来的简报时，往往需要按语。若需按语，要先按语后标题。要注意观点鲜明，文字精练，若代出版社或简报单位说的话应该慎重。

按语一般有三种。

1) 说明性按语：介绍稿件的来源、编发原因和发至范围。

2) 提示性按语：提示稿件内容，帮助读者理解稿件的精神。一般加在内容重要、篇幅较长的文稿前面。

3) 批示性按语：也叫要求性按语，主要写在具有典型意义或指导作用的稿件前面。一般要申明意义，表明态度，并对下级提出要求或提供办法。

按语不是简报必备的结构要素，有些简报可以不写按语，是否需要按语，根据稿件的情况而定。按语一般由编发机关指定有关人员撰写。

(2) 目录。

标注在“按语”下方，简报文章上方，居中标“目录”字样。若简报只有一篇文章，则不必标注“目录”。

（3）标题。

每篇稿件都必须有标题。简报的标题一般要求简明地概括正文内容，必须确切、醒目、简短，且具有吸引力。简报文稿的标题类似新闻的标题。

（4）导语。

即简报的开头。用极简洁、明确的一句话或一段话，概括全文的主题或主要事实，给读者一个总的印象。导语一般有四种写法：提问式、结论式、描写式、叙述式等。导语一般要交代清楚谁（某人或某单位），什么时间，什么地点，干什么（事件），结果怎样等内容。

（5）主体。

即简报的主要内容。用足够的、典型的、有说服力的材料，把导语的内容加以具体化。简报主体如篇幅较长，为求眉目清楚，可采用小标题、序数法等方式展开。

（6）结语。

对主体部分进行归纳和概括，或提出希望及今后的打算。

3. 报尾

在简报末页下端，用间隔横线与报体隔开，横线下居左写明发送对象、范围，左边注明印数。

三、例文

[范例 1]

安全生产简报

2015 年第 7 期（总第 224 期）

常德市安全生产监督管理局主办　　　　2015 年 10 月 30 日

目录

• 市路管理局举行公路桥梁突发事件应急处置演练
• 汉寿县召开工贸企业安全监管现场观摩会
• 安乡县县委中心组集中学习安全生产知识

市路管理局举行公路桥梁突发事件应急处置演练

为规范应对突发事件行为，提高应对突发事件能力，最大限度地预防和减少我市道桥突发事件及其造成的损害，近日，市公路管理局在 G319 国道鼎城西庄坪桥路段举行了一次公路桥梁突发事件模拟演练活动，

此次演练将公路桥梁发生重特大险情施救排险和公路保畅相结合，模拟因近年来超限超载车辆日益增多，西庄坪长期处于超负荷运营状态，部分主要构件受到严重损坏，有多处裂缝，存在严重安全隐患，随时可能引发桥梁坍塌。区公路管理局接到养护巡查组报告后，立即启动应急联动机制，并指派技术骨干和鼎城区公路应急抢险队赶赴现场进行施救。在现场，各单位紧密配合，成功预演了应急队伍集结、应急机械设备调度、公路安全

标志摆放、路政执法人员维持交通秩序等科目，达到了预期的目的和效果。

演练按照信息传递、前期处置、应急响应、善后终止四个环节实施，在参演各方的共同协作下顺利完成。

汉寿县召开工贸企业安全监管现场观摩会

近期，汉寿县召开了工贸企业安全监管现场观摩会。县委常委彭仔明，副县长冈滨辰，县安监局相关负责人，全县工贸企业法人等出席观摩活动以及座谈会。

与会人员先后观摩了常德裕兴纺织有限公司、康利来医疗器械有限公司的安全监管现场，并在康利来医疗器械有限公司会议室观看了安全监管宣传片。

副县长冈滨辰总结了该县在安全监管工作上取得的成绩，指出了还存在着认识上有差距、监管力度严重滞后、整改上欠力度、技术支撑力量有待加强等问题。要求全县各有关部门深刻汲取“8·28”事故教训，切实增强责任感和紧迫感，按照属地管理原则开展工贸行业安全监管工作。同时，要举一反三，积极开展隐患大排查、大检查。企业要做到组织机构到位、人员到位、保障到位、宣传到位，及时建立健全安全生产全覆盖的监管网络体系。（刘翠桥）

安乡县县委中心组集中学习安全生产知识

为全面系统学习安全生产法规知识，提高安全生产行政执法水平，10 月 15 日，安乡县开展了县委中心组集中学习安全知识活动。学习活动由县长张阳主持，全体在家的县领导、县直副科级以上单位“一把手”、重点单位安全生产分管负责人，乡镇党委书记、乡镇长、分管安全生产负责人、派出所长、中学校长、村（社区）书记，校车公司经理，园区和非园区规模以上企业负责人及分管负责人，建筑施工、燃气负责人，宾馆、酒店、商场负责人，烟花爆竹企业法人、公司法人等共计 800 余人参加学习。

此次学习活动特邀省安委办副主任、省安监督局副局长李大剑授课。李大剑副局长组织学习了习近平总书记关于安全生产的指示要求、省委省政府的八条措施，并分析了全省及该县当前的安全生产形势。

张阳县长强调，安全生产无禁区，安全检查无盲区，安全执法无特区。全县上下要依法治理、严格执法、铁腕整治，尽责履职，用实际行动消除安全事故隐患；要落实安全生产“一岗双责”责任制，严格执行“谁主管谁负责、谁审批谁负责”，让安乡节约发展、生态发展，真正实现安乡在脱贫致富小康建设中安全发展。

（共印 75 份）

◎ 写作要点

（1）在众多的事件中选取那些最有指引意义或必须引起重视的经验、状况和问题，予以全面的、实事求是的报道。

（2）简报的一个“简”字，代表了简报的基本特性。为了体现这一特征，作者在编写简报时要首先注意选材精当，不求面面俱到；其次，要求文字简洁，对事件作概括的反映。

［范例2］

保护母亲河行动简报

第 2 期

全国保护母亲河行动领导小组办公室编　　　　　　　　　　　　2015 年 4 月 1 日

构建“一带一路”生态屏障，建设生态乡村美丽广西
广西各级团组织扎实推进造林绿化工程和保护母亲河行动

入春以来，团广西区委按照团中央“打造拳头产品、推动工作创新、扩大青年参与”的要求，以保护母亲河行动为牵动，广泛发动青少年参加植绿护绿、宣传实践，积极参与构建“一带一路”区域生态屏障，建设美丽广西生态乡村。截至目前，各级团组织共发动青少年 19.7 万人次，植树 25.8 万多株，造林面积 3 513 亩，新建青年绿化路 10 条。

1. 构建区域生态安全屏障，助力“一带一路”国家战略。3 月 9 日、12 日联合自治区林业厅、海洋局、畜牧水产局等部门在防城港市分别举行“聚力海丝路·美丽北部湾”青少年生态乡村共建行动和“中国——东盟青少年共植友谊树”活动，东盟十国和海上丝路国家在桂青年代表共同发出倡议，倡导各国青少年积极参与泛北部湾绿色生态屏障建设，共建海上新丝路生态屏障，助力 21 世纪海上丝绸之路区域可持续发展。

2. 积极开展保护母亲河行动，增强珠江流域生态文明建设。3 月 18 日至 20 日联合广东省共青团、林业部门、梧州、肇庆两市联合开展“生态乡村行·美丽珠西带”——粤桂青少年生态环保共建行动，在教育引导两地青少年增强保护母亲河、爱绿植绿护绿意识的同时，进一步拓宽了粤桂两地团组织的合作渠道，完善了青年组织网络和服务体系，深化了青年工作品牌项目合作机制。

3. 参与城市绿化、彩化、美化，推动美丽广西生态品牌建设。在往年直接发动、引导青少年参与植物认捐认养活动基础上，新开辟认捐认养便捷通道，如在南宁开通“Tree-Flower 微捐”等微信捐赠窗口，进一步普及和方便青少年参与植绿爱绿护绿行动。3 月 6 日，在南宁市举行“花样南宁　青春绽放”暨南宁市青少年服务“花样南宁”建设活动启动仪式，发动青年企业家协会会员单位现场向花样南宁建设捐款 10 万元和三角梅 6 000 株。青年企业家协会会员代表、青年文明号集体代表还签署了“花样企业”“花样单位”建设承诺书，加强企业、单位内部绿化、花化、彩化，为打造“花样南宁”生态品牌建设贡献青春力量。

4. 深入推进生态保护宣传，引导团员青年践行绿色生活。通过组织动员广大青少年种植纪念树、认捐领养林木绿地、城乡结对共建青年林（路）等方式开展爱绿、植绿、护绿活动，多种形式参与全民义务植树。3 月 10 日，联合林业部门在崇左市宁明县开展“助力花山申遗·青春绿动崇左”单身青年植树联谊活动，改变以往联谊模式，组织单身青年一边种树一边相亲；通过“共植幸福树，共创生态美”助力崇左花山申遗，助力崇左创建国家森林城市，助力崇左单身青年增进友谊、扎根崇左。3 月 14 日，联合广西交通 1003 电台举行“熊出没第二季”1003 亲子植树活动，230 个私家车车主家庭参加活动，并组成亲子团一同来到南宁市邕宁区新江镇那蒙坡开展“小手拉大手·共建花样南宁”植树种花

亲子活动。同时组织当地青少年参与村史室建设工作，通过挖掘“听得见的乡村故事”，培育“看得见的乡村文化”。

◎ 写作要点

（1）时间、地点、事件要交代清楚。

（2）排比式分列文章主体的要点，使简报眉目清楚，言之有序。材料和见解要有机地统一起来，可以用一个典型事例足够地说明一个观点，也可以用一组材料强有力地证实一个观点，还可以用精确的统计数字来解释事物的状况，反应事物的发展过程，说明工作的主要动向，从而增强说服力。

专题四　规章制度

规章制度作为一种应用性文体，它是国家机关、社会团体、企事业单位为了贯彻执行国家的各项方针、政策，有效地进行管理，从本部门的实际情况出发制定的各种规定、办法、章程、细则和制度等的总称。它是一种为了达到预定目的，用条文写成，使用范围很广，有关人员必须遵守的，具有强制力和约束力的文体。

一、规章制度的概念

规章制度，是机关、团体、企事业单位为了管理的需要而制发的对一定范围内有关工作、活动与人们的行为作出规范要求并具有约束力的公务文书。广义的规章制度，包括章程、条例、办法、规定、制度、细则、公约、守则等。一般来说，规章制度是指狭义的规章制度，即针对经营管理所制定的有关规定、制度。

规章制度按制定权限分，有国家制定的、部门制定的、群众议定的规章制度；按照性质分，规章制度分为公约类规章制度、章程类规章制度、行政法规类规章制度、制度类规章制度。

二、规章制度的格式

规章制度的种类不同，写作方法有所不同。但一般的结构是相同的，都包括标题、正文和落款三部分。

1. 标题

规章制度的标题一般有以下六种写法：

（1）发文单位名称、事由、文种三项要素构成，如“广东省竞技体育人才培养和退役安置办法”。

（2）事由、文种两项组成，如“生育保险条例”。

（3）发文单位名称、文种两项组成，如“广州写作学会章程”。

（4）适用对象、事由、文种三项构成，如“××省人民调解工作规定”。

（5）适用对象、文种两项构成，如“公安干警守则”。

（6）只有文种，如“公约”。

如果制定的规章制度是草案或暂行、试行的，可在标题内写明，也可在标题后加括号注明。

2. 正文

规章制度的种类很多，各类的结构安排有别。常见的结构有章条式、条文式两种。

章条式结构方式适用于表述内容比较复杂的规章制度，如条例、章程、办法等。其内容可分为总则、分则、附则三部分。

总则——主要概括说明制定规章制度的目的、要求、原则和适用范围、主管部门等情况，类似于文章的前言，对全文起统领作用。

分则——是规章制度的主要内容，也就是要求遵守的事项，应分章分条具体、扼要地写明所规定的若干内容。分则的每章要设小标题，标明本章的主旨。

附则——是对中心内容的补充和说明，放在最后一章。主要写明规章制度的适用范围、解释权限、生效日期等内容。

条文式结构适用于表述内容相对简单的以及非权力机构制定的规章制度，如规则、守则、公约等。条文式不分章，多为分条列项阐述。

3. 落款

在正文的右下方写明制度规章制定的单位名称和日期。如果在标题中已出现或在标题下面已注明的，就无须再写。

三、例文

[范例]

中国人民大学本科学生学籍管理规定

（2005 年 9 月 6 日校长办公会议讨论通过）

为贯彻国家的教育方针，维护正常的教学秩序，保证本科学生的培养质量，根据《中华人民共和国教育法》和教育部《普通高等学校学生管理规定》等相关法律法规，结合我校实际情况，制定本规定。

第一章　入学与注册

第一条　按照国家招生规定被我校录取的新生，应持《中国人民大学入学通知书》和其他有关证件，按期到校办理入学手续。因故不能按期入学者，应以书面形式向所在学院（系）请假，并附原单位或者所在街道、乡镇证明，由学院（系）报招生就业处备案。假期一般不得超过两周。未经请假或者请假逾期者，除因不可抗力等正当事由外，由学院（系）报招生就业处，按放弃入学资格处理。

第二条　新生入学后，学校在三个月内按照招生规定进行复查。复查合格者，准予注册，取得学籍。复查不合格者，根据具体情况予以处理，直至取消入学资格。

凡属弄虚作假、徇私舞弊取得学籍者，一经查实，取消其学籍，档案、户口退回其家庭户籍所在地。情节恶劣者，报请有关部门予以查究。

第三条　新生有下列情况之一，可以保留入学资格一年：

（一）进行体检复查，发现患有疾病，不宜在校学习的；

（二）因其他原因，不宜在校学习的。

保留入学资格，需由本人申请，所在学院（系）提出意见，报招生就业处批准，办理相关手续。因病保留入学资格者，还应由校医院或学校指定医院出具书面证明。保留入学资格者不享受在校生待遇。

保留入学资格者，应在下学年开学前三个月内提出入学申请，经所在学院（系）同意，报招生就业处批准，按规定时间办理入学手续。因病保留入学资格者在保留入学资格期内经治疗康复，同时应持二级甲等以上医院证明，经校医院或学校指定医院体检合格后，办理相关手续。如原录取专业未招生，由招生就业处指定编入相近专业学习。

复查不合格或逾期不办理入学手续者，取消其入学资格。

第四条 在校学生（含延期毕业学生）应于每学期开学前持学生证到所在学院（系）办理注册手续。因故不能如期注册者，应当事先请假并履行暂缓注册手续。未履行暂缓注册手续逾期两周不注册者，按自动退学处理。

未按学校规定交纳学费或者其他不符合注册条件的学生不予注册。家庭经济困难的学生可以申请贷款或者其他形式资助，办理有关手续后注册。

第二章 转专业与转学

第五条 为充分调动和发挥学生的学习积极性，营造有利于人才成长的学习环境，本科学生可以转专业。学生转专业，按《中国人民大学本科学生转专业实施办法》（2005—2006 学年校政字 14 号）执行。

第六条 学生一般不得转学。如患病或者确有特殊困难，无法在我校继续学习的，可以申请转学。

第七条 学生转学由本人向所在学院（系）申请，经教务处审核同意后，按下列办法办理：

（一）学生转学到本市范围内其他学校，经转入学校同意，由招生就业处报北京市教委批准后，可办理转学手续；

（二）学生转学到外省（市、区）学校，经转入学校同意，由招生就业处报北京市教委，北京市教委商转入学校所在省（市、区）教育主管部门批准后，到招生就业处办理转学手续。

第八条 学生有下列情况之一，不得转学：

（一）入学未满一学期的；

（二）由招生时所在地的下一批次录取学校转入上一批次学校、由低学历层次转为高学历层次的；

（三）招生时确定为定向、委托培养的；

（四）应予退学的；

（五）其他无正当理由的。

第三章 休学与复学

第九条 学生有下列情况之一，应予休学：

（一）因病经校医院或者学校指定医院诊断，须停课治疗、休养，时间占一学期总学时三分之一以上的；

（二）因其他原因，本人申请或者学校认为应当休学者的。

第十条　学生休学一般以一年为期，累计不得超过两年。休学期间保留学籍，但不计入在校学习时间。

第十一条　学生应征参加中国人民解放军（含中国人民武装警察部队）、参加志愿服务西部计划等，按国家和学校相关规定办理。

第十二条　申请休学的学生，应填写《学生学籍变动申请单》，因病休学应附有校医院证明，经所在学院（系）审查同意，报招生就业处批准，并办理离校手续，招生就业处发给《休学证明书》。

第十三条　学生休学期间，户口不迁出学校，不享受在校学生待遇。

第十四条　学生复学按下列规定办理：

（一）学生休学期满，应于学期开学前向学校提出书面复学申请，经所在学院（系）审查同意后，持《休学证明书》及复学申请材料到招生就业处办理复学手续；因病休学的学生同时应持二级甲等以上医院诊断书，到校医院体检合格后，方可办理复学手续；

（二）学生休学期间，如有严重违法乱纪行为，取消其复学资格；

（三）复学的学生原则上随原专业下一年级学习，如原专业该年级没有招生，由所在学院（系）提出意见，经教务处批准，转到相近专业学习。

第十五条　学生自费出国留学，按《中国人民大学关于在校学生申请因私出国（境）的规定（修订）》（2004—2005 学年校办字 76 号）办理。

第四章　退　学

第十六条　学生有下列情形之一，应予退学：

（一）连续两个学期出现一学期内不及格的课程学分超过该学期修课总学分数 50％（含 50％）的；

（二）不及格课程（包括教学环节）学分按门次累计超过 20 学分（含 20 学分）以上的；

（三）在学校规定学习年限内未完成学业的；

（四）休学期满，超过一个月未提出复学申请或者申请复学经复查不合格的；

（五）经校医院或学校指定医院诊断，患有疾病或者意外伤残无法继续在校学习的；

（六）未请假离校连续两周未参加学校规定的教学活动的；

（七）超过学校规定时间未注册而又无正当事由的；

（八）本人申请退学的。

第十七条　学生退学，经所在学院（系）同意，由招生就业处报校长办公会议研究决定；因学习成绩或学习年限原因退学的，同时应由教务处出具意见；本人申请退学的，同时应由其父母在退学申请上签署意见。

对退学的学生，由学校出具退学决定书并送交本人，无法送达的，在校内公告即视为送达，同时报北京市教委备案。

第十八条　退学学生应按规定时间办理退学手续离校，档案、户口退回其家庭户籍所在地。

第十九条　退学学生不得申请复学。

第二十条　学生对退学处理有异议的，申诉程序参照《中国人民大学学生违纪处理办法》（2005—2006 学年校政字 15 号）办理。

第五章　毕业、结业与肄业

第二十一条　学生在学校规定的学习年限内，按照教学方案的要求修满学分，德、智、体达到毕业要求，准予毕业，由学校发给毕业证书。

第二十二条　按照教学方案要求提前修满学分者，可以提前毕业。拟提前毕业者应在毕业前一学期向所在学院（系）提出申请，经审查同意后，报教务处批准。

第二十三条　学生在学制年限内，按照教学方案的规定修读全部课程并完成相应的教学环节，但未修满学分者，可以申请结业，由学校发给结业证书。亦可申请延长学习期限至六年（第五、六学年学生住宿自理，同时应按规定缴纳有关费用）。六年以内修满学分的按毕业办理，仍未修满学分的按结业办理。

申请结业的学生，可以在结业后两年内（与学生在校年限相加最长不超过六年）以旁听的方式修读未通过的课程（或者教学环节），成绩合格，符合毕业要求者可换发毕业证书。结业学生若在返校重修课程（或者教学环节）考试中有违反考试纪律或弄虚作假的行为，取消其换发毕业证书资格。

第二十四条　取得本科毕业资格，且符合国家学位授予条件者，学校颁发学位证书。

第二十五条　学满一学年以上退学的学生，学校颁发肄业证书。

第二十六条　对完成本专业学业同时辅修其他专业并达到该专业辅修要求者，由学校发给相应的辅修证书。

第二十七条　对违反国家招生规定入学者，学校不发给学历证书、学位证书；已发的学历证书、学位证书，学校予以追回并报教育行政部门宣布证书无效。

第二十八条　毕业、结业、肄业证书和学位证书遗失或者损坏，经本人申请，学校核实后出具相应的证明书。证明书与原证书具有同等效力。

第六章　附　则

第二十九条　第二学士学位生在校期间不准转专业学习，其学籍管理参照本规定执行。

第三十条　本规定由招生就业处负责解释。

第三十一条　本规定自发布之日起施行，《中国人民大学本科学生学籍管理实施细则》（2001—2002 学年校政字 35 号）同时废止。

◎ 写作要点

（1）订立规章制度，要做到“上有所依、下有所系”，也就是要有依据、合情理。例如，本文的依据就是《中华人民共和国教育法》和《普通高等学校学生管理规定》。

（2）规章制度的行文要严密、明确，语言庄重、严肃才符合这种问题的约束性特征。

（3）措辞上要准确、严谨，不能有歧义，更不能似是而非、含混不清或自相矛盾。

专题五　工作汇报

工作汇报主要用于反映本单位某阶段工作进展情况或重大问题，对上级政策、法令的执行情况或交办任务的完成情况。

一、工作汇报的概念

工作汇报，又称工作报告或情况报告，是报告的一种，是机关、单位将某项工作或某个时期的工作，将材料汇集综合向上级或向群众报告的一种文体。

工作汇报按时间分，有每日工作汇报、周工作汇报、月份工作汇报、季度工作汇报和年度工作汇报。

二、工作汇报的写法

工作汇报由标题和正文两部分构成：

1. 标题

工作汇报的标题包括：发文机关、发文事因、文种类别三要素。标题正下方还可以标明工作汇报的制发日期。

2. 正文

工作汇报的正文包括三方面内容。

（1）导语：对要汇报的问题和情况作出最简括的说明，然后用过渡性的句子引入正文主体部分，如“为总结经验，发扬成绩，找出不足，现将一年来的工作情况汇报如下”“下面我就××县××××年××工作完成情况以及××××年××工作思路作简要的汇报”等，但是也有的工作汇报会省去此类概括性说明和引导语。还有部分工作汇报会一开始就写明受文单位，一定程度上是出于尊重和礼貌。

（2）主体：针对工作汇报的情况叙述事实、分析形势、展望未来以及本单位采取的相应措施和方法。这部分尤其重在实事求是，力求准确无误地交代清楚时间、地点、人物和事件。

（3）结语：有的放矢地根据工作汇报的内容提出具体要求。属于“喜报”类的请求上级领导给予相关人员相应的奖励；属于“检讨”类的则要求给予处分。最后，以“谢谢大家”“特此汇报”“以上汇报是否妥当，请批示”之类的结语收尾。

三、例文

[范例]

创建节约型公共机构示范单位情况汇报

尊敬的建春局长、督查组各位领导：

根据国家发改委、财政部、国务院机关事务管理局印发《关于第一批节约型公共机构示范单位创建名单的通知》和省机关事务管理局的要求，巴中市政中心被列入全国第一批创建节约型公共机构示范单位后，我局高度重视，将节约型公共机构示范单位创建作为推进公共机构节能工作的一项重要任务，分别给市委市政府分管领导做好汇报，并积极争取发改、财政、住建等部门的支持配合，扎实推进示范单位创建工作。现将有关情况汇报如下。

一、组织机构健全。为切实加强组织领导和督促指导，成立了以局长张晓莉为组长，副局长冯树才、张劲松为副组长，相关科室负责人为成员的创建工作领导小组和办公室，明确了分管领导，设置了能源管理岗位专业技术人员和创建工作联络员。印发了“关于成立节约型公共机构示范单位创建工作领导小组的通知”“关于明确市政中心节约能源资源管理机构及工作职责的通知”，对职能科室和责任人作了进一步明确，确保机构、人员落实到位。建立健全局领导、业务科室、专业技术岗位三级节能管理组织体系。

二、目标责任明确。全市计划创建节约型公共机构示范单位 20 个。其中：国家级 3 个（2012—2013 年完成 2 个，2014—2015 年完成 1 个），省级 7 个（2016 年完成），市级 10 个。由市公共机构节能工作领导小组办公室统一部署，分解落实任务，建立完善工作责任制，把节约型公共机构示范单位创建工作纳入年度节能目标考核内容，积极推动创建目标如期完成。

三、创建规划科学。把科学编制方案作为创建示范单位的第一环节。组织发改委、财政等部门专家进行了论证，坚持将基础好、实施方案编制合理、投资少见效快、在本地具有较强示范意义的公共机构列为示范单位创建，邀请深圳市嘉力达实业有限公司派能源管理师来巴中，实地勘察后配合创建单位编制创建方案，力求最优方案，确保申报成功。

四、资金支持到位。节约型公共机构示范单位创建内容多，要求高，需要在政策和资金方面给予更多扶持。我们设立公共机构节能专项资金，由市发改委、市财政局、市住建局、市环保局、市机关事务管理局共同出资构成，市机关事务管理局负责组织实施，制定专项资金管理办法，监督资金使用。市发改委、市财政局、市住建局按现行政策渠道优先安排 210 万元，用于建筑节能改造、制度建设和信息化平台建设。市机关事务管理局通过合同能源管理模式融资 200 万元，用于配电、空调、电梯、照明、零待机能耗、绿色数据中心、节水龙头、饮水（热水）供应等节能节水技术改造。市环保局通过环境治理渠道解决 50 万元，用于中水回用、废水处理工程建设。

五、支撑机构建立。为加快市政中心节约型公共机构创建步伐，将绿色、低碳理念融入节能管理与改造，加强对创建工作的指导，定期开展督查和评估，督促创建单位落实创建任务，我们将全市建筑、能源、电气、环保、材料、控制、信息等相关节能节水技术专家（工程师、教授、技师及以上）建立节能专家库并开展相关工作。市公共机构节能工作领导小组办公室（与我局公共机构节能工作科合署办公）成立了“巴中市绿色机关技术支撑专家小组”，为创建单位节能管理与改造提供技术支持。

六、管理制度健全。对市政中心节能工作进行常态化管理。根据创建工作评估标准，我们印发了“市政中心节能管理制度的通知”，修订完善了节电、节水、节气、公务车节油及节约办公用品管理制度，能耗统计、能源资源消耗公示制度及节能联络员工作制度。以“节约能源，绿色消费，持续发展”为主题，通过规范各种办公活动，推行节约行为模式，培养良好节约习惯，以达到能源利用节约化，环境质量友好化，发展空间最优化的目的，在市政中心广泛开展“绿色消费行为规范活动”。通过抓落实五项节能制度和行为节能，能源资源消耗较 2012 年能耗、水耗、办公用品分别下降 5%、3.2%、10%。

七、节能改造持续推进。根据市政中心建筑物和设备设施情况，制定了专项节能改造实施方案。将 17～19 楼单层玻璃改装为双层中空玻璃；淘汰桶装饮水机，在各楼层两侧分别加装一台节能型热水器，实行饮用水集中供应；邀请四川水利研究院专业水平衡测试机构进行水平衡测试；将中央空调及分体式空调制冷剂 R134a 更换为节能环保的 HCR 系列碳氢（混合烷烃）制冷剂。立项申请2013年投资备选项目资金，对公务车辆加装节油器，安装GPS定位系统；建立能源资源消耗监测管理平台及能耗结算管理平台；建立雨水收集和中水回用系统；推广使用节能插座，实现办公设备“零待机功耗”；构建远程用水监测、分析、统计、报警和管理系统。实施能耗分类、分项、分户计量改造，餐饮中心节能灶具改造，废纸、废旧电子产品、危险废弃物分类回收处理等资源循环利用工作。

八、合同能源管理有效推进。采取合同能源管理方式对市政中心照明灯具、节水洁具、中央空调、电梯及燃气灶具项目进行节能节水改造。首先做好合同能源管理前期准备工作。我局拟定了市政中心节约型公共机构建设项目招标文件，并上巴中市机关事务管理局网站公示，邀请了三家节能服务公司对市政中心进行节能改造方案比选。按相关规定，市财政局批准我局采取单一来源采购方式采购成都红光电气有限公司实施市政中心合同能源管理部分节能改造项目，经四川政府采购网上公示无异议。成都红光电气有限公司进驻巴中市政中心实施节能节水改造。在市政中心办公大楼更换使用LED高效照明灯6 000只，节电率达68.8%。更换节水龙头150个，在绿地草坪安装了喷灌龙头23个，加装了计量水表，节水率达73%。更换空调节能环保碳氢剂1800P，节电率达24.7%。在中央空调机房循环水泵控制柜旁安装了1台HG-610-37KW2P6-1T3节电器，并配备人机智能管理系统，节电率达10.8%。餐饮中心更换了节能灯900只，更换了节气灶具，节气率达20%以上。为加大推进电梯节能工作力度，我们与市发改委、巴中质监局等七部门联合印发了“关于大力推进电梯节能工作的通知”，在市政中心大楼率先推行电梯节能改造，安装电梯电能回馈装置，节电率达26%以上。

九、初步验收见成效。根据创建方案，市机关事务管理局要会同市发改委、市财政局、市住建局、市环保局、市卫生局到创建单位检查指导，及时查漏补缺，解决创建工作过程中存在的问题，研究提出改进措施，确保创建工作取得实效。同时，做好初步验收，创建工作按质、按期完成。

◎ 写作要点

（1）汇报语言要实在、简明。

（2）汇报的内容要客观、翔实，有鲜活的东西，要用事例、数字说话。

（3）要把闪光亮点、最有特色的做法、制度、措施等说清说透，把最得意、最主要的工作成绩尽量展现出来，把最具个性、最鲜活的经验体会充分挖掘出来，给人以深刻的启迪。

专题六　心得

心得体会文章是各级领导和机关干部常写常新的一种实用文体。写心得可以将自己学习到的知识条理化、加深印象；可以在整理过程中举一反三、触类旁通，加强学习效果；通过不断地学习总结，可以积累更多的经验，以便学以致用；可以在相互的学习和交流中，给别人启发，同时也丰富了自己的知识。

一、心得的概念

心得，就是在参加某项学习、工作、活动和生活中，经过缜密思考所获得的体会感言，是个人发自内心的独特感悟。心得体会都是自己参加某项活动、经过深思熟虑后发自内心得出的阶段性结论，是有感而发、理性思考的结果。

心得包括学习心得、工作心得、活动心得、生活心得四大类。

二、心得的写法

心得的结构通常包括标题、正文和落款。

1. 标题

常由“动宾词组＋文种”组成，如“学习××讲话的心得体会”“参加××会议的心得体会”等。

2. 正文

一是概括地介绍所参加活动的基本概况，如时间、地点、参加了什么培训、看了什么书、接触了什么榜样，感觉受益很深，感触很大；二是简要描述培训课程，描述一下那本书，或是写一下那位榜样的先进事迹；三是对照学习书中的角色、精神或是榜样的事迹，结合自身实际情况，进行一下反思，写出自己的心得体会和感想；四是在受启发之后揭示主题，表明今后自己或是大家应该怎么做，发出倡议或是表达决心。

3. 落款

写明撰拟心得体会的主体名称及时间。

三、例文

[范例]

新录用公务员初任培训学习心得体会

2012年9月24日—29日，根据市人事局的安排，我有幸参加了2012年度全市新录用公务员初任培训学习班。在为期一周的培训中，培训班紧紧围绕“快速适应岗位，争当合格公务员”这一主题，精心安排××市委党校学识渊博的教授专家开展深入浅出地授课，使我较为系统地学习了十七届六中全会精神、科学发展观、《公务员法》、《公文写作》、《政务与社交礼仪》、《规范行政程序》、《公务员职业道德》、《行政机关公务员处分条例》等一些与实际工作密切相关的理论知识。通过培训学习，我认清了这次培训的重大意义、认清了公务员岗位的重要性、认清了自身的不足和努力方向，更使我深刻地认识到，要成为一名合格的公务员，只有全方位提高自身的素质能力，严格遵守《公务员法》的要求，在创新中不断迎接新时期社会发展的各种挑战。

一是明确了党的大政方针，政治理论素养有了很大提高。

作为一名合格的公务员，必须提高自身的政治理论素养。应该熟知党的各项方针政策，认清各种当前社会政治、经济形势，要善于把握正确的前进方向，要毫不动摇地坚持社会主义道路。只有首先解决好方向问题，我们才能够走得稳、走得远。而过硬的政治素质，高尚的政治情操是保证我们正确方向的根本。培训期间，通过对必备理论的学习，认真解读了科学发展观、和谐社会、法治国家等理论知识，对《公务员法》的认真学习和细心揣摩，让我深刻领会了公务员的内涵，进一步树立了人民公仆意识，为任职后依据《公务员法》干好工作打下了坚实的思想基础。这些理论知识为我消除了迷惘心理，照亮了前进努力的方向，使我深刻地了解到公务员精神就是：热爱祖国、忠于人民、廉洁奉公、求真务实、开拓创新、顾全大局，团结协作。具体到工作当中首先要树立全心全意为人民的责任意识，尽职尽力地履行自己的职责。其次要廉洁奉公，要有良好的情操，廉洁奉公，不谋私利。同时，在履行职责过程中做到依法行政，公正办事，努力实现和维护社会公平。最后要团结协作，单位的工作是一个整体，部门的划分是为了在分工的基础上提高工作效率，因此，公务员要有大局意识和团结协作精神，这样才能更好地提高工作效率和工作质量。

二是明确了公务员初任培训的重要性和必要性，极大提高了思想认识。

通过学习，我明白公务员培训不仅仅是法定要求，更是公务员转变角色，走上工作岗位，履行职责，为人民服务的要求。这种思想上的转变不仅要快更要彻底，要从根本上克服自身意识上潜在的优越感，树立责任意识，这对于我今后的成长、发展都有重大意义。使我学到和掌握了实用的工作技能和方法，指导了以后的实践，从而严于律己，严格遵守纪律，踏实学习，以良好的品德树立个人良好的形象。在工作岗位上准确、正确地定位自己，用开放的心态、实干的精神，做好本职工作，真正做到情为民所系、利为民所谋、努力学习，争做一名合格、优秀的公务员。

三是明确了学习的重要性和迫切性，树立终身学习的理念。

此次培训重视对新录用公务员的基础培训和整体培训。课程内容十分丰富，注重基础理论的同时更强调与实际结合，与实用融合。通过学习，我逐渐明晰了认知自我、重塑自我、管理自我、成功自我、创新自我、发展自我以及人文自我的深刻内涵，使我认识到要提高综合能力，必须从以下四个方面入手：

1. 提高学习能力。学习能力是一项基本能力，也是公务员顺利成长、不断进步的动力源。新任公务员要向书本学习，在阅读中提高智慧能力；要向实践学习，在工作中提高适应社会的能力；要向同事学习，在沟通中提高协调能力；要向群众学习，在联系中提高调查研究的能力；要向领导学习，在观察中提高分析问题的能力；积极参加各种专业的培训，多途径提高自身能力。

2. 加强反应能力。提高公务员的反应力，就是要加强应对复杂局面能力的锻炼。作为司法行政系统的公务员，首先，要增强对各类破坏社会稳定的相关突发事件的应急能力。在各种错综复杂的矛盾面前，要临危不惧，要承受得起各种压力，最大限度地控制和化解矛盾。其次，要增强对不同类型重大变化的应变能力。要力求做到及时反应、准确反应，动态把握变化趋势，科学掌握变化规律，提前预见可能出现的问题，防患于未然，积极应对变化。

3. 加强执行能力。要增强时间观念和效率意识；要确保质量，注重实效；要善于选择最佳执行路径；要建立和完善执行体系和机制，扩大执行力的效能。

4. 加强实践能力。勤于实践锻炼是公务员提高工作本领、做好本职工作的重要途径。在实践锻炼中提高分析判断能力，科学的管理和有效的服务，建立在对客观实际情况正确把握的基础之上。将理论学习与工作实践有机结合起来，用理论指导自己的工作实践，用实践丰富自己的理论知识。在实践中，要敢于尝试，勇于创新，善于创造性地开展工作，从而在实践锻炼中提高工作本领。

四是学有所得受益匪浅，为今后创新工作打下了基础。

理论知识的学习，使我得以重温学生时代的幸福时光，为以后继续提高理论知识素养，更深入理解党和国家的方针政策奠定了良好的基础。结合实际的畅谈又让我对当前和未来有了更美好的憧憬和自信，也为胜任新的岗位和工作，打下了良好的基础。我深知，创新是政府机关工作活力的源泉，这就要求我在今后的工作实践中，要首先具有创新工作的意识和勇气，解放思想，打破常规和主观偏见的约束，敢于从不同的角度思考问题，能超越原有的观念，不断探索新的工作方法，为今后进一步提高自身素质能力，干好工作和争做合格公务员、优秀公务员明确了努力的方向。

五是"学，然后知不足"，尽快转变角色，适应工作。

在不断深化学习的同时，我清醒地认识到自己还有很多不足，如何尽快转变角色、适应工作是一个很重要的问题，适应新的工作岗位，顺利实现角色转变尤为重要，不仅是身份转变，更关键的是思想转变。作为一名新录用公务员，对公务员职责以及以后工作的方法、方向甚至工作中的人际交往都不甚明了，光靠书本知识是不够的，更主要的还是要多结合实践工作。因此，作为一名合格的公务员一定要具备过硬的业务能力和素质，这是开展一切工作的基础和根本。这些都是我目前比较欠缺和亟须加强锻炼学习的，要弥补不足，必须不断学习，不断实践，不断总结。只有加强学习，才能不断充实我们的思想，完善自身素质，提高个人能力。

1. 调整心态，增强自信。"境由心生"良好的心态是前行的动力。培训中，教授专家多次从心理调适、生命的意义、日常工作方法等方面，对我们进行了解惑、指导，使我对新的工作有了新的了解。要有一种开放的心态，正确的定位，心甘情愿、脚踏实地当好一名"新兵"。

2. 珍惜岗位，踏实工作。生疏的工作内容，紧迫的任务，一点一滴都是全新的考验，虽有压力，更是学习的动力。要切实从大处着眼，从小事做起，立志做好事。在工作中，既要忌眼高手低，又要防患得患失，正确认识事业和自身的关系，一切从实际出发，做好本职工作，脚踏实地地从本职工作的一点一滴做起。

3. 努力学习，提高素质。学习，是公务员提高自身素质能力的基本途径和法宝。加强理论知识、业务知识的学习对新录用公务员来说尤为重要。只有理论上的清醒，政治上才能坚定。在实际工作中要不断加强理论学习，始终自觉用党的最新理论成果武装头脑、指导工作，学习要始终坚持学以致用，在工作中不断学习，在学习中努力工作，把学到的理论知识应用到工作中去，用理论来指导自己的工作。

4. 廉洁自律，树好形象。一定要在思想上始终保持高度的警惕，严格要求自己，时刻不忘廉洁自律，做到始终对党负责、对事业负责。在理想信念上始终坚定不移，在法律上严格遵守廉洁从政的各项规定，增强党纪法规意识，经受住各种考验，树立廉洁自律、全心全意为人民服务的公务员的良好形象。

总之，作为一名公务员，必须坚持执政为民，服务大众的理念，迎接新时代的挑战，苦练基本功，扎根基层，为成为一名优秀的基层公务员而努力！

◎ 写作要点

（1）先简单介绍学习的时间、地点和主要内容。

（2）再重点谈自己在此次学习中的收获和感想，分条叙述，层次清晰。

（3）在文中加入铺排、比喻、引用等修辞手法，再结合自身经历进行论述，能使文章更为生动。

专题七　会议记录

会议记录是分析会议进程、研究会议议程的依据，是编写会议简报和撰写会议纪要的重要资料，是编入档案长期保存，以备查阅的原始资料。所谓原始，是指未经整理，未经综合。会议记录的执笔者与其他文章的写作者有一个重要的区别，那就是他只有记录权而没有改造权。记录者必须忠实记录发言者发言内容，不能进行加工、提炼，不能增添、删减，不能移花接木。

一、会议记录的概念

会议记录是会议记录员在开会时将会议情况和会议报告、发言、讨论、决议等内容如实

记录下来的文书。

会议记录按性质分，有行政会议记录、党务会议记录、企事业单位会议记录和群众团体会议记录；按内容分，有工作会议记录和座谈会记录；按记录方式分，有录音式会议记录、文字式会议记录、录像式会议记录、音像同步式会议记录等。

二、会议记录的格式

会议记录的结构一般由标题、正文和结尾构成。

1. 标题

标题由会议名称加文体名称组成，即“×××××会议记录”。如果使用的是专用的会议记录本，“记录”二字可省略，只写会议名称。

2. 正文

正文包括会议组织概况和会议内容。

（1）会议组织概况。包括会议时间、地点、支持人、出席人、列席人、缺席人、记录人。

（2）会议内容。会议内容是随着会议进展一步步完成的。一般包括主持人的发言、会议议题、会议议程、会议主题报告、与会人员的发言和讨论、会议的决议或决定组成、会议的遗留问题等。这是会议成果的综合反映，也是日后参考的重点，记录人要完整记录。

根据会议内容的不同要求，该部分有两种记录方法：

一是摘要记录法。主要用于一般会议。只记录发言要点、结论、决议等内容。

二是详细记录法。主要用于记录重要会议。按照会议进程顺序记录，记录发言者的姓名和详细内容，尽可能记录原话，详细而且完整。对有争议的问题要将争议的焦点、分歧

和有关发言详细记录；讨论中的争论也要完整记录。对会议决议要记录决议内容、表决情况。

3. 结尾

会议结尾是对会议结束情况的说明，一般另起一行写“主持人宣布散会（会议结束）”，并由主持人和记录人对记录进行认真核校后，在记录的左下角分别签上姓名，以示对此负责。

三、例文

[范例 1]

×××有限公司办公室会议记录

时间：20××年×月××日星期×
会议地点：×××
会议主持人：×××
会议记录人：××
出席人：公司各部门人员
缺席：×人

会议内容：

公司召开了业务会议，为了公司的良好发展，提出了以下内容。

×××经理提出：

1. 关于公司人员的重新分配，从今天开始，×××重点负责网络优化，做好网页宣传，而新入职的办公室助理则接手×××之前担任的行政工作内容，其他人继续做好自己的岗位。

2. 严格管理业务部，业务是最重要的模块，要加大力度抓紧和投入。

3. 严格执行考勤制度，一个月内迟到两次要相应地扣除工资，遵守打卡制度。如有特殊情况，须提前请假，并且请假的员工需在次日到梁经理处补名。

4. 有关座位的重新编排，把业务部的人员安排在一起，树立公司严谨、规范的形象。

5. 规范一个专门对外接受咨询的 QQ，每天由×××一人负责登录，然后分派具体业务给业务员，到月末统计网上咨询了解公司产品和信息的客户人数。这样有利于决定加大还是保持公司的投入力度。

××总经理提出：

1. 加强生产、销售，销售是重点，需要用心做，另外还提议员工多走车间，这样可以更好地了解产品的参数和构造。

2. 对商品的投放力度要加大，努力完善网站的优化。

3. 针对外贸部这一模块，需对其进行更详细的细化、整理。

4. ××总经理总结出做业务最重要的是快和专业。

×××提出：

1. 由于下班后办公室没有业务员的情况下仍然有电话打进，×××建议将电话转接到业务员的手机，这样能够及时接听电话。

2. 办公室的仪容要靠大家一起整理，细至每一个人的座位，大至公司财产的保护，尽力改善公司的形象，让别人看到公司的规范。

3. 同事之间应该互相提出建议，做到一起进步和努力。

4. ×××总结了今天的会议内容，每一个员工都需要用心投入，付出与收获是成正比的，公司的发展离不开每一位员工的努力。

◎ 写作要点

（1）记录的要点要清晰。

（2）记录的详细与简略，要根据情况决定。一般地说，决议、建议、问题和发言人的观点、论据材料等要记得具体、详细；一般情况的说明，可抓住要点，略记大概意思。

[范例 2]

市场秩序整顿会议记录

时间：2016 年 4 月 8 日上午 8 点

地点：管委会会议室

主持人：李××（管委会主任）

出席者：杨××（管委会副主任）、周××（管委会副主任，管城建）、李××（市建委副主任）、肖××（市工商局副局长）、罗××（工商局市管科科长）、陈××（市建委城宅科科长）及建委、工商局有关科室宣传人员、秦××（街道居委会负责人）

列席者：管委会全体干部

缺席人：无

记录人：邹××（管委会办公室秘书）

讨论议题：

1. 如何整顿城市市场秩序。

2. 如何制止违章建筑、维护市容市貌。

杨主任报告城市现状：我区过去在开发区党委领导下，各职能单位同心协力、齐抓共建，在创建文明卫生城市方面取得了一定成绩，相应的城市市场秩序有一定进步，市容街道也较可观。可近几个月来，市场秩序倒退了，街道上小商贩逐渐多起来，水果摊、菜摊、小百货满街乱摆，一些建筑施工单位沿街违章搭棚、乱堆放材料，搬运泥土撒落大街等。这些情况严重破坏了市容市貌，使大街变得又乱又脏，社会各界人士反应很强烈。因此今天请大家来研究如何整顿市场秩序，如何治理违章建筑、违章作业，维护市容。

讨论发言（按发言顺序记录）

肖××：个体商贩不按规定到指定市场经营，管理不得力、处理不坚决，我们有责任。这件事我们坚决抓落实：重新宣传市场有关规定，坐商归店、小贩归市、农民卖蔬菜副食到专门的农贸市场……工商局全面出动落实，也希望街道居委会配合，具体行动方案我们再考虑。

罗××：市场是到了非整不可的地步了。我们的方针、办法都有了，过去实行过，都是行之有效的。现在的问题是要有人落实，敢于落到实处。只要大家齐心协力，问题是能够解决的。

秦××：整顿市场纪律我们居委会也有责任。我们一定发动群众配合好，制止乱摆摊、乱叫卖的现象。

李××：去年上半年创建文明卫生城市时，市里面出台了7号文件，其中规定施工单位不能乱摆“战场”。工棚、工场不得临街设置，更不准侵占人行道。沿街面施工要有安全防护措施……今年有的施工单位不顾市上的文件规定，在人行道上搭工棚、堆器材。这些违章作业严重影响了街道的整齐、美观，也影响了行人安全。基建取出的泥土，拖斗车装得过多，外运时沿街散落，到处有泥沙，破坏了街道整洁。希望管委会召集施工单位开一次会，重申市府7号文件，要求他们限期改正。否则按文件规定惩处。态度要明确、坚决。

陈××：对违反规定者一是教育，二是斗硬。我们先宣传教育，如果施工单位仍我行我素不执行，那时按文件处理，他们也就无话可说。

周××：城市管理我们都有文件、有办法，现在是重在执行，职能部门是主力军，着重落实，其他部门配合落实。居委会把居民特别是“执勤老人”（退休职工）都发动起来，按7号文件办事，我们市场就会文明、清洁，面貌将会有所改观……

与会人员经过充分讨论、协商，一致决定：

（1）由工商局牵头，居委会和其他部门配合，第一周宣传、第二周行动，监督实施，做到坐商归店，摊贩归点，农贸归市，彻底改变市场紊乱状况。

（2）由管委会牵头，城建委等单位配合对全区建筑工地进行一次检查。然后召开一次施工单位会议，对违章建筑、违章工场限期改正。一个月内改变面貌。过时不改者，坚决照章处理。

散会。

主持人：李××
记录人：邹××
2016年4月8日

◎ 写作要点

（1）格式规范。工作会议记录的格式，是体现记录的规范性、严肃性的基本形式，必须严格遵守。凡是发言，都要把发言人的名字写在前面；一定要先发言记录于前，后发言记录于后；记录发言时要掌握发言的质量，重点要详细，重复的可略记。

（2）记录人要如实地记录与会者的发言，不论是详细记录，还是概要记录，都必须忠实原意，不允许掺杂有一丝一毫主观因素，不得添加记录者的观点、主张，不得断章取义，尤其是会议决定之类的记录，更不能有丝毫出入。要真实地、客观地反映会议的基本情况和主要精神。

应用实践训练

一、病文诊断

请指出下面例子的毛病并修改。

1.

2016 年财务部工作计划

做好公司的财务工作是财务人员的工作宗旨。为弥补之前工作的不足，发扬优秀工作态度，现将新的财务工作计划向大家汇报：

2015 年，公司财务科在××供电公司财务部、××公司党政班子的正确领导和全体财务人员的共同努力下，认真贯彻执行公司财务预算，紧紧围绕公司“四型一流”发展规划，以加强财务核算、提高会计素质为主要工作内容，以精细化核算、数量化考核为工作方法，以利润最大化为目标，以资产经营责任为主线，全面推行制度化、标准化、程序化、信息化的财务管理模式，加强成本核算，实行全员、全过程的财务管理策略，为完成 2015 年各项经营工作目标作出了应有的贡献。在新的一年里，财务科将一如既往地紧紧围绕公司的总体经营思路，从严管理，积极为公司领导经营决策当好参谋，具体有以下工作安排和工作计划。

一、顾全大局，服从领导，坚定目标不动摇

年初财务预算，是通过公司职代会集体意见表决制订的，它反映了公司新的一年总体经营目标和任务。财务科全体人员要端正态度，积极发挥主观能动性，时刻坚持以公司大局为重，不折不扣地完成公司安排的各项工作任务。

1. 按财务预算科学合理安排调度资金，充分发挥资金利用效率。平时要积极提供全面、准确的经济分析和建议，为公司领导决策当好参谋。

2. 积极争取政策。积极利用行业政策，动脑筋、想办法、争取银行等相关部门优惠政策，为公司谋取最大经济利益。

3. 深入研究税收政策，合理避税增效益。新的一年里，全体财务人员应加强税收政策法规的研究和学习，加强与税务部门各项工作的联系和协调，通过合理避税为公司增加效益。

4. 搞好电费清收核算，合理调度资金完成年度预算。近年来电费回收程序逐步规范，高耗能企业市场回暖，电费回收成绩显著，给企业现金流量带来积极有利影响，同时也给财务流动资金管理提出了更高要求。2016 年，我们应适应新形势，进一步加强流动资金分析和管理，为公司谋求最大利益。

5. 搞好固定资产管理。凡是资产都应该为企业带来效益。2016 年，我们应加强闲置资产、报废资产处置工作，努力提高资产利润率。

二、加强管理，挖潜增效，为生产经营目标的实现和效益的增长服务

管理是生产力，是企业正常运行的保证，管理是提高企业核心竞争力的关键环节，建立创新的机制，必须靠管理来保证，管理对企业来说是永恒的。为此，财务科将加强内部

管理列入工作重点，即进一步加强财务管理，降低财务费用，控制生产成本，实行全面预算管理，合理安排，压缩不必要的或不急需的开支，做到全年生产、开支有预算，有计划，使企业资金得到有效合理的发挥效益。同时对于机关科室和各站所的费用，实行科学预算，包干使用，并纳入年底对各单位的考核，有效控制各项费用的不合理开支。

1. 业务招待费管理。2016 年我们对业务招待费的管理办法依然采取行政负责、工会参与、纪委监督、包干使用、超支不补、节约归公的原则管好用好业务招待费。严格执行“就餐代金券制”。

2. 差旅费管理。严格规范差旅费报销程序和职工借款的还款时限，坚持按照公司《关于加强差旅费和职工借款管理的通知》制度执行。做到坚持原则，一视同仁，杜绝虚报冒领，借款长期不还，占有公司资金挪作他用的现象发生。

3. 电话费管理。严格预算控制，电话费预算按科室为单位包干到位，努力降低话费开支。

4. 办公费管理。办公费管理要按照年初各科室列出计划，经领导审批后，公司统一采购、保管，各单位按计划领用的原则执行。

5. 车辆费用管理。严格执行公司制订的相关车辆费用管理办法，从严从细加强管理。车辆维修必须先有计划，经分管领导审核批准后进行维修；车辆用油由财务科负责采购、结算，车辆服务中心负责保管、登记、领用，杜绝乱购、无计划领用。

三、明确责任，从严要求，积极抓好会计从业人员职业道德素质培训，提高服务水平

财务科作为公司的一个对外窗口科室，我们将认真落实国网公司供电服务“十项承诺”，提高服务水平，让“优质、方便、规范、真诚”的服务方针在财务科得到充分体现，做到内让公司全体干群称心，外让社会各相关人员及部门满意。财务科倡导“会计为生产经营一线服务、上一流程为下一流程服务、全员为客户服务，每个岗位相互服务”的意识，切实抓好财务行风建设。

四、稳定财务队伍，继续加强会计从业人员业务培训，规范供电所财务管理，使全公司财务会计工作再上新台阶

2016 年我们财务工作将继续以稳定增强财务队伍为主，通过集中培训与岗位培训相结合的会计业务培训和规范供电所财务管理为主要内容，扎扎实实地把全公司的财务工作推上一个新台阶。我们具体从以下几方面入手：

1. 稳定增强财务队伍。对现有财务从业人员进行业务考核，同时选拔引纳相对优秀、有会计基础的人员加入财务队伍，实行优胜劣汰，增强公司财务队伍的实力，为全公司的经营稳定打牢基础。

2. 加强理论培训，增强财务的宏观经济管理意识。使财务人员从仅仅应付日常业务的工作状态得到改变，充分认识财务工作的连续性、复杂性，培养超前意识。

3. 加强企业经营财务分析培训。以推行全面预算管理为目标，培养会计从业人员企业经营管理的事前预测、事中分析和站所基础财务分析工作。

4. 加强会计实务培训。注重工作效率，以推行财务会计电算化核算为目标，全面提高财务人员素质。

总之，我们将以现在拟定的财务工作计划为宗旨，在今后的财务工作中，我们财务科的奋斗目标是：在省市公司财务部门和公司领导的大力关心领导下，在各相关部门和科室

的积极配合支持下，逐渐培养出一支以规范化流程、精细化核算、数据化考核为基础的科学管理型财务队伍；在今后的经营管理中，紧紧围绕公司“四型一流”发展规划，时刻坚持科学性预测、过程化控制、准确性核算的工作方法和态度，为全面完成新一年度的财务预算目标任务而努力奋斗。

____

____

____

____

____

____

2.

生产部2015年工作总结报告

尊敬的各位领导，你们好！

生产部饶××在此向你们作年终总结报告。

2015年是我走进××嘉美的第3个年头，在这3年里，我和嘉美同仁共同见证了嘉美的崛起和壮大！我们同公司一起经过基础年—发展年—标准年的3年洗礼，公司在××嘉美董事会的带领下发展壮大，我和我的伙伴们在公司领导的关怀和支持下得到了自我的提升和成长。感谢××嘉美为我提供了一个可以持续发展的平台，谢谢！

下面我先回顾一下前两年的工作情况：2013年木工部接到生产订单×个，产品×万余件；相对比较大的订单有×个，分别是：×南京西苑固装订单，×深圳格兰云天固装订单，×西安皇冠假日订单，×南京涵田别墅订单；前面两个订单是固装，后面是活动家具；在2013年我们借助南京西苑订单对车间实行了计件改制，为实现今天的目标打下了基础。2014年木工部共接到生产订单×个，活动家具产品×余件外加3个固装订单：×咸阳丽彩订单，×西宁订单，×甘肃兰州金亨订单；还有4个比较大的活动家具订单：×大连三环订单，×深圳检验局订单，×南疆宾馆订单，×北京金牛订单。2014年里我们在这几个比较大的订单的支撑下继续车间的深入改制，改制得到了大多数员工的支持，在改制中求发展，实现了公司和员工的和谐发展。

在经过了前两年的发展，2015年接到生产订单×个，产品×件。在2015年里无论是固装订单还是活动家具订单数量都在增加，每单一订单产品数量在×件以上的订单数量达到×个（含方太订单）；方太下单×次（8月—12月），板件数量×件，近4 000平方米；×天泰国际订单；×广州南联订单；×青岛东亚订单；×重庆国宾酒店订单；×红豆杉酒店订单；×沈阳电力局订单。2015年在这些大的订单的支撑下，车间实现了良性运转，员工也得到了自我实现。

在这3年时间里，自产订单数量每年按×%在增长，木工部人员数量也在不断地增加，从2013年的10多个人到现在的×人，车间从刚开始时的吃大锅饭到现在实行计件机制实现人均产值过3万的目标。在经过了3年的积累和沉淀，一部分人已经习惯并开始接受现在的生产模式，充当着生产线上的主力军，我们要在这个基础上争取更多的能与我们一起开拓的兄弟。

经过3年的发展，我们取得了一些成功，公司领导层用实际行动赢得了员工和部分客户的信任，但工厂为此也付出了一定的代价。从我们现在的生产实际情况看，我们的大部分订单都不能按期交货；车间也不能按照原定的生产计划生产订单；在订单量增加的情况下，产品品质也得不到保证；员工在生产过程中情绪也比较大，哪怕是我们支付了比较高的人工工资；车间的机器设备和生产现场也没有得到很好的维护。

以上纯属个人观点，也是我自身不足和要改善的地方，还请各位领导多提宝贵意见！

3.

××市政协六届×次会议简报

今年政府应办几件实事

××委员说：建议市长要有相应的任期目标，一年办几件实事，年终总结，有哪些完成，有哪些没完成，为什么。

改“三公开一监督”为好

××委员说：报告在谈到廉政建设时，提出实行“两公开一监督”，我们认为应改为“三公开一监督”，即再增加公开市、县两级主要领导的经济收入，以便接受人民群众的监督。

不能再走大投入低效益之路

××委员认为：我市社会总产值为180亿元，国民收入为74亿元，而全市的财政收入只有9.15亿元，很明显，经济效益是很低的。而今年的计划数字，基本上是按比例同步增长，经济效益无明显提高。这是我市多年来生产发展的一个关键性的问题，即大投入，低效益，致使财政拮据，入不敷出。市领导应着眼长远，从当前入手，立足于大力提高经济效益和增强生产后劲（包括政策、体制、发展规划、产业结构、环境整顿、提高管理水平、提高劳动力的素质、提高劳动生产率、大力发展科技、教育等多方面综合治理）。只有这样，才能使我市的经济进入高一层次的发展，形成良性循环。这才是提高经济效益的真正出路。

4.

假期留校住宿学生管理暂行规定制度

为加强假期留校学生的管理，维护学校正常的教育教学和生活秩序，杜绝各类事故的发生，保护学生的人身和财产安全，现对假期留校住宿学生管理工作规定如下：

一、假期留校住宿学生须严格遵守国家法律法规和××师范学院的各项管理规章制度。

二、服从学校住宿安排，不得擅自调换宿舍。

三、进出校园、宿舍须带《留校住宿学生出入证》和身份证或学生证以备检查，不得在宿舍内留宿他人。一切外来人员进入宿舍区必须出示有关证件，并在门厅或传达室等候、会客。

四、爱护公共设施、对宿舍内配备的物品不得损坏、调换、改造或拆除。保持宿舍卫生整洁，不得在宿舍区乱刻乱贴、乱涂乱画和乱扔杂物。

五、不得在校园及宿舍内经商、摆摊设点、兜售商品或从事以盈利为目的的招工、招聘、承包等经营活动。

六、严禁在宿舍内存放或使用易燃、易爆、剧毒和放射性等危险物品；严禁使用违规电器或炊具。

七、严禁在宿舍内赌博、酗酒、打架斗殴。

八、节约水电，做好宿舍防火、防盗工作。

九、严格遵守假期留校住宿学生的作息时间，不得在宿舍区大声喧哗、影响他人的学习和休息。

十、假期留校住宿的学生须严格遵守请销假制度，离开或暂时不在学校居住必须向辅导员书面请假并说明去向，得到批准后方可离开，返校后须及时销假。

十一、各宿舍设临时寝室长一名，负责本宿舍的安全防范、卫生值日等工作，宿舍成员应积极协助寝室长工作。遇到突发事件要立即与宿舍管理人员、辅导员或学院值班老师联系。

十二、对违反学校规定，情节后果较轻者给予批评教育，情节恶劣或后果严重的，将依照《××师范学院学生违纪处分管理暂行条例》给予纪律处分。

5.

乡镇“打非治违”工作情况汇报

今年下半年以来，我乡党委、政府认真按照永兴县安全生产“打非治违”专项行动方案的工作目标和要求，坚持把安全生产工作放在极端重要的位置，时刻保持对安全生产“打非治违”专项行动的高压态势，遏制了非法违法生产经营建设行为，确保了安全生产和社会稳定，杜绝了各类大小事故的发生，实现了全年煤矿安全生产无事故，得到了上级领导的充分肯定。现就我乡安全生产“打非治违”专项行动的开展情况综合汇报如下：

一、强化“打非治违”专项行动措施

为严厉打击非法违法生产经营建设行为，进一步整顿和规范各类生产经营建设秩序，强化责任监管和事故预防，根据永安发〔××××〕8号文件精神，一是制定了《复和乡安全生产“打非治违”专项行动实施方案》。建立健全了安全生产“打非治违”工作例会制度、安全生产“打非治违”专题会议制度、干部驻矿工作责任制度等各项规章制度，定期分析全乡安全生产形势，研究和解决安全生产“打非治违”专项行动的重大问题，组织和监督落实上级有关安全生产“打非治违”专项行动的工作。7月份以来，共组织召开各类安全生产专题会议9次，下发安全生产专题文件4份，切实加大了对安全生产“打非治违”的监管力度，有效地督促了各项安全生产措施的落实。二是成立了以乡长黄庆生任组长，政协联络组长李福建任常务副组长，副乡长康建军、工会主席彭坚任副组长，综治办、煤管所、打非办全体工作人员为成员的“打非治违”专项行动领导小组。7月份以来，共组织开展了6次地毯式的安全生产“打非治违”专项行动，共查出各类非法违法生产经营建设行为12起，下达各类安全监察执法文书12份，处置到位率达100%。三是强化安全教育培训。今年共举办安全教育培训班6期，参培人员达1 480人次，全面提高了煤矿从业人员的安全责任意识。四是重拳打击非法违法生产行为。今年以来，我乡专门抽调20名干部、职工组织成立了安全生产“打非治违”专项行动的工作巡查整治组，进一步加大了对境内非法违法生产行为的查处和打击力度，全年共抓捕非法矿主9人，刑拘5人，取得了我乡安全生产“打非治违”专项行动的工作实效。

二、强化“打非治违”专项行动职责

我乡在开展安全生产“打非治违”专项行动的工作中，重点以打击“三非”“三违”行为为主要内容，开展了“秋季安全生产大检查行动”“各个时段特防期间安全大检查行动”“集中开展取缔无证无照非法生产行动”等联合执法行动。一是认真开展安全生产大检查和专项治理行动。继续抓好了民爆物品与烟花爆竹、道路交通、煤矿、非煤矿山、建筑、危险化学品、消防、特种设备、学校和电力的安全整治。重点组织对水利、电力、矿山、交通、建设、水库、矿井、危房以及易造成山体滑坡地段进行全面、细致、深入的防汛安全检查。并加强了对危险水库的除险加固工作，做到防汛到位、责任到位、人员到位。二是防止了突发性的山体滑坡、崩塌、泥石流、地面塌陷等与地质作用有关的灾害的发生。把安全生产大检查、专项治理与日常监管结合起来，建立健全安全生产的长效机制，进一步消除各类隐患，促进安全生产重点行业和领域安全管理水平的提高，确保汛期各行各业的安全。三是实行干部职工分矿责任包干。根据县委、县政府的统一部署，我乡对辖区内9个停产整顿煤矿实行24小时驻矿监督，由乡党政主要领导对驻矿人员进行不定时现场查岗和电话查岗，对停产整顿矿井进行不间断的巡查、夜查、突查。确保各驻矿人员能够24小时在岗。四是在过去已有的县、乡、企业三级安全生产监管网络基础上，将安全生产管理网络延伸到了村一级，目前，全乡安全监管专（兼）职人员已达120多人，成为我乡安全生产“打非治违”专项行动的排头兵。

6.

新义工培训心得

昨天××义工××分会第九期新义工培训完美落幕，但我的心情久久不能平静，就像××说的虽然没看到是怎么培训的，但看现场人们的表情，看会场的纪律就能感觉到很成功。相信参与过多次培训活动的老义工也深有感受，无论是“滴水静”的主持和“蓝色的天空”大姐的深情讲述、“笑对人生”的纪律说明和安全阐述，还是“无言味最长”的分享，都深入浅出，自然而贴切。

新义工现场提出了那么多好的建议和有价值的意见，我们的常委现场回复入情入理，会长“心如静水”也展现了一位公益组织负责人应具备的优秀素质，这种种现象表明我们××义工组织管理更加日趋完善，而这成绩的背后正是有了众多义工伙伴的无私奉献和付出，真诚的拥抱亲爱的伙伴们。

参加新义工培训的伙伴很多，大家很有热情，也有很多好的想法，我相信这样的情形一定也会让参与活动服务的义工伙伴们深受鼓舞，让我们一起努力，加油！

7.

安全问题会议记录

2015年12月12日下午，××街道办事处×××主任在××街社区办公室主持召开会议，协调处理××水务集团建设施工大型混凝土排污水管工程危及民新村××户民房安全有关问题。××区防汛办、××区国土局、××街道办事处、××市排水公司、××街社区居委会等相关部门领导参加了会议。现将会议议定事项记录如下：

一、会议要求相关部门单位一定要站在维护人民生命财产安全、维护社会稳定的高度，统一思想，高度重视。立即组建排危抢险临时工作组：街道落实××人，施工单位落实××人，防汛办落实××人。

二、会议原则上同意由××市排水公司动迁部×主任24小时内，负责××户房屋的鉴定。家家入户，对于危急群众生命安全的房屋，哪些必须立即拆除的？哪些应该加固的？今后能不能使用？拿个鉴定结果出来。

三、气象台通报××日—××日有强降雨水过程。会议要求社区居委会增加巡防人员加强监测、观察。对于非常情况、特别是夜间，组织灾民疏散，施工单位必须从技术角度认定民房能不能住人，不能住人的房屋，应紧急强制疏散灾民。产生的费用问题由施工单位解决。

四、鉴于民房本身结构，加之复杂的地质情况，这些民房处于极限状态，极不稳定。施工是直接诱发因素，承重墙开裂，容易造成事故。会议强调希望施工单位认真对待，积极采取措施消除安全隐患，杜绝一切野蛮违法施工操作。文明施工，加强安全、保卫工作。

五、会议要求竹木街社区居委会要做好群众工作，绝不能采取过激行为，影响社会稳定。继续支持城市市政建设，保障施工顺利进行。

六、整个排危抢险工作的督办落实，由临时工作组负责。

参加会议人员：××区防汛办×××，××区国土局×××，××街道办事处×××、×××、×××。××街社区居委会×××、×××，××市排水公司×××、×××、×××、×××、×××、×××。

××区人民政府××街道办事处

二、技能训练

1. 假设你是学院某社团的主席，请你为你所在的社团拟写一份下学期的社团工作计划。要求具备以下要素：计划的依据、目标和任务、方法和措施、时间和步骤等。

2. 请结合你本人的寒暑假社会实践经历或本学期的学习经历，写一份个人总结。要求格式规范，突出重点，合理分析成绩和不足，提出改进的措施。

3. 请你浏览学校官方网站近一个月的新闻，然后代表学院办公室撰写一份本年度第 8 期学院工作简报。要求围绕本校的实际，反映那些最重要、最典型、最新鲜、师生最关心、最需要引起注意的问题。

4. 良好的班风班纪是一个班集体至关重要的一笔财富。作为班集体的一员，请你写一份有依有据、合情合理、可操作、约束性强的班规。

5. 校园文化节刚刚落下帷幕，学院各社团的活动精彩纷呈。现团委和学工处要求各社团针对自己的举办的活动进行工作汇报。请你以社团干部的身份向团委书记××老师及学工处领导递交一份《校园文化节工作汇报》。要求：先汇报已完成领导部署的重点工作（量化的阶段性成果或取得的成绩），再提出存在的难点工作（未取得进展的工作），最好有自己的解决思路和建议。在汇报中做到条理分明。

6. 班级组织集体观看《2015 感动中国颁奖晚会》，然后要求每位同学写一篇观后心得。要求：感悟要结合自身经历，言之有物。

7. 选定时间、地点召开一次班会，讨论完善考勤制度的一系列措施。现假设你是本次班会的记录员，请你写一份会议记录。要求：格式要规范，如实记录，不得擅自更改每位发言人的发言内容。

模块七
经济文书

专题一　商品说明书

商品说明书是现代社会使用范围很广的一种文书。在这个竞争激烈而又处处充满商机的时代，商品说明书的用途不可小觑。伴随着商品到达用户手中的商品说明书是商品和消费者之间的桥梁，它如同一名向导，能够帮助消费者了解商品的性质、性能、用途、使用方法等，以实现科学消费的目的。

一、商品说明书的概念

商品说明书，又称产品说明书、使用说明书，是介绍商品的名称、用途、性能、结构、使用和保养维护方法等知识，以便指导消费者正确地使用商品的文字材料。

商品说明书涉及的内容非常广泛，按照不同的标准可以分为不同的种类。按照写法的不同，商品说明书可以分为条款直述式商品说明书（把内容分为若干类别，再分条列项地罗列出来）和自问自答式商品说明书（将要说明的内容归纳成问题，再按一定顺序提出，并逐一回答问题）；根据表达方式的不同，商品说明书可以分为说明式商品说明书、文艺式商品说明书；根据传播形式的不同，商品说明书可以分为内装式说明书（将说明书印成小册子或单页，并封在包装内部）和包装式说明书（直接写在商品的外包装上）。

二、商品说明书的格式

商品说明书的格式通常由标题、正文和落款组成。

1. 标题

标题应在第一行居中填写。标题一般有以下几种写法：

（1）直接以“使用说明书”为标题。

（2）由“商品名称＋文种”构成，如“××电视机说明书”“人体健康使用手册”。

（3）由“商品名称＋说明内容＋说明书”构成，如“××音响安装说明书”“××热水器使用说明书”“××牌多功能粉碎机使用说明书”。

2. 正文

这是商品说明书的主体部分，应包括以下内容：

（1）说明商品的构成成分，如构成商品的原料成分、构件、型号、包装、样式等，给人一个完整的印象。

（2）说明商品的性能特点，如产品的主要性能、功用、特点等。

如果是更新换代的产品，还应附有与原产品的比较说明文字。若有产品鉴定书或用户评价，也可摘要说明。

（3）说明商品使用、保养、维修及应注意的事项等。

（4）绘制插图。这主要是从造型上说明，以增强人们对商品的直观感受。插图虽属附件，但作用却很大。制作插图时要讲究美观、大方，并注重商品与图像相符。

3. 落款

落款要写明生产商和经销商的名称、地址和多种联系方式（如电话、传真、电子邮件、邮政编码、联系人等），以方便消费者同生产商或经销商联系。

三、例文

［范例］

阿司匹林肠溶片说明书

【药品名称】

通用名：阿司匹林肠溶片

商品名：拜阿司匹林（BAYASPIRIN）

英文名：Aspirin Enteric Coated Tablets

汉语拼音：Asipilin Changrongpian

阿司匹林肠溶片主要成分为：阿司匹林，其化学名称为：（略）。

【性状】

阿司匹林肠溶片为肠溶包衣片，除去包衣后显白色。

【药理毒性】

阿司匹林使血小板的环氧合酶（即前列腺素合成酶）乙酰化，从而减少血栓素 A2（TXA2）的生成，对 TXA2 诱导的血小板聚集产生不可逆的抑制作用；对 ADP 或肾上腺素诱导的Ⅱ相聚集也有阻抑作用；并可抑制低浓度胶原、凝血酶、抗原－抗体复合物、某些细菌和细菌所致的血小板聚集和释放反应及自发性聚集，由此预防血栓的形成。高浓度时，阿司匹林也能抑制血管壁中的 PG 合成酶，减少前列环素（PGI2）的合成，而 PGI2 是 TXA2 的生理对抗剂，它的合成减少可能会促成血栓的形成。

【药代动力学】

（略）。

【适应症】

抑制下述情况时的血小板黏附和聚集：

——不稳定性心绞痛（冠状动脉血流障碍所致的心脏疼痛）；

——急性心肌梗死；

——预防心肌梗死复发；

——动脉血管的手术后（动脉外科手术或介入手术后，如主动脉冠状动脉静脉搭桥术、PTCA)；

——预防大脑一过性的血流减少（TIA：短暂性脑缺血发作）和已出现早期症状（如面部或手臂肌肉一过性瘫痪或一过性失明）后预防脑梗死。

说明：该药不宜用作止痛剂。

【用法用量】

阿司匹林肠溶片宜在饭后用温水送服，不可空腹服用。本品为肠溶片，必须整片吞服，除了在治疗急性心肌梗死时，为了能快速发挥药效，第一片药应捣碎或嚼碎后服用。主动脉冠状动脉静脉搭桥术后，使用拜阿司匹林（阿司匹林肠溶片）的最佳时间为术后24小时。

服药剂量和次数：

——不稳定性心绞痛（冠状动脉血流障碍所致的心脏疼痛）时，每天阿司匹林的剂量为75～300mg，建议每日的阿司匹林的剂量为100mg［相当于每天1片拜阿司匹林（阿司匹林肠溶片）］；

——急性心肌梗死时，每天阿司匹林的剂量为100～160mg，建议每日剂量为100mg［相当于每天1片拜阿司匹林（阿司匹林肠溶片）］；

——预防心肌梗死复发时，建议每天的阿司匹林的剂量为300mg［相当于每天3片拜阿司匹林（阿司匹林肠溶片）］；

——动脉血管手术后（动脉外科手术或介入手术后，如主动脉冠状动脉静脉搭桥术、PTCA)，每天阿司匹林的剂量为100～300mg，建议每天用量为100mg［相当于每天1片拜阿司匹林（阿司匹林肠溶片）］；

——预防大脑一过性的血流减少（TIA：短暂性脑缺血发作）和已出现早期症状后预防脑梗死，每天阿司匹林的剂量为30～300mg，建议每天用量为100mg［相当于每天1片拜阿司匹林（阿司匹林肠溶片）］。

拜阿司匹林（阿司匹林肠溶片）应长期使用，使用期限请遵医嘱。

【不良反应】

常见的不良反应为胃肠道反应，如腹痛和胃肠道轻微出血，偶尔出现恶心、呕吐和腹泻。胃出血和胃溃疡及主要在哮喘患者出现的过敏反应（呼吸困难和皮肤反应）极少见。有报道个别病例出现肝肾功能障碍、低血糖及特别严重的皮肤病变（多形性渗出性红斑）。小剂量阿司匹林能减少尿酸的排泄，对易感者可引起痛风发作。极少数病例在长期服用拜阿司匹林（阿司匹林肠溶片）后由于胃肠道隐匿性出血导致贫血，出现黑便（严重胃出血的症状）。出现眩晕和耳鸣时（特别是儿童和老人）可能为严重的中毒症状。如果出现以上没有列举的可疑不良反应时，请及时告诉医生或药剂师。

一旦出现副作用，应立即停药并通知医生，以便医生能判断副作用的程度并采取必要的措施。

【禁忌】

以下情况禁用拜阿司匹林（阿司匹林肠溶片）：

——对阿司匹林和含水杨酸的物质过敏；

——胃十二指肠溃疡；

——出血倾向（出血体制）。

【注意事项】

患哮喘、花粉性鼻炎、鼻息肉或慢性呼吸道感染（特别是过敏性症状）患者和对所有类型的镇痛药、抗炎药和抗风湿药过敏者，使用拜阿司匹林（阿司匹林肠溶片）有引起哮喘发作的危险（即镇痛药不耐受/镇痛药诱发的哮喘），在用药前应咨询医生。对其他物质过敏反应（如皮肤反应、瘙痒、风疹）的患者同样也应在用药前咨询医生。

手术前服用拜阿司匹林（阿司匹林肠溶片）请通知医生和牙科医生。

长期大剂量服用拜阿司匹林（阿司匹林肠溶片）应在医生的指导下进行。

下列情况应咨询医师，慎用本品：

——对其他镇痛剂、抗炎药或抗风湿药过敏，或存在其他过敏反应；

——同时使用抗凝药物（如香豆素衍生物、肝素，低剂量肝素治疗例外）；

——支气管哮喘；

——慢性或复发性胃或十二指肠病变；

——肾损害；

——严重的肝功能障碍。

少服或忘服拜阿司匹林（阿司匹林肠溶片）后，下次服药时不要服用双倍的量，而应继续按规定和医生的处方服用。

【孕妇及哺乳期妇女用药】

如果在服用拜阿司匹林（阿司匹林肠溶片）期间怀孕，请通知医生。孕妇孕早期及孕中期时应慎用本品。因本品在分娩时可增加母亲和新生儿发生并发症的危险，故妊娠最后3个月的妇女禁用本品。

阿斯匹林和它的降解产物能少量地进入母乳，哺乳期妇女应慎用。服用大剂量时（每天超过150mg）应中止哺乳。

【儿童用药】

儿童和青少年服用拜阿司匹林（阿司匹林肠溶片）可能会发生少见的但危及生命的REYE综合征。

【老年患者用药】

老年患者若肾功能下降服用本品易出现不良反应，因此肾功能下降的老年患者应慎用本品。

【药物互相作用】

拜阿司匹林（阿司匹林肠溶片）增强以下药物的作用：

——抗凝血药（如香豆素衍生物、肝素）；

——同时使用含可的松或可的松类似物的药物或同时饮酒时引起的胃肠道出血危险；

——某些降血糖药（磺酰脲类）；

——氨甲蝶呤；

——地高辛、巴比妥类、锂；

——某些镇痛药、抗炎药和抗风湿药（非甾体类炕炎镇痛药），以及一般抗风湿药；

——某些抗生素（磺胺和磺胺复合物，如磺胺甲恶唑/甲氧苄啶）；

——碘塞罗宁。

拜阿司匹林（阿司匹林肠溶片）减弱以下药物的作用：

——某些利尿药（醛固酮拮抗剂，如螺内酯和坎利酸；髓袢利尿药，如呋塞米）；

——降压药；

——促尿酸排泄的抗痛风药（如丙磺舒、磺吡酮）。

拜阿司匹林（阿司匹林肠溶片）和以上药物合用时应在医生的指导下进行，此情况也适用于近期曾经服用的药物。

服药时请不要饮酒。

【药物过量】

过量或中毒表现，即水杨酸反应（salicylism）：

（1）轻度：表现为头疼、耳鸣、耳聋、恶心、呕吐、腹泻、嗜睡、精神紊乱、多汗、呼吸急促、烦渴、手足不自主运动（多见于老年人）及视力障碍等。

（2）重度：可出现血尿、抽搐、幻觉、重症精神紊乱、呼吸困难及无名热等；儿童患者精神及呼吸障碍更明显；过量时实验室检查可有脑电图异常、酸碱平衡紊乱（呼吸性碱中毒及代谢性酸中毒）、低血糖或高血糖、酮尿、低钠血症、低钾血症及蛋白尿。怀疑拜阿司匹林（阿司匹林肠溶片）服用过量时应立即告诉医生，医生可根据中毒症状的程度采取必要措施。

【规格】（略）

【包装】遮光，密封保存。

【贮藏】3 年

【有效期】3 年

【批准文号】（略）

【生产企业】（略）

◎ 写作要点

（1）药物商品说明书要侧重说明其成分、功能、适应证、用法、用量、不良反应、禁忌、注意事项、有效期等。

（2）对于医药用品及其他关系到人们健康、生命和财产安危的商品，在商品说明书写作时要有法律意识，需严格遵守国家法律法规的规定。

（3）商品说明书所介绍的内容必须符合商品实际情况，不得为了宣传、销售而夸大其辞甚至弄虚作假。

（4）商品说明书是面对大众的，要简单明了、抓住关键、条理清晰、通俗易懂，能够适应各个层次消费者的需求。

专题二　市场调查报告

“知己知彼，百战不殆。”在市场经济越来越发达的今天，企业的生产经营活动离不开对市场的供求情况、供求规律等的了解和分析。市场调查是使企业避免盲目生产，获得盈利的一种最有效的科学手段。市场调查报告是市场经济时代必须掌握的一种经济文书。

一、市场调查报告的概念

市场调查报告，是指调查者对市场进行深入、细致的调查研究，透过具体的市场现象分析、揭示市场运行规律和本质的报告性文书。

市场调查报告按照不同的标准可以分为不同的种类。按照调查范围的不同，市场调查报告可以分为地方性的市场调查报告、全国性的市场调查报告、国际性的市场调查报告；按照调查对象的不同，市场调查报告分为市场需求调查报告、竞争对手调查报告、市场价格调查报告、市场消费行为调查报告；按照调查时间的不同，市场调查报告分为临时性的市场调查报告、定期性的市场调查报告、经常性的市场调查报告。

二、市场调查报告的格式

市场调查报告的格式通常由标题、正文、结尾和落款四部分组成。

1. 标题

标题应在第一行居中填写。标题一般有以下几种写法：

（1）公文式标题。由“单位名称或调查内容＋文种”构成，如“××银行关于大学生信用卡使用情况的调查报告”“对当代女白领理财的调查与分析”“关于美的冰箱深圳市场的调查报告”“关于大学生消费心理问题的调查报告”。

（2）文章式标题。在标题里直接提出某一种商品在市场上的问题，点明文章的中心，如“××牌冰箱被冷落”“当前通货膨胀的潜在危机不容忽视”“××的××现状及今后发展的建议”。

（3）双标题式标题。用主标题点明文章的中心，再用副标题说明市场调查的项目、地区和文种，如“手机品牌谁主沉海——2015 年智能手机市场调查报告”“‘皇帝的女儿’也‘愁嫁’——关于舟山带鱼滞销情况的调查报告”。

2. 正文

正文由前言和主体两部分组成。

（1）前言。通常有以下写法：1）简要介绍市场调查的人员、时间、地点、范围、对象和调查方法；2）交代清楚调查对象的历史背景、大致发展经过、现实状况、主要成绩、突出问题等情况；3）开门见山，概括出调查报告的基本结论。

（2）主体。主体是市场调查报告的核心部分，具体包括以下三个方面的内容：

1）基本情况。即对调查对象过去和现在的客观情况，经过分析、研究真实地反映出来。对所得到的数据和资料，或按材料的性质归纳整理；或按对象产生、发展的时间加以整理，使之条理化。基本情况包括发展历史、市场布局、销售情况等。

2）分析与结论。即对调查所收集的材料进行科学的分析，通过分析找出事物发展的内在联系，从分析中得出调查的结论或结果。

3）措施与建议。针对调查结论，提出对策或建议。

3. 结尾

结尾是对全文内容进行概括归纳，或重申观点，强调意义；或展望未来，提出建议和希望；或由调查引出没有解决而应该注意的问题。

4. 落款

在全文结束后，签上调查人员的姓名和调查报告的写作日期。

三、例文

[范例]

湖北淡水鱼加工业的调查报告

××工业大学 吴××
××省××厅 戴××

淡水鱼是湖北的优势资源。湖北淡水水产品产量连续8年在全国夺魁，2004年湖北省淡水产品总产量高达300万吨，其中青、草、鲢、鳙等低值鱼占80%以上。水产业已成为湖北省农业的一个重要支柱，水产产值已占到大农业的17.5%，2004年，湖北省农民收入新增部分的27%来自水产业。但是，湖北省水产业的经济效益很低，湖北省的渔业产值只占全国淡水渔业总产值的9%，居全国第三；渔民的人均纯收入在全国只排13位。长期以来，淡水鱼行业一直维持以“活产活销”为主的传统产销格局，加工转化率极低，深加工和产业化加工更是空白，“鱼贱伤农”和“卖鱼难”问题已十分突出，极大地制约了湖北省农业产业化结构调整的步伐，成为湖北省发展农业经济的“瓶颈”。

1. 湖北省淡水鱼加工业的现状与存在的问题

近年来，湖北省淡水鱼加工业发展比较快，一些淡水鱼加工企业纷纷成立，主要生产诸如风干、清蒸、烟熏、红烧、调味和油炸等鱼块或全鱼制品，以及垂鱼、鱼面、鱼糕和鱼丸等鱼糜制品。但是，湖北省的淡水鱼加工业存在加工粗糙、技术含量低、产品跟风趋同、卫生安全性不高和缺乏知名品牌与龙头企业等突出问题。

(1) 产品以粗加工为主，跟风趋同现象严重。

湖北的淡水鱼加工品，基本是风干、清蒸、烟熏、红烧、油炸、盐腌类的鱼块或全鱼制品，约占全部水产加工品的90%。这类产品只是对淡水鱼进行简单的整理、分割等处理，属典型的物理型粗加工，因而技术含量不高、产品附加值低。由于鱼块或全鱼类制品具有形态美观、实惠、食用方便和价格较低等特点，社会需求量很大，因而具有广阔的市场前景。近年来，加工这类水产制品的企业增加很快，产量大幅度提高，产品跟风趋同现象严重，市场竞争激烈。

(2) 生产不规范，卫生安全性不高。

在湖北淡水鱼加工快速发展的同时，也暴露出不少技术问题和卫生安全问题。由于企业规模偏小，不少企业无技术人员、无检验设施、无产品质量标准，生产随意性大，各批次产品质量只是凭感觉判断，无法控制，无定数，差异极大，长此以往，极不利于湖北省水产品加工事业正常、有序和健康地发展。同时，淡水鱼绿色食品、无公害食品和有机食品的申报工作严重滞后，认证的产品数落后于其他淡水鱼大省。主要表现有：1）缺乏严格、规范的人员、工器具及场地的清洗、消毒程序；2）缺乏必要的原料鱼保鲜、防腐的设施、设备，如冷库、冷藏车，原料鱼在进厂之后加工之前，已经不新鲜，甚至不同程度地存在腐烂、变质现象；3）滥用食品添加剂，如一些企业由于自身条件限制，为了防腐而超剂量、超范围地滥用亚硝酸钠、苯甲酸钠等毒性较大和违规的食品添加剂；4）生产过程中卫生管理不规范，一些规模较小的企业不同程度地存在生、熟不分开，半成品、成品不分开，腌制与烟熏过程不规范[存在产生有毒、有害物质（如亚硝胺、苯丙芘）的潜在可能性]，杀菌不彻底及非流水作业等生产过程的卫生问题。

(3) 企业规模偏小，缺乏知名品牌和龙头企业。

淡水鱼粗加工业设备简单、技术要求低、投入不大，因而大量的民间资本迅速进入这一行业。近两年来，武汉、鄂州和荆州等地的淡水鱼加工私人企业迅猛增加，不少企业是作坊式经营，产值多在100万元以下。淡水鱼加工企业规模偏小，小而散、不能形成合力是湖北淡水鱼加工业的顽症和通病。据统计，湖北产值过1 000万元的水产品加工企业寥寥无几，几乎没有真正意义上的淡水鱼加工龙头企业和知名品牌。多年培育和沉淀的鄂州"武昌鱼"和洪湖"德炎"等湖北水产加工业的知名品牌，由于小企业的恶性竞争和冒仿，正日益受到侵蚀，有退色、退光之虞。

(4) 鱼糜制品发展缓慢，市场举步维艰。

湖北省民间有利用低值淡水鱼制作鱼糜制品的习惯和传统，鱼糜制品技术成熟、历史悠久，并形成了一批著名的地方特产，如新洲的垂鱼、云梦的鱼面、荆州的鱼糕和阳新的鱼丸等。然而，没有一种鱼糜制品能像其他地方特产，如金华的火腿、山西的陈醋、孝感的麻糖等一样走向全国市场，成为全国知名的地方特产。阳新鱼丸曾在全国红极一时，但最终销声匿迹；鄂州武昌鱼股份公司利用现代食品加工设备和技术生产的鱼糜制品——鱼香肠，也难以被市场接受；作为淡水鱼资源大省，湖北的淡水鱼鱼糜制品多年来一直没有突破出口零纪录，与沿海地区的海水鱼糜制品出口的强劲势头形成强烈反差。湖北省的鱼糜制品，市场举步艰难，产量很低，不足淡水鱼加工量的10%，淡水鱼加工的产品结构严重失衡，极不合理。鱼糜制品是大量加工、转化低值淡水鱼的重要手段，具有机械化和自动化程度高的特点，是淡水鱼加工发展的根本方向之一，然而湖北省的鱼糜制品发展十分缓慢，其中的原因值得深思。

(5) 产品研发能力差，科技含量不高。

除少数知名企业外，大多数的淡水鱼加工企业几乎没有开发新产品的能力，水产品加工工艺与技术基本维持在比较原始、简陋或者作坊式的水平，如就盐腌制品而言，依然采用30%食盐的原始高盐腌制工艺。新产品开发能力差，也使湖北省的淡水鱼加工行业产品跟风、趋同及一窝蜂现象严重，风干武昌鱼制品就是最明显的例子。缺乏专业技术人员、产品科技含量不高已成为制约湖北省水产品加工事业进一步发展的关键因素，例如，新洲的垂鱼，尽管历史悠久、营养价值高，在当地久负盛名，但依然沿用和迷信十分传统的加工工艺，没有融入现代食品科技的新内容、新成果，没有与时俱进，致使这一著名的地方特产难以被社会广泛接受。

(6) 综合利用尚未起步，整体效益不佳。

水产品加工过程会产生大量的诸如鱼头、骨刺、鱼皮、鱼内脏、鱼鳞及漂洗水等下脚料，这些下脚料占全鱼质量的35%～50%，目前，这些加工下脚料基本没有被综合利用，而是被直接废弃，既浪费资源，又污染环境。湖北省有关科研机构与企业已对下脚料进行过比较深入的研究，如鄂州武昌鱼股份公司利用下脚料加工成下脚料粉，用于饲料；湖北水产研究所利用下脚料研制了风味鱼骨酱；湖北工业大学利用现代生物技术和超微粉碎技术将淡水鱼下脚料综合利用，开发了下脚料多肽营养液、超微鱼骨粉和保健鱼油三种产品。

2. 做大做强湖北省淡水鱼加工业的建议与措施

(1) 提高准入门槛，扶持龙头企业，培养知名品牌。

淡水鱼加工业设备简单、技术含量不高、投资少、门槛低，在资本自由流动的今天，大量民间资本已进入或准备进入这一行业，致使这一行业已是鱼目混杂、良莠不齐。因此，应提高进入这一行业的硬件和软件门槛，如设备及厂房条件、检测仪器、技术人员数量等硬件门槛，以及QS、食品GMP、HAC—CP、ISO系列认证等软件门槛，鼓励大投资、大资本、先进技术与产品进驻湖北省的淡水鱼加工业，引导这一行业向规模化、集约化、规范化、产业化方向发展，以加速这一行业的优胜劣汰过程，营造扶持龙头企业、培育行业知名品牌的大环境。

(2) 提升科技含量，提高研发能力。

湖北省水产加工企业普遍存在新产品开发能力差和产品科技含量不高的问题，新产品开发基本是模仿、跟进外省的产品，水产加工业在低水平上盲目发展、徘徊、重复。外省的大型水产加工企业一般拥有自己的研发机构，具有很强的新产品研发能力，普遍建立了校企合作的水产食品工程中心。一方面，生产企业能利用大专院校的人才和仪器设备优势，及时解决生产中出现的各种技术难题，有针对性地开发企业所需的新产品，获得人才培训等科技服务；另一方面，大专院校也能利用生产企业的硬件设施，及时将有关行业发展的前沿、前瞻性的科研成果应用于生产实践，加速科技成果转化。

(3) 加强基础理论研究，注重新技术的应用研究。

缺乏水产食品专业技术人员和水产加工技术的省际、国际交流是湖北省水产加工业的突出问题。湖北虽然大专院校众多，但到目前为止，几乎没有一所院校开设专门的水产食品加工工艺课程，人才培养与实际需求脱节；湖北虽是水产资源大省，但很少有加工企业和相关院校参与省际、国际水产加工学术交流活动，存在自我封闭和闭门造车现象。开展加工学术交流活动，可以及时吸收先进技术和经验，把握行业发展方向。作为资源大省，湖北省应积极开展青、草、鲢、鳙等主要低值鱼种和黄鳝、甲鱼、黄颡鱼等高值鱼的可加工性能，以及下脚料综合利用方面的基础理论研究；同时应注重诸如高压杀菌技术、微波技术、挤压技术、酶技术、超微粉碎技术、现代纳米技术、栅栏技术和新型食品添加剂技术等现代高新技术在水产食品方面的应用研究。

(4) 加强行业引导，在资金政策上给予扶持。

政府和相关主管部门应从资金、政策等方面引导湖北省的淡水鱼加工业逐步向鱼糜制品加工和精深加工方向发展。如新洲的垂鱼，是全国最古老的鱼糜制品之一，但时至今日，这一产品依然在新洲以最古老、最原始的方法生产，没有采用任何现代技术，致使这一产品欲大不能、欲死不甘。应利用现代技术与设备对这一古老产品进行技术改造，使之产业化并走向全国，但这亟须政策与资金扶持。利用税收政策、贷款力度、技术改造资金、专项科技资金等方式对湖北省淡水鱼加工业倾斜和扶持，以做强湖北省的水产品事业，形成新的农业经济增长点，已显得十分必要和紧迫。

2015年5月22日

◎ 写作要点

(1) 市场调查报告的写作必须建立在充分占有真实资料信息的基础上。如果资料信息不全面、不真实，就丧失了得出正确结论的前提。

（2）市场调查报告的前言一般说明调查动机；主体则详述调查对象、调查方式、调查情况，以及对调查情况的分析。

（3）调查人员的姓名和调查报告的写作时间可写在标题下，也可写在结尾后面。

（4）市场调查的目的要明确，重点要突出。市场调查要围绕目的进行有针对性的、全方位的调查了解。

（5）市场调查报告讲求时效。市场形势瞬息万变，市场调查要对调查的侧重点进行快速反应，写作也要及时，才能把握市场商机。

专题三　可行性研究报告

可行性研究报告是改革开放后广泛应用于各条战线的一种文体。企业在立项之前，对项目的可行性与必要性进行论证，能够为决策者提供科学的决策依据，进而最大限度地避免不必要的损失。

一、可行性研究报告的概念

可行性研究报告，是指在某一项目实施之前，有关部门或专家组通过全面的调查研究，分析各种有关信息并做出必要的测算，对其初步可行性、投资机会和技术经济可行性诸方面进行研究，进而确定一个最佳技术经济方案，为决策提供科学依据的文书。

可行性研究报告涉及的内容非常广泛，按照不同的标准可以分为不同的种类。按阶段分，可行性研究报告可以分为机会性可行性研究报告、预可行性研究报告和详细可行性研究报告；根据项目的大小分，可行性研究报告可以分为一般可行性研究报告和大中型可行性研究报告；从内容上分，可行性研究报告可以分为科技类的可行性研究报告、经营类的可行性研究报告、生产类的可行性研究报告等。

二、可行性研究报告的格式

可行性研究报告的格式通常由标题、正文、附件和落款组成。

1. 标题

标题应在第一行居中填写。标题一般由“项目单位＋项目名称＋文种”构成，如“从化市关于流溪河污水治理的可行性研究报告”“福建南平造纸厂彩色胶印新闻纸可行性研究报告”“广东生态果园可行性研究报告”。也可省去项目单位，突出项目名称，如“青蛙养殖可行性研究报告”“垃圾分类可行性研究报告”。

2. 正文

正文包括前言、主体和结论三部分。

（1）前言：一般要交代项目名称、主办单位、项目负责人及参加人员等；简要介绍项目立项的背景、项目研究的意义。

（2）主体：主体是可行性研究报告的核心。它要求围绕影响项目的各种因素，运用准确的数据，进行科学论证。一般从市场需求、资金预算、资源预算、环境影响、经济效益、技术支持等方面进行分析。

(3) 结论：全文的总结，明确得出该项目是否可行的结论。

3. 附件

在正文的最后附上的补充材料，如试验数据、论证材料、计算附表、附图等，以增强报告的说服力。

4. 落款

在正文的右下角标明完成可行性报告的主办单位、研究人员及可行性研究报告完成的时间。

三、例文

[范例]

纸浆餐具（绿色环保）生产项目可行性报告

一、项目背景介绍

该项目的商机主要是基于国际、国内节能减排、保护环境生态、发展“绿色经济”的大趋势，以“循环经济”为主题，发展环境友好型的可再生资源循环利用，达到经济可持续发展的节能降耗绿色体系目标，从而促进相关产业达到发展、节能、降耗、绿色环保。

二、项目产品的应用范围

本项目中的环保包装产品是一种应用广泛的新型绿色包装材料，在食品、农业、家用电器、医药保健品、工业建材、军工等众多行业产品的内外包装上都有着广泛的用途。

三、项目投资规模

本项目占地面积约 160 亩，总投资人民币达 30 000 万元（其中流动资金人民币 3 600 万元)，建成三十二条生产线，分三期进行建设。年产纸浆餐具 3 万吨以上，年产值超过 40 000 万元，可实现年利税 5 000 万元以上。

四、产品主要性能指标及工艺过程

1. 产品主要性能指标

环保食品包装产品执行国家标准《一次性可降解餐饮具通用技术条件》(GB18006.1—1999)。

2. 工艺过程（略）

五、公司员工人数

本项目全部达产后，职工总人数超过 2 500 人，其中专业技术和管理人员达 300 人。

每条生产线单班（8 小时）人员定岗定员编制如下：(略)

每条生产线每班共需 25 人，三班包括管理人员共计 80 人。项目第一期投产可建成四条生产线。

六、产品市场调研分析

6.1 公司的销售战略及市场分析

6.1.1 在美国设立销售公司。山东禾成科技产业有限公司在收购威海正昌纸浆餐具有限公司的同时，还在美国设立了产品直销公司，与“麦当劳”“肯德基”等国际知名企业签订了供销意向性协议书，在美国各大洲形成销售网络。另外，在积极开拓美国市场的同时，当前正在抓紧欧洲市场的开发。因此，销售有充分的保障。

6.1.2 国际市场。目前出口产品要分为四个区域：年销售量3亿只，潜在市场几千亿只。

(1) 日本、韩国地区："三井物产""伊腾忠""味之素食品""FUJI SANGYO""DCM Japan""KOMERI""KOHNAN""三星集团""希杰食品""森森通会社"等10多家。

(2) 欧洲地区："万隆集团""BEPULP""ROBIMSON""DENICO""JMGs. r. l""家乐福""LECLERC""AUCHAN""CORA"等。

(3) 美国地区："BRIDGE-GATE""K·PACKS""GBEEN""ASEAN CORPORATION""WHOLE FOOD""DLAMOND""WIPES""SYSCO""SOLO CUP""PACTIVE"等。

(4) 中国台湾地区及印度、东南亚地区："腾宇五金""旺泰福"、台湾"大润发""家乐福""乔森""吉野家"等10多家。

(5) 以上是已来往销售客户，每年的需求量以30%递增。

(6) 以下还有几十家潜在客户：日本"丸红产业"，韩国"益力多"，欧洲"LERNA""REMTRAMLN"(肉鸡屠宰厂每天需150万只托盘，年需5亿～6亿只)，美国有几百家年营业额几百亿美元的大型餐饮集团，如墨西哥餐厅餐饮集团每个月需要纸浆环保餐饮用具60多亿件，美国"COSTCO"，大卖场、国际连锁超市在美国就有几十家，每天外卖及保鲜食品托盘需2亿只，年需600多亿只。欧洲联邦政府正在立法禁止使用各种一次性塑料食品容器，近期将"立法"需求量将成倍增长。

按"3"条款分地区计算(目前市场)：

1) 日本、韩国占25%；

2) 美国占35%；

3) 欧洲占25%；

4) 中国台湾地区及东南亚占15%。

未来市场的开拓在美国及欧洲，就美国"SOLO(索罗)"公司是全球最大的一次性餐具生产商(非上市公司)年销售额达22亿美元，它拥有的客户是全球大型连锁店，如"麦当劳""肯德基""可口可乐""星巴克""7—11""沃尔玛""COSTCO(可士可)"等销售网络分布美国各洲，占领世界各国的快餐及超级市场，所以美国有很大的潜在市场，美国的环保包装产品与中国同样产品的价格比较要高出4～5倍，我们完全可以优质优价进入美国市场竞争。

(7) 欧、美市场主要产品：

6寸～10寸圆盘，9寸～10寸三格圆盘，10寸～12寸椭圆盘；大、中、小三种规格的汉堡盒和连盖大快餐盒；9盎司～16盎司的咖啡、饮料杯，每年有1 500亿只。由于国际化的连锁(店)超市都实行零库存，要求供应商要有足够的供应能力和生产能力及资金实力，保证供应不能短缺货源，随要随到，不得影响其经营。

6.1.3 国内市场。沿海发达地区长江三角洲，连动珠江三角洲作为国内主要销售市场的基础和依据：

(1) 上海，江苏南京，苏州，浙江杭州，宁波，温州，义乌，广州、深圳、香港、珠海、南宁、柳州、桂林每年共需一次性环保餐饮用具300亿只。据统计：

1）各快餐盒：高档餐厅、饭店、学生配餐、写字楼送餐用的快餐盒，每天需 5 000 万～5 500 万只（年需 200 亿只）。

2）家乐福、沃尔玛、麦德龙、华联、大润发等超市鲜鱼、鲜肉及各种果品的托盘，每天需 1 200 万～1 500 万只（年需 46 亿只）。

3）全国方便面生产企业，“康师傅”“统一食品”，还有大小方便面企业一百多家，每年需环保方便面碗 200 多亿只。

4）各种西式快餐：香港美心、麦当劳、肯德基、必胜客等各种咖啡饮料杯每年需要 100 多亿只。

(2) 长江三角洲，珠江三角洲沿海发达地区，每年需要一次性环保快餐用具、一次性环保超市保鲜托盘、一次性环保方便面碗等环保食品包装 180 多亿只。

(3) 全国其他城市的需求和铁路、交通、旅游景区、联合国遗产保护城市等潜在市场。

环保消费、健康生活、节能减排是全球的发展大趋势，投资环保产业是一个机会，日用消耗产品是小商品大市场，有着无限的商机。

6.2 行业内发展分析

甘蔗浆这一新型环保产品起步于 2000 年，在国家对环保产品的鼓励政策下，各投资人开始大量投资此项目，企业数量迅速增至 100 多家，到 2004 年左右此类产品出现了供大于求的现象，且外销数量有限，致使大部分厂家倒闭，只剩下 10 余家实力较强的企业。到 2004 年后，随着欧美国家对环保产品的需求量回升，剩余的 10 余家企业纷纷注资（大部分为国有企业注资）扩大生产，以符合甘蔗浆产品市场的增长需求。

现有甘蔗浆产品的主要生产企业情况如下：（略）

从以上生产甘蔗浆产品的主要企业情况来看，当前甘蔗浆产品的主要销售市场分布在西方国家，其中以美国市场最大。美国一直使用“Chinet”的木浆制产品，比较容易接受甘蔗渣产品；中国生产的甘蔗渣产品 70%销往美国。如广西侨旺、绿州、Roots 的产品均是销往美国；在美国，餐饮业和超市是甘蔗渣产品的主要销售对象。欧洲及澳洲也开始兴起此类环保产品，销售对象主要为餐饮业；中东地区近几年也开始使用此类环保产品；南美洲及非洲暂没有数据提供。亚洲的主要销售市场在日本与韩国；中国的环保产品市场：餐饮市场方面，产品价格成为产品的主要考虑因素，所使用的产品主要来自产品价格较低的小型企业，产品的质量未能达到国际标准要求。超市市场方面，大部分产品由浙江双鱼供应。

6.3 公司行业内定位及市场发展方向

综上所述，随着纸浆制品需求市场的日益增长，我公司定将前景无限。但我们也应清醒的认识到，四条线生产规模只是在同行业中处于中下游水平。既没有原材料优势也没有市场优势，所以必然会受到同行业生产厂家的冲击。因此，我们要有一个新的市场发展思路。

本着人无我有，人有我优，人优我精，人精我特的市场导向。公司应该在传统产品的多种行业认证与开发新型产品方面多投入。

国外市场对于环保与之相应的认证非常重视。我们应该将关于本类产品的各种认证检测做齐全，其包括：

FDA 认证、ASTM D6400 标准（美国）、EN13432 标准（欧洲）、绿色 PLA 标准（日本）。

同时在研发新型机器、模具，以及在开发环保产品种类上下工夫，保证产品的先进性及多样性，拉大与其他同行业企业的距离，保持企业产品优势。

抓住以上两点，必将为我们开拓市场赢得先机，为我们争取更大市场占有率赢得主动，对整体的销售工作意义深远。

七、工厂建设条件及现有选址情况（略）

八、资金投入及实施计划

本项目分三期建成：

第一期工程计划 2010 年 11 月破土动工，2011 年 7 月建成投产四条生产线；第二期工程计划 2011 年 8 月建设，2012 年 7 月建成投产十二条生产线；合计形成十六条生产线的产能。第三期工程根据市场供应情况确定建设时间。

九、经济效益分析

以下为第一期单条生产线经济预测：

行次	内容	单位	数量（吨/万元）
一	月产量	吨/月	77
二	销售单价	万元/吨	1.63
三	销售收入	万元/月	125
四	生产成本小计	万元/月	95
1	原材料	万元/月	48
2	人工费	万元/月	15
3	水费	万元/月	1
4	电费	万元/月	5
5	燃料费	万元/月	4
6	防水、防油剂	万元/月	8
7	包装材料	万元/月	3
8	不良品损耗	万元/月	0.50
9	固定资产折旧	万元/月	6
10	维修费	万元/月	2
11	运费	万元/月	1.5
12	其他	万元/月	3
五	毛利	万元/月	30
	税收	万元/月	16
	期间费用（银行利息）	万元/月	3
六	利润	万元/月	11

每条生产线的月利润（万元，下同）	11
每条生产线的年利润（11/月＊11月）	121
土地使用权的价款（13.9万/亩＊160亩）	2 224
按50年摊销土地使用权价款（2 224/50）	45
每条生产线应摊销额（45/32）	1.4
摊销后年利润（121－1.40）	119.60
总投资	1 020
其中：设备购置	450
设备安装	50
辅助设施	60
土地购置费（2224/32）	70
土建工程	350
其他（项目报建、项目设计、监理等费用）	40
总投资回收期（1 020/119.6＝8.53）	9年内回收投资

十、综合评价

综合以上分析，本项目具有良好的社会效益，符合国家产业政策，是国家大力倡导推广并积极引导和支持的朝阳产业，绿色环保，节能减排。同时，可以提供大量的就业岗位，促进解决就业难题。作为投资，本项目设备先进，工艺可靠，有成熟企业的技术支持，原料来源充足，市场前景广阔，产品销路有保障，项目投资回报率达到11.8%，具有很好的经济效益。

建议综合考虑以下事项，尽快组织生产，发挥应有的社会和经济效益：

（一）本项目要全面开展和深入发展，取得更大的社会和经济效益，必须建成规模，产生规模效益。努力形成从上游原料到终端产品生产的整个产业链条，并不断根据市场需求变化，开发新产品，实现产品的升级换代；贯彻产品的差异化战略，保证产品的市场占有份额，从而跻身整个行业的前列。

（二）项目稳健经营的关键在于解决好生产原料的来源问题。通过市场调研，开发新的、稳定的上游原料供应商，建立长期的战略合作伙伴关系。如时机成熟，则建立具备规模的原料供应基地。

（三）本项目正处于市场需求急剧上升的良好机遇期，为抓住此机遇期，项目建设工期短、任务重，重点需要政府的大力支持，推动解决项目实施过程中的各项问题，协调处理各项关系，保证项目尽早建成投产。

（四）在项目的运行过程中，应加强防火等安全管理、产品质量管理、产品卫生安全、生产工人的安全防护问题，建立严格安全的安全、质量监控体系，并严格按照产品质量标准、产品卫生标准生产，确保生产的安全。

（五）因本项目的主要销售渠道为出口，应采取措施有效应对国际经济形势的变化和国际市场的波动，防范和化解国际贸易中存在的汇率风险、关税壁垒、非关税壁垒等各种贸易壁垒。

（六）注意国内经济形势的变化，关注国家产业政策的调整变化，防范国内通胀带来的人力成本等生产成本的增加。

（七）鉴于该项目属于低碳、环保、再生资源项目，建议政府尽快出台相关政策给予支持。

（八）由于该项目投资大、见效慢，属于劳动密集型出口加工项目，建议政府给予银行融资、国债等方面资金支持。

◎ 写作要点

(1) 可行性研究报告是领导者对投资项目决策的重要依据，材料和数据要真实、准确。在整篇报告中，无论是项目的总体说明、基本情况介绍，还是方案的研制、投资估算、资金来源、产品成本筹划、经济评价，都要实事求是。

(2) 可行性研究报告的重点是突出项目的可行性论证。

(3) 可行性研究报告中所提出的“方案”，针对该报告而言应该是最佳的。

专题四　经济活动分析报告

经济活动分析报告是经济管理部门和企业常用的一种专业文书。在这个经济高速发展的信息时代，经济活动分析报告可以准确地指出经济活动存在的得失，为经济活动指明正确的方向。它是领导进行科学决策的好帮手，也是经济社会不可或缺的一种经济文书。

一、经济活动分析报告的概念

经济活动分析报告，又称“经济活动总评”“××状况分析”“××情况说明”，是以科学的经济理论为指导，根据计划、会计、统计资料和调查研究掌握的情况，对本部门或有关单位一定时期内的经济活动状况进行分析研究而写成的书面报告。

经济活动分析报告种类很多，可以从不同角度进行划分。按照经济活动的时限来分，经济活动分析报告可分为长期经济活动分析报告、中期经济活动分析报告、短期经济活动分析报告；按部门行业的不同，经济活动分析报告可分为工业经济活动分析报告、农业经济活动分析报告、商业经济活动分析报告等；按照分析对象的不同，经济活动分析报告又分为市场动态分析报告、成本分析报告、财物状况分析报告、资金运用分析报告、税务执行情况分析报告、产品销售分析报告等。

二、经济活动分析报告的格式

经济活动分析报告的格式通常由标题、正文和落款组成。

1. 标题

第一行居中填写。经济活动分析报告的标题比较灵活，常见的写法是“分析对象＋分析时限＋分析内容＋文种”，如“××市 2015 年前三季度经济运行情况分析报告”“××企业 2010 年洗衣机质量分析报告”；有的标题只有分析内容和文种，如“消费品市场运行情况分析报告”；有的标题还直接揭示主题，如“关于迅速处理积压商品的建议”“加强商品销售过程中的成本核算”。

2. 正文

正文是经济活动分析报告的主体部分，一般包括前言、主体和结尾三部分。

(1) 前言：简要介绍分析的内容、范围、对象、目的、背景等，或者是阐明分析的意义，经济指标完成的情况、存在问题。有的经济活动分析报告没有前言。

(2) 主体：是经济活动分析报告的核心。它要求围绕经济活动“怎么样”“为什么这样”“应该怎么办”来阐述。它的结构一般包括基本情况、评估分析、意见或建议三个部分。

1) 基本情况：说明经济指标完成的情况、变化情况和存在的问题。

2) 评估分析：从不同角度对有关数据进行分析、运算、推导、剖析影响经济活动的各种因素，寻找经济活动的规律与经验。

3) 意见或建议：在分析的基础上，针对经济活动的分析结果，提出对策、建议和措施。

(3) 结尾：经济活动分析报告大多没有结尾。有的有单独的结尾部分，或总结回顾以照应前言，或预测前景以展望未来。

3. 落款

在正文的右下方写上进行经济活动分析报告的单位的名称或报告人的姓名及写作日期。

三、例文

[范例]

××市电力局2005年上半年经济活动分析

半年来，在××的正确领导下，经济态势运行良好。各种营销经济指标较之去年均有较大幅度的增长，经济效益明显增强，然而由于受各种条件的限制，尤其是受经济环境和买方市场的约束，使我局部分经济指标离系统的要求仍有差距，未能达到预期目标。为了更好地总结经验，找出差距，现将我局1—6月份营销活动综合分析如下。

一、上半年各项指标完成情况及分析

(一) 购电量

1. 购电量完成情况

2005年1—6月份购网电量完成7 512 384千瓦时，较2004年1—6月份完成电量7 515 552千瓦时，少购电量3 168千瓦时，基本与去年持平。

购网电量与去年同期持平的主要原因是：由于林区木材产量下降，多种经营、林产工业等替代产业滞后，导致用电量明显下降，影响了我局购电目标的完成。我们采取各种措施拓宽电力市场，建立了增供扩销激励机制，制定了增供扩销奖励办法，分解指标层层考核，调动了营销人员的积极性。

(1) 根据市场的实际情况，经过多方比较，反复测算，制定了线路台区经济指标承包责任制，激发了广大职工的劳动积极性，取得了明显的经济效果。

（2）“两改”工程的实施，使我局电网电能质量和安全可靠性大大提高，给用户带来了放心电，用电负荷不断上升。

（3）“诚信工程”的实施，密切了供用电双方关系，一定程度上激发了用户用电的积极性。提高服务质量，简化用电报批手续，推进无障碍办电，缩短了办电时间，加快了办电速度，争取时间多供电。

2. 按用电类别分析各类别购电量增减原因，列举诸如新装、增装容量，同比增长率。

（二）购电平均单价

1. 今年1—6月份完成平均电价××元/千瓦时，与去年同期完成××元/千瓦时相比上升了××元/千瓦时。完成内部利润××万元。

平均单价虽然较去年同期有较大的提高，但与系统要求相比较仍然较低，主要受用电构成影响的，今年1—6月各类用电见下表（略）。

由此可见：居民电量所占比重较大，而商业、工业电量比重较低，由于林区经济持续低迷，工业电量呈现负增长，影响了购电单价的提高。

2. 购电平均单价同比增长的因素

（1）从去年以来四次调价影响数额。

（2）基本电费增长影响数额。

（3）利率电费增长影响数额。

（4）峰谷电费增长影响数额。

（5）高电价电量增长影响数额。

3. 分析影响购电平均单价同比下降的因素

（1）大工业倒挂影响数额。

（2）高电价电量下降影响数额。

（3）低电价电量增长影响数额（农业生产、居民生活）。

（4）电价政策改变影响数额（养殖业用电改为农业生产电价等）。

（5）优惠电价影响数额（苇河碳素厂）。

（三）电费收缴完成情况

1—6月实现电费结零，收回陈欠电费13.2万元。电费收缴之所以能月月结零，与我们将此项工作作为重中之重、常抓不懈是分不开的。我们与营业签订了电费回收责任状，积极催缴，严格考核，对拖缴、拒缴电费的用户及时依法停电，有效遏止用电不交费行为。同时，采取各种措施和办法筹措资金保证电费的按时上缴。

（四）节能降损工作

2005年1—6月综合线损率完成24.33%，与去年同期完成的25%下降了0.67个百分点。

今年，我们花大气力抓好按线、按台区考核线损工作的落实，按实际情况制定线损指标，把线损管理工作承包到班组奖罚到个人，充分调动了广大职工的工作积极性在抓好常规降损工作的前提下，将生产、用电两个职能部门以搞好线路的无功补偿和三项平衡作为降损工作的重点，并取得了明显的效果。

二、上半年主要工作

一是狠抓用电管理，大力降低线损。推行了组包线、人包变的管理模式，把线损指标任务到班组，责任到人，线损指标完成情况直接与工资挂钩，对抄表员按实际线损与核定线损完成比例进行奖罚，连续超出核定线损指标的抄表员实行待岗。目前，有两名抄表员由于不能完成线损指标待岗学习。每月不定期对全局用电客户的用电表计进行全面清查，共查出窃电户 11 户，追回损失××元，查出表计烧坏 75 户，对怀疑不正常表计到现场进行了校验，更换表计 35 户、次计量 6 只。

二是提高经济效益，普查商业用电。年初以来，我局每月定期组织人员进行用电普查，并把普查情况及时输入电脑，更正电价比例，到目前为止查出高价低接 6 户，追回电费约 1 万元，每月合理增收约 6 000 元。

三是动力用户及商服用户的计量装置按标准进行了改造，并对大用户单独加封上锁，进行特殊管理。目前以改造该类用户××户，占全部的 67%，从而保证了计量准确，防止了电量流失。

四是加大了清欠工作，按哈农电局对清欠工作的要求，将欠费按时限和责任区落实到人，以清欠的难易程度、时间长短、额度大小对有关人员进行奖罚，确保了我局对上级电费月月结零。

五是落实服务承诺，提高服务质量。坚持“人民电业为人民”的宗旨，本着“优质、方便、高效、规范、真诚”的服务方针，不断提高服务质量，增强服务意识，规范服务内容。

（1）定期对员工进行服务理念教育，不定期地进行现场抽查，并严肃纪律，全年来未发现投诉事件。

（2）在营业窗口设立了客户意见簿，这样确保了能在第一时间了解自身存在的问题及客户的需要，做到了企业与客户心与心的沟通。

（3）将每次计划或非计划性停电的有关情况及时通知事业、企业单位及个体、主要用电大户。

三、目前工作中存在的问题和不足

1. 线损达标率仍不尽人意，部分公变低压线损依然较高，离“两改”后的标准差距较大，用电检查和反窃电力度不够，因此降损工作仍有潜力可挖。

2. 10KVA 以上台区及用户端没有电容补偿（林业局没有这方面的资金投入），对功率因数存在较大的影响，致使线损增加。

3. 营业管理体制有待按农电系统进行全面改革，规章制度有待进一步完善。

4. 长期以来，我们虽然狠抓员工队伍建设，在这方面也投入了大量财力、物力，但员工的整体素质仍不很高。

四、下半年工作思路

1. 增强以电力市场为导向的思想观念，做好市场需求预测工作，以人为本，加强营销队伍的培训工作，提高队伍整体素质，发展人才战略，进一步完善管理机制和制约机制，量化责任追究制和激励机制。认真执行各项管理办法，加大营销管理力度和考核力度，确保全年指标顺利完成。

2. 加强实抄考核工作，杜绝估抄、代抄、错抄、漏抄现象的发生。

3. 加强电费回收管理，按时上缴电费，对部分信誉不佳的用户和用电大户加装磁卡表、实行每月三次抄表，确保电费结零。

4. 加强线损管理，狠抓无功管理工作，提高网络的功率因数，积极开展低压线损理论计算工作，加强线损分析，分析出的问题按时限责任到人，坚持问题查不清、问题不解决、措施不落实决不放过的原则。

5. 加强计量装置管理，强化计量器具轮换和轮校，严把计量关，使计量准确无误。

6. 严格执行营业用电手续管理，继续深入开展营业大普查工作。

7. 开展好供电文明窗口建设活动，加强优质服务工作，增强服务意识，依法经营，诚实守信，遵守承诺，完善服务与信息功能，加强营销与服务一体化管理，达到社会效益、经济效益双丰收。

8. 提高规范化管理水平，建立健全各岗位的考核制度，真正达到各项管理规范化。

9. 全面开展增供扩销工作，抓住机遇，找准增长点，拓展电力市场。

10. 进一步降低网络线损，特别是低压线损的管理。加大用电检查和反窃电工作力，将公变低压线损率控制在系统标准范围内。

××市电力局

××××年×月×日

◎ 写作要点

（1）写经济活动分析报告要做到观点和材料相统一。具体表现为文字和数据要相结合。

（2）经济活动分析报告中对经济问题的分析要用数据说话。

（3）进行经济活动分析要充分占有材料，还要对材料进行认真的核实和查对。

（4）撰写经济活动分析报告要恰当运用多种分析方法。如比较分析法、因素分析法、预测分析法、综合分析法、调查分析法等。

（5）针对分析结果提出的对策建议要有针对性，要具体实在，有可操作性，不可泛泛而谈，空发议论。

专题五　经济合同

现代社会是一个法制社会。法人之间，雇主与雇员之间，房东与租赁人之间，为了明确双方的权利和义务，一般会签订合同。经济合同是商品经济发展的产物，是现代社会最常见的一种经济协约文书，已成为我们工作和生活中的重要工具。

一、经济合同的概念

经济合同是平等主体的自然人、法人、其他组织之间为实现各自的经济目的，明确各自的权利和义务而签订的协议。

经济合同涉及的内容非常广泛，按照不同的标准可以分为不同的种类。按照内容的不同，经济合同可以分为买卖合同、租赁合同、运输合同、技术合同、保管合同、委托合同、借款合同、建筑工程合同、承揽合同、仓储合同等；根据表现形式的不同，经济合同又分为表格式经济合同、条款式经济合同、表格条款结合式经济合同。

二、经济合同的格式

一份完整、有效的经济合同一般由标题、约首、正文和约尾组成。

1. 标题

第一行居中填写。标题通常由“合同的性质＋文种”构成，如“借款合同”“粮食订购合同”“租赁合同”“小家电买卖合同”“××建筑施工合同”等。

2. 约首

约首位于合同名称下方，主要包括签约当事人名称、地址和合同的编号、签订的时间、地点。

（1）签约当事人名称和地址。另起一行空两格开始写。当事人如果是法人或其他组织，必须写明它们的全称和地址。当事人如果是自然人，必须写明其姓名和住所。为了后面的行文方便，常在名称后面括号内标明“甲方”“乙方”。如：

××××公司（以下简称甲方）

立合同单位

××××学院（以下简称乙方）

合同中还常常要表明当事人的关系地位。如发包方、承包方，出租人、承租人，贷款方、借款方。

（2）合同的编号、签订的时间、地点。对合同编号，利于存档备查。签订的时间是合同生效的时间。签订的地点事关日后申诉和适用的法律法规。签订的时间、地点也可以在约尾中写明。

3. 正文

正文是经济合同的核心，一般包括以下几个部分：

（1）双方签订合同的依据和目的。如“为了明确双方的权利和义务，经双方协商一致，签订本合同，以资共同遵守。”有的合同则省略了这部分。

（2）双方协商一致的合同条款。具体包括标的、数量、质量、价款或者报酬，履行期限、地点和方式，违约责任，解决争议的方法，以及当事人双方认为应该具备的其他条款。

（3）合同的生效日期、有效期限。如“本合同自双方签订之日起生效，有效期限为叁年。”

（4）合同的份数和保存。如“本合同一式两份，双方当事人各执一份。”如有表格、图纸、实样等，则注明名称和件数，作为附件处理。附件与正文效力等同。

4. 约尾

约尾包括以下内容：

（1）当事人、法定代表人、委托代理人签名并盖章。

（2）当事人的详细地址、电话号码、传真号码、邮政编码和开户银行、账号等。

（3）需要办理鉴证或公证手续的合同，应由鉴证或公证机关签署意见并盖章。

（4）如约首没有写明合同签订的日期，约尾应写清楚。

三、例文

[范例]

租铺合同书

业　主：　　　　　（以下称甲方）

租用者：　　　　　（以下称乙方）

甲方将布吉长龙一区二巷五号1楼（西边）地下铺位租给乙方作旧货店使用，经双方协商，订立如下协议：

一、租用期为壹年，即2012年3月1日起至2013年2月28日止。

二、租金为每月人民币柒佰伍拾元整。每月1—3日为收租期。

三、付款方法：签订合同后，甲方向乙方收取壹个月押金柒佰伍拾元整，且押金不能作租金用途。

四、电费、水费、卫生费、治安费等一切杂费皆由乙方负责。

五、乙方如中途退房，应提前一个月通知甲方，否则不退押金。不能私自转租他人及更改用途，否则甲方有权收回此铺位，押金不退。

六、乙方要遵守法律制度及治安管理条例，如有违法，乙方自行解决与甲方无关。

七、乙方要自觉爱护甲方财物，如有损坏，则要按价赔偿。

八、乙方如违反合约或有违法行为，甲方有权提前收回此铺位，押金不退。

九、乙方在铺位内装修一切东西甲方全不负责。

十、此合同一式两份，双方各执一份，双方签字后生效（另外：乙方给甲方身份证复印件一份）。

甲方签名：　　　　　　　　　　乙方签名：

　　　　　　　　　　　　　　　身份证号码：

日　期：　　　　　　　　　　　日　期：

◎ 写作要点

（1）经济合同的内容和程序都必须严格遵守《合同法》中的条款。凡与国家法律法规和《合同法》内容相违背的合同属于无效合同，不受法律保护。

（2）经济合同的条款必须齐全，如有遗漏，容易引发经济纠纷。

（3）经济合同的每个条款都要先提要，再展开条款内容。

（4）经济合同的语言应准确、周密，内容应清楚具体。如数量和质量要求，违约责任，交货的时间、地点、方式等都应明白无误。

专题六　招标书

贸易往来是当今社会最为活跃的社会活动。在形形色色的贸易活动中，催生了各种贸易往来方式。招标是一种现代贸易活动，是一次互惠互利的协约。招标书是经济社会使用频率较高的一种经济文书。它可以帮助招标者用最低的成本在最短的时间内完成项目。

一、招标书的概念

招标书，又称招标公告、招标通告、招标启事，招标邀请书，是招标者对外公布招标内容、要求、条件，邀请合乎条件的单位竞争投标的一种文书。

招标书按照不同的标准，可以分为不同的种类。按照招标对象的不同，招标书可以分为生产经营性招标书、生活招标书、科研技术招标书。根据招标范围的不同，招标书可以分为行业招标书、国内招标书、国际招标书。按照招标方式的不同，招标书可以分为邀请招标书、公开招标书、议标书。

二、招标书的格式

招标书的格式通常由标题、正文和结尾组成。

1. 标题

第一行居中填写。主要有以下几种形式：

（1）文种式：如“招标书”“招标通告”“招标公告”。这种写法较不规范，一般用于单位内部。

（2）由“招标单位名称＋文种”构成，如“山西孝柳铁路第二期工程招标通告”“广东投资企业公司招标公告”。

（3）由“标的物＋文种”构成，如“食堂招标通告”“台式电脑招标公告”。

（4）由“招标单位名称＋标的物＋文种”构成，如“××学院关于台式电脑招标公告”“××公司建筑安装工程招标书”。

（5）广告性标题。如“谁来承包××果园”。

2. 正文

要求详细提出招标的具体内容及有关事项。一般包括前言和主体两部分。

（1）前言。

简要地交代清楚招标单位的招标目的、依据、工程项目名称或产品名称等内容。通常以“受××委托……”“依据……”的方式开头，体现招标项目的合法性。此外，为了吸引更多的投标者参与投标，有些招标书在前言部分还常概括地介绍招标单位的情况和优势。

（2）主体。

主要包括招标项目（如招标的方式、范围、内容、要求等）和招标方法（招标程序，投标的截止时间，投标文件送达地点，开标的方式、时间、地点等）。

3. 结尾

文末签署招标单位（或者委托代理机构）的名称，联系人姓名，详细地址、邮政编码、电话、发布招标书的日期等。

三、例文

[范例]

惠东县妇幼保健院医疗设备采购项目公开招标公告

广东省机电设备招标有限公司受惠东县妇幼保健院的委托，对惠东县妇幼保健院医疗设备采购项目进行公开招标采购，欢迎符合资格条件的供应商投标。

一、采购项目编号：0612—1541N0310278

二、采购项目名称：惠东县妇幼保健院医疗设备采购项目

三、采购预算：见各包预算

包号	序号	产品名称	单位	数量	预算金额（元）	备注
01包	设备1	彩色多普勒超声仪	套	1	2 376 800.00	国产
	设备2	生物刺激反馈仪	台	1		允许进口
	设备3	除颤仪	台	1		国产
	设备4	高频电刀	台	1		国产
	设备5	多参数心电监护仪	台	1		国产
	设备6	可视喉镜	台	1		国产
02包	设备1	全数字化乳腺X射线机	套	1	3 390 000.00	国产
03包	设备1	全自动化学发光仪	套	1	1 769 000.00	允许进口
	设备2	五分类血球计数仪	台	1		允许进口
04包	设备1	心电监护仪	台	4	1 153 300.00	国产
	设备2	产科中央监护系统	套	1		允许进口
	设备3	黄疸测试仪	台	4		国产
	设备4	婴儿保暖箱	台	1		国产
	设备5	手持式电脑验光仪	台	1		允许进口
	设备6	注射泵	台	5		国产
	设备7	新生儿黄疸治疗仪	台	5		国产
05包	设备1	清洗消毒机	套	1	860 000.00	国产
	设备2	智能化乳腺治疗仪	台	1		国产
06包	设备1	宫腔镜检查系统	套	1	849 000.00	允许进口
	设备2	麻醉深度检查仪	台	1		国产

四、供应商资格条件：

1. 供应商应具备《政府采购法》第二十二条规定的条件。

2. 投标人必须具备招标项目的经营范围。

3. 如招标项目是医疗器械，应依法取得《医疗器械经营企业许可证》或《医疗器械生产企业许可证》。

注：持《医疗器械生产企业许可证》供应商，仅限于投供应商自身生产的产品。

4. 如招标项目是医疗器械，应依法取得本项目的《中华人民共和国医疗器械注册证》及其附件《医疗器械产品注册登记表》（注册证过期须提供网上可以查询的延期公告，如因其他特殊原因查询不到，须提供国家食品药品监督管理局受理的医疗器械注册申报通知书）。

同一品牌同一型号的产品可有多家投标人参与竞争，但只作为一个投标人计算。购买招标文件时，须提供以下证明文件：

获取招标文件方式：现场购买，恕不邮购；购买招标文件时必须提供：①营业执照副本复印件加盖公章；②法定代表人证明书原件加盖公章；③法定代表人授权书原件加盖公章；④法定代表人、授权委托人身份证复印件加盖公章；⑤组织机构代码证副本复印件加盖公章；⑥税务登记证（国税、地税）副本复印件加盖公章；⑦供应商须到注册所在地或项目所在地检察机关出具行贿犯罪档案查询结果告知函原件加盖公章；告知函自出具之日起两个月内有效。开具告知函需向检察机关提供书面申请书、企业营业执照副本、组织机构代码证、单位介绍信和经办人身份证等材料，详情请咨询相关检察机关。惠东县检察院咨询电话：0752—8999869；各复印件资料注明仅作购买招标文件用，统一使用A4纸装订成册。(所有证书原件现场审查完后退还)

五、符合资格的供应商应当在2015年9月28日起至2015年10月9日止（上午08:30—12:00，下午14:30—17:00，法定节假日除外）到广东省机电设备招标有限公司惠州分公司、地址：惠州市惠城区东平大道28号三楼购买招标文件，招标文件每包售价150元(人民币)，售后不退。

六、投标截止时间：2015年10月27日15时00分（北京时间）

七、投标文件送达地点：惠州市惠城区东平大道28号三楼

八、开标评标时间：2015年10月27日15时00分（北京时间）

九、开标评标地点：惠州市惠城区东平大道28号三楼

采购代理机构：广东省机电设备招标有限公司
联系人：黄先生
电话：0752—2169156
传真：0752—2169156
联系地址：惠城区东平大道28号三楼
邮编：516002

采购人：惠东县妇幼保健院
联系人：陈先生
电话：0752—8927608
传真：0752—8927608
联系地址：惠东县平山街道办东湖二路1号
邮编：516003

广东省机电设备招标有限公司
2015年9月28日

◎ 写作要点

(1) 写作招标书必须有法律意识，招标书的内容要符合《招标投标法》的各项规定和要求。

(2) 招标项目是招标书的重点，要具体、准确地写明招标的方式、范围、程序、资格条件及应注意的事项等。

专题七　投标书

打破垄断，公平竞争是市场经济的目标。在竞争性经济活动中，投标可以为企业获得新的机会，在竞争中求生存求发展，还可促进企业的改革和管理，增强企业的活力，提高企业的经济效益。投标书是为企业提供公平竞争的应用文书，是经济时代不可忽视的经济

协约文书。

一、投标书的概念

投标书是投标人应招标人的邀请，根据招标书提出的要求和条件，在规定的时间内，向招标人提出承包或承购时使用的书面材料。

投标书按照不同的标准，可以分为不同的种类。按照投标对象的不同，投标书可以分为生产经营性投标书、生活投标书、科研技术投标书。根据投标范围的不同，投标书可以分为内部投标书与外部投标书、国内投标书与国际投标书。按照投标性质的不同，投标书可以分为租赁企业投标书、承包企业投标书、聘任经营投标书、大宗商品交易投标书等。

二、投标书的格式

投标书的格式通常由标题、投标书递送单位名称、正文、附件和落款五部分组成。

1. 标题

第一行居中填写。主要有以下几种形式：

（1）文种式：这种写法是用得最多的一种形式，如“投标书”。也有的写作“投标申请书”“标书”或“标函”。

（2）由“投标单位名称＋文种”构成，如“××建筑公司投标书”“广东××公司投标书”。

（3）由“投标项目＋文种”构成，如“食堂投标书”“××高铁建筑工程投标书”。

（4）由“投标单位名称＋投标项目＋文种”构成，如“××公司承包××新校区工程投标书”“××公司建筑安装工程投标书”。

2. 投标书递送单位名称

投标书递送单位即招标单位。应在标题下一行顶格位置写明其全称，与书信中称谓的写法一样。

3. 正文

只需用简洁的语言表明态度，写明保证事项即可。可分为前言、主体和结尾三部分。

（1）前言。

简要说明投标方的名称、投标的态度，投标的目的、投标的方案，及中标后的承诺。

（2）主体。

主体是投标书的核心部分，一般要交代清楚三个方面的内容：第一，投标项目的具体内容和标价；第二，完成指标的措施；第三，投标书的有效期限。

（3）结尾。

或对招标单位提出予以配合的要求，或是说明对招标单位不一定接受最低价和可能接受任何投标书表示理解。

4. 附件

投标书一般都有附件。投标书正文为了简洁明了，有些内容不在正文中体现，但是对竞标有一定的作用，应以附件的形式列于标书之后。如担保单位、银行的保证金函、企业设备清单等。

5. 落款

写明投标单位的名称，地址、邮政编码、电话、投标日期等。

三、例文

[范例]

投 标 书

致：克拉玛依市政府采购中心

根据贵方 克拉玛依市政府采购中心 项目的招标文件（编号 KZC-GK-2012-058），正式授权下述签字人________（姓名和职务）代表投标人__________（投标人的名称），提交下述文件正本一份，副本五份。

（1）投标函；

（2）服务承诺；

（3）与此次招标有关的商务、技术文件。

据此函，签字人兹宣布同意如下：

1. 我们承担根据招标文件的规定，完成合同的责任和义务。

2. 我们已详细审核全部招标文件，参考资料及有关附件，我们完全理解并同意放弃对这方面有不明或误解的权利。

3. 我们同意在投标人须知规定的截止日期起遵循本投标文件，并在投标人须知规定的有效期满之前均具有约束力，并有可能成交。

4. 同意向贵方提供贵方可能要求的与本投标有关的任何数据或资料。

5. 我们完全理解贵方有权决定中标人。

与本次投标有关的正式通讯地址为：

地址：__________________ 邮编：__________

电话、传真：____________________________

开户银行：______________________________

银行账号：______________________________

投标人代表姓名：__________ 职务：__________

投标人联系电话：__________ 手机：__________

法定代表人（或授权代理人）签名：______________

日期：______年____月____日

◎ 写作要点

（1）投标人在编制起草投标文件之前，要反复研读招标文件，全面了解招标内容。

（2）投标单位的自我介绍要实事求是，投标书中的措施要具体可行。

（3）投标书的内容要明确，重点要突出，要着重介绍投标的具体指标和完成指标的措施。

（4）投标书的用语要精炼，数据要精确，要符合法律法规。

应用实践训练

一、病文诊断

请指出下列例子的毛病并修改。

1.

说明书

××D6R胶囊是最新出产的抗菌药。本产品疗效好，使用方便，无毒副作用。

使用方法：成人口服每次150毫克，每日两次。体重20～40千克的儿童每次100毫克，每日两次。体重12～20千克的儿童每次50毫克，每日两次。

产品规格：150毫克版。

产品有效期：有效期暂定1年半。

生产厂家：××××制药厂

地址：××市××街××号

电话：××××××××

2.

合同

××化工厂第四车间（甲方）

立合同人：

××第二建筑公司生产科（乙方）

为建筑津东化工厂第四车间西厂房，经双方协商，订立本合同。

一、甲方委托乙方建设西厂房一座，由乙方全面负责建造。

二、全部建造费（包括材料、人工）1 270 000元。

三、甲方在订立合同后先交一部分建造费，其余在西厂房建成后抓紧归还

待乙方筹备就绪后立即开始，力争3月中旬开工，争取11月左右交活。

四、建筑材料由乙方全面负责筹备。

五、本合同一式两份，双方各执一份。

津东化工厂第四车间（公章）
主任：（私章）
津东第二建筑公司生产科（公章）
科长：（私章）

二、技能训练

1. 请你为用友 U8 财物管理软件写一则商品说明书。

2. 根据自己的条件，深入到一家工厂，详细了解其产品，然后写一份产品说明书。

3. 就你所在学校大学生群体信用卡使用情况，撰写一份调查报告。

4. 写一篇关于你所在学校开展“课后一分钟”，提升大学生环保意识，共建美丽校园的可行性分析报告。

5. 根据下面的材料拟写一份合同。

华盛茶叶公司法人代表王志勇和红叶茶场法人代表蔡德熙于 2008 年 3 月 10 日签订了一份茶叶购销合同，具体货物是红叶特级绿茶，数量为 500 千克，每千克价格为 64 元，2008 年 6 月 20 日之前由茶场直接运往公司，运费由茶场负责，检验合格后公司于收货 10 天以内通过银行支付货款。茶叶必须用大塑料外包，纸袋内装，外用纸箱或麻包袋装。包装费仍由茶场负责。

茶场地址为：××省常清县城北区，开户银行是常请县农业银行

银行账号：0354……

电话：　××××××××

茶叶公司地址为海口市××路××号，开户银行为海口市工商银行，账号 667806，电话×××××××。合同签订后，如双方不履行，在正常情况下拒不交货或拒付款都须处以货款 20%的罚金，迟交货或迟付款，则每天罚万分之三的滞纳金，数量不足按不足部分

的货款计赔，仍按 20%的比例赔偿。质量不合格，则重新酌价。如遇特殊情况，则提前 20 天通知对方，并赔偿损失费 10%，本合同由常请县工商行政管理所鉴证。

6. ××学院拟建 4 个新的多媒体教室，需要采购笔记本电脑 200 台。请你为此事拟写一份招标书。

7. 分析以下招标书的内容和格式，请为投标单位拟一份投标书。

招标公告

日期：2011.08.15

招标编号：0613－11404308/01

1. 上海机电设备招标有限公司（以下简称：招标机构）受上海中远物流有限公司（以下简称：招标人）委托，对其下述货物进行国际竞争性公开招标。现邀请合格投标人就下列货物及其相关服务提交密封投标：

（1）设备名称及数量：燃气轮机　1 套

（2）技术要求：见本招标文件第八章

（3）交货期：合同生效后 3 个月内交货

2. 有意愿的合格投标人可在招标机构得到进一步的信息和查阅招标文件。

3. 有意愿的合格潜在投标人可自 2011 年 8 月 15 日起每天（节假日除外）9:00～11:00，13:30～16:00（北京时间），在上海市长寿路 285 号恒达大厦 16 楼（上海机电设备招标有限公司）购买招标文件。本招标文件每套售价：500 元人民币，中国境内邮购另加邮资 60 元人民币，中国境外邮购另加邮资 80 美元，售后不退。

4. 潜在投标人在购买招标文件后，应及时办理“中国国际招标网”（http：//www.chinabidding.com）的网上投标人注册，经网站验证认可后，方可进行本次招标的投标工作以及在招标网上查看评标结果公示和公示结果公告。否则，投标人不能有效进入招标投标法定程序，由此产生的后果将由投标人自负。

5. 所有潜在投标人的投标文件应于 2011 年 9 月 16 日 10：00 时（北京时间）之前递交到上海市长寿路 285 号恒达大厦 16 楼上海机电设备招标有限公司招标三处，迟于上述投标截止时间递交的投标文件恕不接收。请投标人在投标截止时间的 15 分钟前到达投标地点办理投标登记等相关手续。

6. 本次招标定于 2011 年 9 月 26 日 10：00 时（北京时间），在上海市长寿路 285 号恒达大厦 16 楼上海机电设备招标有限公司进行公开开标。届时请投标法定代表人或其授权代表出席开标会。

如上述日程安排发生变更，以招标机构发出的书面变更通知为准。

上海机电设备招标有限公司竭诚欢迎有制造或供货能力的中国境内外合格投标人进行投标。

招标机构名称：上海机电设备招标有限公司

招标机构地址：上海市长寿路 285 号恒达大厦 16 楼

邮政编码：200060

联系人：周明媚、孙瑞强

电　话：021－32557737、32557738

传　真：021－32557272

电子信箱：zhoumingmei@163.com

开户银行：建行上海市分行营业部

账　号：31001550400055646341

SWIFT CODE：PCBCCNBJSHX

开户银行地址：上海市淮海中路 200 号

8. 根据下述材料，写一篇关于室内装饰业方面的市场调查报告的建议与对策。

（1）近年来各类大小装饰公司如雨后春笋般涌出，室内装饰业每年以40%～50%的速度增长。目前，涉及的装饰品有抛光砖、石英砖、仿大理石釉砖、地毯、壁纸、多彩灯具、五金门窗、塑钢门窗、高档窗帘等。另外，高新涂料在市场亦占有一定的份额，其他高光冷瓷涂料、仿大理石涂料、乳胶涂料等均有一定市场。

（2）北京、上海、天津、广州等一些大城市居民装饰热潮呈上升趋势，上海市97%的居民在拥有新房后进行现代装饰，新房装饰费用在80 000～150 000元不等。

（3）全国各地装饰建材的需求量逐年上升。用户对产品质量要求高，名牌产品受青睐。产品规格选择性增强，大规格、高档次装饰材料逐渐成为市场新宠。产品图案、色泽需求多样化，瓷砖中浮雕型、多彩型走入普通家庭。

模块八

策划文书

专题一　营销策划

营销策划是一种运用智慧与策略的营销活动与理性行为，是为了改变企业现状，达到理想目标，借助科学方法与创新思维，分析研究创新设计并制订营销方案的理性思维活动，对企业未来的营销发展作出战略性的决策和指导，带有前瞻性、全局性、创新性、系统性的特点。营销策划适合任何一个产品，是市场经济下的一个有效竞争策略。

一、营销策划的概念

营销策划是指在对企业内部环境予以准确地分析，并有效运用经营资源的基础上，对一定时间内的企业营销活动的行为方针、目标、战略以及实施方案与具体措施进行设计和计划。

营销策划根据其涉及的策划时间长短不同，一般可以分为营销战略策划和营销战术策划两大类。根据营销策划涉及的目标和范围不同，又分为全程营销策划和单项营销职能策划两大类。

二、营销策划的格式

一般而言，一份规范的营销策划其基本结构框架应包括封面、主体、封底、附录等结构，其中主体部分内容较多，详见以下阐释。

1. 封面

封面是策划书的脸面，会给读者留下第一印象，不能草率从事。封面设计的基本原则是醒目、整洁，字体、字号、颜色都要根据视觉效果具体制定，要有艺术性。策划书的封面要注明策划书的名称、策划委托机构、策划机构、策划人姓名及联系方式、策划的完稿日期、策划执行的时间。有的策划书还需要注明策划书的保密级别、策划书的编号等内容。

2. 摘要

摘要是对营销策划项目内容所做的概要说明，需勾勒出策划方案的各个章节重点与结论，使读者大致了解策划书的主要内容。摘要的写作要简明扼要，篇幅不宜过长，300～400字为宜。

3. 目录

策划书的目录与一般书籍的目录具有相同的作用，它涵盖全书的主体内容。目录实际上就是策划书的简要提纲，具有与标题相同的作用，所以，策划人应认真编写。

4. 前言

前言是策划书正式内容前的情况说明部分，它要交代清楚策划的来龙去脉，主要内容包括：（1）策划的背景，即社会大环境发展趋势；（2）委托单位的情况；（3）接受委托的情况；（4）策划的重要性和必要性；（5）本次策划与要达到的目的与策划的主要过程。前言的内容应简明扼要，文字不宜过长，一般控制在 1 000 字以内。

5. 策划目标

策划目标具有导向性的作用。在确定目标之前必须进行问题界定，通过各种界定问题的方法发掘企业存在的问题及其原因，在此基础上确定企业的营销目标（营销目标包括提升企业或品牌的知名度和美誉度、增加购买机会、销售收入等）。

6. 环境分析

环境分析是营销策划的依据与基础，所以，营销策划都是以环境分析为出发点的。环境分析包括企业营销的外部环境与内部环境。营销策划中常见的分析工具有：PEST 分析、SWOT 分析、波特五力分析和对消费者行为的 5W2H 分析等。环境分析要求具有简洁性和准确性等特点。

7. 营销战略

营销策划要能够清楚地表述企业所要实行的具体战略。营销战略其实质就是要交代清楚营销策划的总体布局。它一般包括市场细分（segment）、目标市场（target）和市场定位（position）三方面的内容，也被称为“STP 策略”：（1）市场细分。其目的在于帮助企业发现市场机会，以正确选择目标市场。（2）目标市场。它是指根据企业资源状况和实力，找准目标市场。（3）市场定位。它是指企业为在目标顾客心目中寻求和确定最佳位置而为产品和经营所设计的特色活动。

8. 营销组合策略

确定了营销目标、目标市场和市场定位之后，就必须在各个细分市场的基础上作出较为合理而可行的营销组合策略。营销组合策略就目前而言还是以 4P 策略为基本框架。虽然目前主要以 4P 策略为基本策略框架，但在营销策划中还应该吸收 6P 理论、4C 理论、7P 理论的合理精神。

9. 行动方案

行动方案可以划分为两类：组织机构和行动程序安排。在行动方案中，需要确定以下内容：要做什么活动？何时开始？何时完成？其中的各项活动分别需要多少天？各项活动的关联性怎样？在何地？需要何种方式协助？需要什么样的布置？要建立什么样的组织机构？由谁来负责？实施怎样的奖酬制度？

10. 费用预算

预算包括营销过程中的总费用、阶段费用以及项目费用。在营销策划中，要力图使各种花费控制在最小规模上，以获得理想的经济效益。营销预算最常用的是“活动项目估计”，即按照策划所确定的活动项目列出细目，计算出所需经费。之所以要制定费用预算，其目的是对营销策划做可行性分析。

11. 实施进度计划

实施进度计划是将策划活动的全部过程拟成时间表，在其中标明具体何日何时要做什么，以此作为策划过程中的控制与检查，同时使行动方案更具可操作性。

12. 策划控制方案

编写策划控制方案的目的是保障营销策划能够成功施行。它分为一般控制方案和应急方案两部分。（1）一般控制方案。在一般控制方案中，要说明每月或每季详细检查目标的达到程度。高层管理者要对目标进行重新分析，找出未达到目标的项目及原因，然后作出对实施营销效果的具体评价方案，评价方案要包括经营理念、整体组织、信息流通渠道的畅通情况、战略导向和工作效率等内容。（2）应急方案。应急方案主要考虑市场信息的不确定性。在营销策划中，一般要制定多套应急方案。

13. 结束语

结束语主要是再重复一下主要观点，并突出要点。结束语并不是非要不可的，它主要起到与前言呼应的作用，使策划书有一个圆满的结束，不至于使人感觉到太突然。

14. 封底

与封面相对应，它保证了策划书的完整性和美观。

15. 附录

附录的内容对策划书起着补充说明的作用，它要能够增强阅读者对营销策划的信任，提高营销策划的可信度。一般在附录中会包括报刊、政府机构或企业内部的统计资料和调查数据等，营销策划的备用方案一般也置于这里。附录也要标明顺序，以便查找。

三、例文

[范例1]

王老吉营销策划

目录

一、封面——P1
二、目录——P2
三、前言——P3
四、市场分析——P4
五、问题诊断与目标市场选择——P6
六、市场定位与营销创意——P7
七、营销组合策略——P9
八、营销计划与执行——P10

前言

王老吉凉茶是中国凉茶的领军品牌，是广东凉茶文化的代表。凉茶是广东、广西地区的一种由中草药熬制而成、具有清热去湿等功效的“药茶”。在众多老字号凉茶中，以王老吉最为著名。王老吉凉茶发明于清道光年间，至今已有180多年的历史，被公认为凉茶始祖，有“药茶王”之称。到了近代，王老吉凉茶更随着华人的足迹遍及世界各地。

市场分析

一、营销环境分析

（一）饮料市场概况

1. 市场规模

饮料市场规模在不断增大，消费者最近两年喝饮料的数量有所增加，饮料市场容量在不断地扩大，整个饮料行业市场前景看好。据有关数据显示，在1999年至2002年的饮料市场的黄金成长期间，老牌瓶装水和碳酸水饮料增势日疲，已连续两个年度负增长；新的功能饮料和茶饮料近两年增幅趋稳，稳中有升；而增势最为明显的还要数果汁饮料。

2. 市场构成

饮品市场有碳酸饮料、瓶装饮用水、茶饮料以及果汁饮料四大品类。

3. 市场热点

功能性饮料将热卖饮料市场，随着我国城市居民生活水平的不断提高，人们对饮料的消费需求也发生了明显的变化。喝饮料不再仅仅是为了解渴，消费者希望饮料能提供如降火、美容、补充人体中必需的微量元素和健身等附加的一些保健功能。具有特定功能的饮料将成为今后饮料行业中又一个重要的细分市场。

（二）营销环境分析

1. 劣势与威胁

（1）最大的威胁和挑战是跨国饮料品牌的鲸吞蚕食和本土饮料品牌之间的同质化竞争。同质化竞争态势不仅表现在产品的同质化，而且表现在广告塑造品牌形象的同质化，从而使得各款本土饮料无法有效形成品牌个性和实现销售市场的区隔。

（2）品牌竞争的白热化、品牌消费的集中化以及经营理念的滞后性等因素更是成为制约企业发展的“瓶颈”。

（3）品牌集中度主要表现为混合型果汁最高，水/茶饮料最低。

（4）我国本土饮料企业大都实行分散经营，规模一般比较小；区域性饮料品牌比较多，但真正能在全国饮料市场上占有绝对一席之地的名牌产品屈指可数。

2. 优势与机会

（1）本土饮料企业的发展已初具规模并以其知名品牌逐渐获得了消费者的喜爱。

（2）消费者需求多元化为饮料新产品的开发提供了广阔的市场空间，随着社会的进步和生活水平的不断提高，消费者开始更多关注自我发展，这主要表现为对饮料产品的营养成分以及是否天然健康、绿色环保和时尚品位等更高层面的心理需求。

（3）日益细分化的消费群体为饮料企业开展目标营销提供了机会。不同的饮料群体有着不同的饮料消费需求，这些差异表现在对口味、品牌、价格、包装、促销和广告风格等一切消费者接触产品及信息的领域，高度细分化的市场为饮料企业进行市场拓展提供了无限的空间。

3. 重点问题

体现红色王老吉的独特价值，建立先进的品牌经营理念和规范的运作模式。

二、消费者分析

1. 消费者的总体消费态势

（1）有1/4的消费者表示最近两年喝饮料的数量基本上没有变化，仅有少量消费者最近两年喝饮料的数量减少了，这表明有近 1/2 的消费者喝饮料的数量在增加，饮料市场容量在不断地扩大，整个饮料行业市场前景看好。

（2）根据市场调查分析我们可以看出，喝功能性饮料的消费者越来越多，而喝碳酸饮料和水饮料的消费者将会逐渐减少。

2. 消费者行为分析

在影响饮料购买的众多因素中，“口味好”排名最高，比例超过 50%以上。可见，口味是影响消费群体购买的最重要因素。其次，价格的影响也不容忽视，被列为影响购买的第二大因素。同时，品牌知名度、保质期、购买方便也成为人们购买时普遍考虑的较重因素，另外，广告影响也相当重要，包装对购买也有一定的吸引力。

三、产品分析

1. 现有饮料产品分析

现有饮料产品的不足：

调查显示，现有饮料产品的不足主要有：（1）产品太多，分不清好坏。（2）共性太多，个性太少。（3）品牌杂乱。（4）营养成分缺乏。（5）碳酸饮料太多。（6）补充体力的饮料很少。（7）功能单一。

2. 产品生命周期分析

由于各种饮料类型在市场所处阶段不同，所以，在市场空间和拓展策略方面也表现出很大的差异。碳酸饮料已经进入产品成熟期，品牌集中度非常高，企业可以通过扩大分销渠道和市场覆盖率来实现效益增长；果汁饮料和茶饮料均还处于产品成长期，市场空间仍然很大。现在很多地方的茶饮料消费还属于培育期，相信市场前景非常广阔。同时一些新兴成长的饮料类型如保健和运动功能性饮料等也有望成为下一个饮料业经济增长点，目前市场上这类饮料还没有主打产品，消费需求却呈现出明显的增长态势。

3. 产品的品牌分析

品牌格局日益多元，国外品牌以可口可乐和百事可乐为主，国内品牌以娃哈哈、康师傅、统一三大品牌为主。以茶饮料为例，康师傅、统一之后，娃哈哈及众多二线品牌仍然在主流大潮中获得收益。品牌集中度在碳酸饮料和混合型果汁最高，而水/茶饮料最低。

四、企业竞争状况分析

1. 企业在竞争中的地位

加多宝集团是一家以香港为基地的大型专业饮料生产企业，1995 年推出第一罐红色罐装“王老吉”，1999 年以外资形式在中国广东省东莞市长安镇设立生产基地。在取得“王老吉”的品牌经营权之后，其红色王老吉饮料的销售业绩连续六七年都处于不温不火的状态中。

2. 企业的竞争对手

国内竞争对手：娃哈哈、康师傅、统一、黄振龙凉茶等。

国外竞争对手：可口可乐、百事可乐等。

3. 企业与竞争对手的比较

（1）机会与威胁。

机会：在研究消费者对竞争对手的看法中，我们发现红色王老吉的直接竞争对手，如菊花茶、清凉茶等，由于缺乏品牌推广，仅仅是低价渗透市场，并未占据“预防上火”的饮料的定位。而可乐、茶饮料、果汁饮料、水等明显不具备“预防上火”的功能，仅仅是间接的竞争者。

威胁：在“两广”以外，人们并没有凉茶的概念，而且内地的消费者“降火”的需求已经被填补，他们大多是通过服用牛黄解毒片之类的药物来解决降火的问题。制作凉茶困难重重，做饮料同样危机四伏。如果放眼到整个饮料行业，以可口可乐、百事可乐为代表的碳酸饮料，以康师傅、统一为代表的茶饮料、果汁饮料更是处在难以撼动的市场领先地位。

（2）优势与劣势。

优势：在众多老字号凉茶中，以王老吉最为著名。王老吉凉茶发明于清道光年间，至今已有180多年的历史，被公认为凉茶始祖，有“药茶王”之称。到了近代，王老吉凉茶更随着华人的足迹遍及世界各地。

劣势：红色王老吉受品牌名所累，并不能很顺利地让广东人接受它作为一种可以经常饮用的饮料。而在另一个主要销售区域浙南，消费者将“红色王老吉”与康师傅茶、旺仔牛奶等饮料相提并论，作为当地最畅销的产品，企业担心，红色王老吉可能会成为来去匆匆的时尚。

（3）主要问题点。

王老吉的核心问题是没有品牌定位。

问题诊断与目标市场选择

一、企业问题诊断

1. 企业原来市场观点的分析与评价

广东加多宝饮料有限公司在取得“王老吉”的品牌经营权之后，其红色王老吉饮料的销售业绩连续六七年都处于不温不火的状态当中。企业希望通过拍广告来改变现状，用以促进销售。对于这种状况，企业的这种做法属于短视的战略。

2. 企业营销存在的主要问题

（1）现有消费者对其存在认知混乱。

（2）无法走出广东、浙南，其他地方消费者对凉茶存在认知困难。

（3）企业宣传概念模糊。

3. 问题存在的关键原因

企业没有明确的品牌定位。

二、营销目标

1. 战略目标

红色王老吉是作为一个“功能饮料”而进入饮料市场的，购买红色王老吉的真实动机是用于“预防上火”；品牌定位——“预防上火的饮料”，其独特的价值在于——喝红色王老吉能预防上火，让消费者无忧地尽情享受生活。

2. 营销目标

红色王老吉是在“饮料”行业中竞争，其竞争对手应是其他饮料；加多宝饮料有限公司在广告宣传中应选用消费者认为日常生活中最易上火的五个场景：吃火锅、通宵看球赛、吃油炸食品薯条、晒夏日阳光浴和进行烧烤来进行宣传与销售，要特别重视开拓餐饮场所，并争取迅速在一批酒楼中打造出旗舰店的形象。

3. 财务目标

扩大消费者的需求，迅速地拉动产品的销售。

三、目标市场策略

1. 市场细分

碳酸饮料：以可口可乐、百事可乐为代表。

茶饮料、果汁饮料：以康师傅、统一、汇源为代表。

功能性饮料：以菊花茶、清凉茶等为代表。

2. 目标市场选择

企业的产品归属在饮料行业中，其直接的竞争行业是“功能性饮料”。

市场定位与创意战略

一、市场定位战略

1. 市场创意与定位

品牌重新的定位在“预防上火的饮料”，其竞争对手是其他饮料，产品应在“饮料”行业中竞争，其自身独特的价值在于——喝红色王老吉能预防上火，可以让消费者无忧地尽情享受生活（煎炸、香辣美食、烧烤、通宵达旦看足球……）

2. 市场定位战略

（1）走出广东、浙南。由于“上火”是一个全国普遍性的中医概念，而不再像“凉茶”那样局限于两广地区，这就为红色王老吉走向全国彻底扫除了障碍。

（2）形成独特区隔。“预防上火的饮料”品牌定位的准确与新颖，使产品曾相互矛盾的双重身份得到完全有机的结合；使产品和竞争者能有效地区分开来，肯德基已将王老吉作为中国的特色产品，确定为其餐厅现场销售的饮品。

（3）将产品的劣势转化为优势。1）淡淡的中药味，成功转变为“预防上火”的有力支撑；2）3.5元的零售价格，因为“预防上火的功能”，不再“高不可攀”；3）“王老吉”的品牌名、悠久的历史，成为预防上火最正宗和最好的证明。

（4）有利于加多宝企业与国内王老吉药业合作。

二、市场创意战略

1. 创意构成与要点

（1）电视广告选用消费者认为日常生活中最易上火的五个场景：吃火锅、通宵看球、吃油炸食品薯条、晒夏日阳光浴和进行烧烤，画面中人们在开心享受上述活动的同时，纷纷畅饮红色王老吉。

（2）结合时尚、动感十足的广告歌反复吟唱“不用害怕什么，尽情享受生活，怕上火，喝王老吉”，促使消费者在吃火锅、烧烤时，自然联想到红色王老吉，从而导致购买。

（3）宣传主要突出王老吉是“预防上火的饮料”，其独特的价值在于——喝红色王老吉能预防上火，让消费者无忧地尽情享受生活。

2. 创意应用与说明

主要运用广告传播，其中包括中央电视台和当地的强势传媒，也注重开发多种的宣传渠道。

明确了品牌要在消费者的心智中占据什么定位后，接下来的重要工作就是要推广品牌，让它真正地深入人心，让大家都知道品牌的定位，从而持久、有力地影响消费者的购买决策。

红色王老吉的电视媒体选择从一开始就主要锁定覆盖全国的中央电视台，并结合原有销售区域（广东、浙南）的强势地方媒体，在2003年短短几个月，一举投入4 000多万元，销量迅速提升。同年11月，企业乘胜追击，再斥巨资购买了中央电视台2004年黄金广告时段。正是这种急风暴雨式的投放方式保证了红色王老吉在短期内迅速进入人们的头脑，给人们一个深刻的印象，并迅速红遍了全国大江南北。

营销组合策略

一、产品策略

王老吉产品定位为一个功能饮料，王老吉的作用就是“预防上火”，这就避免了红色王老吉与以可口可乐、百事可乐为代表的碳酸饮料和以康师傅、统一为代表的茶饮料、果汁饮料等国内外饮料巨头产品进行直接竞争，从而形成了独特的区隔。相比较而言，红色王老吉的“凉茶始祖”身份、神秘中草药配方、180多年的历史等，显然是有能力占据“预防上火的饮料”这一地位的。而且红色王老吉的直接竞争对手，如菊花茶、清凉茶等由于缺乏品牌推广，仅仅是低价渗透市场，并未占据“预防上火”的饮料的地位。

二、品牌策略

品牌定位——“预防上火的饮料”，其独特的价值在于——喝红色王老吉能预防上火，让消费者无忧地尽情享受生活，如煎炸、香辣美食、烧烤、通宵达旦看足球……

红色王老吉顺应现有消费者的认知，没有与之冲突。

“开创新品类”永远是品牌定位的首选。一个品牌如果能够将自己定位为与强势对手所不同的选择，其广告只要传达出新品类信息就行了，而效果往往是惊人的。红色王老吉作为第一个预防上火的饮料推向市场，使人们通过它知道和接受了这种新饮料，最终红色王老吉就可以成为预防上火的饮料的代表，并随着品类的成长，自然拥有最大的收益。

三、定价策略

王老吉进行了成功的产品定位和品牌定位后，3.5元的零售价格也因为其所独具的“预防上火的功能”而不再显得“高不可攀”。

四、关系策略

1. 处理好与内地王老吉药业的关系

正是由于红色王老吉将品牌产品定位在功能饮料上，区别于王老吉药业的“药品”“凉茶”，所以，才能更好地促成两家合作共建“王老吉”品牌。目前两家企业已共同出资拍摄一部讲述创始人王老吉行医的电视连续剧——《药侠王老吉》。

2. 处理好与消费者的关系

在频频的促销活动中，红色王老吉同样注意紧紧围绕“怕上火，喝王老吉”这一主题来进行。如在最近的一次促销活动中，加多宝公司举行了“炎夏消暑王老吉，绿水青山任我行”刮刮卡活动。如果消费者刮中“炎夏消暑王老吉”字样，即可获得当地避暑胜地门票两张，并可在当地度假村免费住宿2天。这样的促销，既达到了即时促销的目的，又有力地支持和巩固了红色王老吉“预防上火的饮料”的品牌定位。

3. 处理好与中间商的关系

同时，在针对中间商的促销活动中，加多宝除了继续巩固传统渠道的“加多宝销售精英俱乐部”外，还充分考虑了如何加强餐饮渠道的开拓与控制，推行“火锅店铺市”与“合作酒店”的计划，选择主要的火锅店、酒楼作为“王老吉诚意合作店”，投入资金与他们共同进行节假日的促销活动。由于给商家提供了实惠，红色王老吉迅速进入餐饮渠道，并成为主要推荐饮品，同时加多宝可以根据现场的特点布置多种实用、有效的终端物料。在提升销量的同时，餐饮渠道业已成为广告传播的重要场所。

营销活动的效果预测和监控

一、营销效果的预测

通过营销活动迅速地提升企业产品的销量，实现企业巨大的利润，形成品牌的新形象，利于拓展自身在全国范围内的市场，最终实现自身的品牌定位。

二、营销效果的监控

2003年红色王老吉的销售额比去年同期增长了近4倍，由2002年的1亿多元猛增至6亿，并以迅雷不及掩耳之势迅猛冲出广东。2008年，尽管企业不断扩大产能，但仍供不应求，订单如雪片般纷至沓来，全年销量突破100亿元。同时，百事可乐旗下的企业肯德基，已将王老吉作为中国的特色产品，确定为其餐厅现场销售的饮品，这是目前唯一进入肯德基连锁的中国品牌。

2002年，王老吉饮料年销量1.8亿元。

2003年，王老吉饮料年销量6亿元。

2004年，王老吉饮料年销量近15亿元。

2005年，25亿元（含盒装）。

2006年，约40亿元（含盒装）。

2007年，约90亿元（含盒装）。

2008年，约120亿元（含盒装）。

…………

◎ 写作要点

（1）营销策划一般涉及两个组成部分，即现有的营销环境分析和营销策略的设计。

（2）此营销策划内容较为全面，语言准确，分析透彻，对企业发展有战略性影响，借鉴意义较大（由于考虑涉及商业机密等问题，此处省去了行动方案、费用预算等内容，请读者谅解）。

[范例2]

玉兰油营销策划

目录

前言

营销分析

营销战略

营销组合

前言

一、公司概述

玉兰油（OLAY）是中国区最大护肤品牌，玉兰油在中国已持续十年呈两位数增长。

它是宝洁公司全球著名的护肤品牌，OLAY以全球高科技护肤研发技术为后盾，在深入了解中国女性对护肤和美的需要的基础上，不断扩大产品范围，目前已经涵盖了护肤和沐浴系列，真正帮助女性全面周到地呵护自己的肌肤。如今，玉兰油全球销售额超十亿美元，成为世界上最大、最著名的护肤品牌之一。

二、市场概述

被称为“美丽经济”的中国化妆品市场，经过20多年的迅猛发展，现今已经取得了前所未有的成就。中国的化妆品市场是全世界最大的新兴市场，在短短的20多年里，中国化妆品行业从小到大，由弱到强，从简单粗放到科技领先、集团化经营，全行业形成了一个初具规模、极富生机活力的产业大军。化妆品企业如雨后春笋般越来越多，名目繁多的化妆品品牌层出不穷，市场竞争愈演愈烈。国内亦涌现出一批以美加净、六神、大宝、郁美净、舒蕾、欧珀莱、隆力奇等为代表的优秀民族化妆品品牌。中国的化妆品产业发展势头迅猛，并已经成为新的消费热点。

三、营销目标

巩固玉兰油产品的市场领导地位，进一步确立出色“护肤专家”这一产品形象，提高目标消费群体对玉兰油产品的尝试欲望与购买兴趣。向消费者传递玉兰油相关产品的信息，让玉兰油时尚、专业、高档的形象深入人心，并通过促销中的买赠活动吸引更多的消费者购买。

营销分析

一、市场分析

(1) 行业背景。

化妆品行业在我国国民经济中是发展最快的行业之一。它经历了从无到有，从小到大的巨大变化。1987年的产值仅18亿元，生产企业只有100家左右，发展到2000年，全行业的销售收入已经达138亿元，拥有3 000多家生产企业。从1987年到2000年，化妆品行业产值的年均增长率达到18%左右。国际化妆品市场，尽管在过去的几年里，全球许多国家与地区出现了经济衰退，但全球化妆品的销售情况基本保持稳定的增长态势。据《国际市场追踪》(MTI) 的权威统计报告，国际化妆品市场近年来的增长速度达到20%左右，而另一家全球市场调查公司Euromonitor的调查资料显示，亚太地区化妆品市场增长较快，并预测今后亚太地区还会有较高的发展趋势。

(2) 市场细分。

目前市场上的碧欧泉、兰蔻、资生堂、欧莱雅、玉兰油、香奈儿、雅诗兰黛等品牌已深入人心。

二、SWOT细分

(1) 优势分析。

国内化妆品企业的竞争优势主要在于低价格。由于多数本土化妆品品牌包装简易、生产线简陋，形成了较低的生产成本，售价自然较低。一般来说，低成本再加上无需关税，国产化妆品品牌售价仅为国外品牌售价的十分之一。国内化妆品品牌由于多由本土人士创立，企业家多了解国内市场需求，产品更贴近普通大众生活所需，更适合本土消费者使用。还有比较早期的一些老品牌已经深得部分消费者的赞誉，有一定的口碑。另外，本土的销售渠道也占有一定优势。而国外的一些品牌采取的高价策略，也使一批中国消费者望而却步，或者是使用过后觉得性价比不高，转而选择国内品牌。

（2）劣势分析。

第一，虽然中国的化妆品历史悠久，但是，化妆品行业一直发展缓慢，直到 20 世纪 90 年代以后，得益于外资和国外先进技术的引进，中国的化妆品行业才得到了一定的发展。第二，产品科技含量低，相关产业支持能力弱。化妆品产业同精细化工、生物科学、细胞科学、材料学等学科密切相关，而我国在上述领域并没有明显优势。科学配方研制和开发方面仍处于效仿阶段。第三，大多国内企业重销售，轻研发。国内大多数的化妆品企业都欠缺科研能力和新产品设备，相比研发更重视销售，而在销售领域又没有过人之处，而且更加缺乏对企业攻关的、长期的发展战略研究。第四，国内大多企业缺乏科学营销及管理方式。由于国内的化妆品企业多以中小型的民营企业为主，企业缺乏科学的营销策略及科学的管理手段。第五，产业集中度低，高端品牌竞争力弱。由于多为中小企业，缺乏可以与国外跨国企业相比较的大企业，因此品牌培养力差，高端品牌竞争力弱。

（3）机会分析。

改革开放 30 多年来，中国的经济发生了举世瞩目的变化，人们的生活水平日益提高，在生活温饱的基础上，人们对美的需求也越来越大。这给国内的化妆品生产企业带来了广阔的市场和发展空间。外资品牌的踊跃进入给国内企业带来了学习的机会，先进的管理手段、营销方式等，都是其学习借鉴的重点，如欧莱雅的品牌策略、雅芳的直销模式等。

（4）威胁分析。

在中国美容化妆品市场中，外资或合资企业所占的市场份额已接近 80%，而国内化妆品生产只有通过中外合资，推出中低档产品才能迎合中国消费者的需求。据资料显示，在北京、上海、深圳等大城市，女性使用率最高的品牌中，国产品牌很少。更有趣的是，在这些城市商场专柜促销活动时，资生堂、欧莱雅、美宝莲等国外品牌柜台前挤满了购物的消费者，而形成鲜明对比的是，一些国产品牌专柜的柜台前，则是鲜有问津。如果说国内化妆品企业的最大优势在于中低端市场的低价策略，那么世界知名化妆品公司对低端市场的争夺加大了国内品牌所面临的威胁。目前，国内化妆品企业的竞争力较弱，尤其在高端市场，高端品牌领域很难与国外品牌相抗衡。

三、竞争分析

通过对中国国内化妆品行业现状的描述，以及对其竞争力的 SWOT 分析，我们可以得出中国化妆品市场潜力巨大、市场竞争激烈、国内化妆品品牌竞争力较弱等结论。通过对品牌资产、供应链管理、营销模式管理等方面的介绍和例证，我们将提出有利于提高国内化妆品企业竞争力的建议。在众多国际知名化妆品纷纷涌入中国市场的今天，国内化妆品企业面临着巨大的机遇与挑战，只要肯从自身实际情况出发，选择适合自身发展的模式，不盲目跟从，踏实发展，国内化妆品企业必定能有更大发展，树立起能与国际品牌抗衡的、具有中国自己特色的化妆品品牌。

营销战略

一、总体战略

成为女性化妆品市场的名牌企业并占据主导地位。

（1）公司使命。

服务于大部分女性消费者。针对女性肌肤和生理特点研发的高品质产品，帮助消费者塑造完美的女性形象。

（2）目标群体。

从15岁到50岁，甚至到60岁的消费者都能找到适合她们自己的产品。

二、发展战略

进一步扩大和健全营销网络，扩展产品生产线，实行多元化、信息化经营战略。扩大市场占有率，打开女性化妆品市场。利用公司女性化妆品研制的技术优势，研发相关产品，扩大市场占有率，努力做到服务女性个人护理领域的佼佼者。

三、定位

（1）总体定位。

随着消费水平的提高，中国最近几年化妆品消费逐渐中高端化，原本定位于中低端市场的玉兰油，为了顺应消费形势的变化，不断将产品线和品牌形象上移，在中低端、中高端两线作战，使得玉兰油市场份额明显上升，并有可能创造出单一品牌长线定位的成功特例。

（2）品牌定位。

基于国内市场的实际，我们选择高品牌形象，中高档价格定位的策略，树立OLAY品牌的特点，体现融细腻和简约为一体的现代女性新形象。

营销组合

一、产品

产品包装以淡雅为主，瓶型简洁大方，体现女性的细腻与大方。包装上明确标有产品中的某些成分，特别有助于女性针对自己的皮肤特点来选择具体的产品。针对不同产品采用不同规格的包装，并采用了产品组合的形式出售。

二、服务

（1）销售服务。

建立完善的营销网络，为客户提供健全优质的服务。1）售前服务。采用宣传、交流等手段，以及通过专业推销员及美容师的售前服务向消费者作全面介绍，使客户了解产品的特性并了解适用情况。2）售中服务。建立完善的营销网络（如莱坤在线），甚至可以急客户之所需，及时送货上门。3）售后服务。建立信息交流的反馈渠道，不断改进自己的网站，倾听客户的声音，做好关于产品质量和服务的反馈信息的处理，根据客户需要不断改进产品，自动保持与客户的联系，加强与客户的关系，最大限度地满足客户的需求，并超越客户期望，适时举办信息交流活动，搭建沟通桥梁。

（2）销售渠道。

终端布局不走大流通渠道，而选择商场女士专柜、女士专卖店、女士专业美容院三种销售终端。这种布局有利于成鼎立之势，互为依托。专柜树形象，专卖店求销量，美容院可留住客户。三种销售终端在产品组合及服务方面各有侧重。

同时采用电子商务模式，用电子数据高速、快捷的物流配送来搭建商业交易平台，让市场无疆界，便利购物，直面客户，进而有效占有市场。借助营运专柜、专卖店、专业美容院构建的支流点，加上第三方物流的有效组合，构建属于自己的物流网，形成协调一致的有效配送体系；营业人员与优惠客户大军以及周围的客户群体，构成忠诚的客户体系；有效固定的营运专柜、专卖店、专业美容院的客户购货保证，再加上所有营销人员“移动的”售后服务终端以及“玉兰油在线”服务形成虚实结合的售后服务体系。

（3）销售价格。

针对国内女性化妆品市场从产品、定价到渠道都定位于中高档市场。针对国内女性化妆品市场从产品定价到渠道都定位于中高档市场。价格走中高端路线尽可能靠近目标消费群体，率先打动消费者的心灵，高端路线尽可能靠近目标消费群体，率先打动消费者的心灵，树立良好的品牌形象，利用先入为主的心理，抢占男性化妆品的市场。

例如，OLAY玉兰油新生塑颜金纯活能水150ml，市场价：220元，促销价：165元；OLAY玉兰油新生塑颜金纯夜、焕肤金露50ml，市场价：260元，促销价：219元；OLAY玉兰油新生细致滋润乳50g，市场价：180元，促销价：140元；OLAY玉兰油新生塑颜金纯活肤乳75ml，市场价：240元，促销价：198元；OLAY玉兰油新生塑颜修护精华露50ml，市场价：240元，促销价：188元。

（4）促销。

1）销售促进。采用样品派送和优惠组合套装的形式在终端布局促销，有效地加速品牌及产品进入市场的进程，促进消费者认识和接受，建立对产品的信心，以建立消费者的购买和消费习惯，增加产品的销售，提升销售额。

此外，还采用样品派送和优惠组合装来促进销售。

2）广告。

广告目标：提高美誉度、知名度、市场占有率、多面达到第一品牌地位。

广告对象：16～45岁的女性，有一定收入。

广告地区：国内各大、中、小城市。

广告创意：洗脸，可以令肌肤和谐，如珍珠般净白；生与死的边缘，美与丑的选择——玉兰油。

广告媒体：主要媒体——电视、网络；辅助媒体——印刷广告。

◎ 写作要点

营销策划要对产品定位准确，分析精当，并要能够帮助企业管理者作出正确的判断，并制定出相对科学而合理的营销手段与策略。

专题二　广告文案

广告是工商企业、事业单位、机关团体以及公民个人以公开付费方式，通过一定的媒介或形式向社会公众宣传商品、劳务、服务及其他信息，或向社会提出某种主张、意见、建议所进行的特殊宣传活动。广告文案是指用以展示广告宗旨和内容的语言文字，广告文案质量的优劣直接决定着广告宣传效果的好坏，广告文案是一切广告宣传的核心与灵魂。

一、广告文案的概念

广告文案是指为产品而写下的打动消费者内心，甚至打开消费者钱包的文字。它不包括绘画、照片等非语言因素。

广告文案按不同的标准可以分为不同的种类。按媒体分，广告文案分为报纸广告文案、杂志广告文案、广播广告文案、电视广告文案、网络广告文案、户外广告文案、其他媒体广告文案。按内容分，广告文案分为消费物品类广告文案、生产资料类广告文案、服务娱乐类广告文案、信息产业类广告文案、企业形象类广告文案、社会公益类广告文案等。

二、广告文案的格式

广告文案一般包括标题、正文、附文和口号四个部分。

1. 标题

广告标题是展现广告主旨的短文或短句，位于广告文案的醒目位置，通常选用比其他部分大或异于其他部分的字体。广告标题可以是几个字、几个词或者是由多个句子组成的文字。标题的结构分为以下几种：

（1）单词型。如奥迪汽车在新加坡刊出的系列广告标题是："有人照顾""能屈能伸"。这样的标题字数少，一般用来描述商品或服务的最主要的特征。

（2）词组组合型。由两个或两个以上的词组来完成标题的使命，像美国某银行的广告标题"我的生活，我的账户"。

（3）句子型。以一个句子来作为广告标题。如微软智慧型鼠标的广告标题是："按捺不住，就快滚。"喜力啤酒的广告标题是："酒虽然空了，心却是满的。"东芝笔记本电脑的广告标题："化概念为现实的杰作，唯有亲身驾驭，才能体会非凡乐趣"。

（4）多行式。多行式的标题，是由引题、主题、副题等几个部分共同组成的。引题是要引出主标题，为其提供背景或悬念。而副题则是对主标题内容的补充，或者是旨在进一步扩大主标题的效果。

万科房地产的广告标题就是一个三题俱全的例子：

（引题）万科城市花园告诉您。

（副题）不要把所有的鸡蛋都放在同一个篮子里。

（主题）购买富有增值潜力的物业是您明智而深远的选择。

2. 正文

广告正文是对产品及服务，以客观的事实、具体的说明，来增加消费者的了解与认识，以理服人。广告正文撰写使内容要实事求是，通俗易懂。不论采用何种题材式样，都要抓住主要的信息来叙述，言简易明。广告正文一般包括引言、主体和结尾三部分。

（1）引言。主要任务是引出广告正文的中心段。广告引言或开门见山，直奔主题；或交代广告的目的或动机；还可以从释疑入手。

（2）主体。主体是广告的重心所在。在这一部分，必须简明扼要地表现广告主题，陈述产品或服务所具备的不可取代的特点、本商品或服务的特征与优势所在，以关键性的、有说服力的事实给以说明。

（3）结尾。一般是为敦促消费者迅速付诸购买行动而写的文字。可以直接提供建议，欢迎选购或采取其他相应举动。有时候，也可以在敦促人们赶快行动的同时再次宣传产品的好处。

3. 附文

附文又叫随文，是广告文案中的附属部分，是对广告内容必要的交代或进一步的补充说明，其具体内容包括：品牌全称、企业全称、地址、路线、邮编、电话、传真、网址、联系人以及经销商和服务部门的相关信息。

4. 口号

广告口号又叫广告标语，是广告主所提供的产品、服务的优良品质和良好形象的体现，或是对广告主所倡导理念的言简意赅的概括，其作用是加深印象、长远促销、树立形象、倡导观念。

大量的广告文案，并非标题、正文、附文和口号全部齐备。有很多广告文案在结构上是不完整的。

三、例文

[范例]

雀巢咖啡“爱的外遇”篇

雀巢咖啡，苦涩中有爱！（标题）

（正文）

背着妻子，与她相遇，在午夜里的柔香，
记得那次初吻，我看见了她满脸的羞涩。
我，忘情地，
手捧她褐色的脸颊，
一口饮下，细细品尝：
亲爱的，对不起，让你久等了，
不知为何，一日不见你，便困倦难耐，
没见到你，我怎敢回家，
现在，我决定把你带回家，见我的另一个她。

深夜三点半，我回了家，
妻子发现，自己的怀疑原来只是一场美丽的误会。
我的不归，是为了准备最美的礼物给她。
我了解她，我们都喜欢一夜不眠，品味那缕咖啡香，
雀巢咖啡，芳香略带苦涩，
我们的爱，甜美而又新鲜，
雀巢咖啡，属于深爱的我们俩。
雀巢咖啡，爱上她不是错误！（广告口号）

◎ 写作要点

（1）广告文案在语言表达上必须具有可信性、诱导性、简明性和艺术性等特点。

（2）写广告文案先要找准目标消费群体，重点突出产品的特点和功能。

专题三　活动策划

改革开放以来，市场经济不断发展，企业越来越多重视策划。在市场经济的今天，活动策划无处不在、无时不在，不断地影响我们的社会和生活。活动策划是未来营销的新主角，不断地显示出自己的魅力和优势。

一、活动策划的概念

活动策划是提高市场占有率的有效行为，一份可执行、可操作、创意突出的活动策划案，可有效提升企业的知名度及品牌美誉度。活动策划案是相对于市场策划案而言，严格说它们同属市场策划的兄弟分支，活动策划、市场策划是相辅相成、相互联系的。市场策划和活动策划都从属于企业的整体营销思想，只有在此前提下做出的市场策划案和活动策划案才兼具整体性和延续性，也只有这样，能够有效地使受众群体同意一个品牌的文化内涵。活动策划案应遵从市场策划案的整体思路，才能够使企业保持一定的市场销售额。

活动策划按内容，可以分为休闲活动策划、文化活动策划、饭店活动策划、庆典活动策划、大型演艺活动策划。

二、活动策划的格式

活动策划一般要包括以下几部分的内容：

(1) 活动名称。

(2) 活动主办方及协办方。

(3) 活动时间、地点及参加人员。

(4) 活动目的及意义。

(5) 活动具体流程。

(6) 活动中的人员分工以及经费预算。

(7) 应急预案。

(8) 其他内容。

其中 (4)、(5)、(6)、(7) 这四项是活动策划中最重要的部分。活动策划人在制作这四项时必须一丝不苟，绝不能出现任何差错，尤其是第 (7) 项，这一点在大型活动中尤为重要，因为它考验着主办方应对紧急突发事件的能力，也间接检验着主办方实力的高低。

三、例文

[范例]

“奔跑吧，单身族”活动策划

一、活动名称

奔跑吧，单身族——撕名牌大战

二、活动主办方及协办方

主办方：××工学院软件学院

协办方：××工学院院团委

三、活动时间

2015 年 11 月 11 日（星期三）下午 4:00—7:00

四、活动地点

××工学院软件学院五楼大礼堂

五、参加人员

××工学院软件学院学生

活动声明

本活动旨在强健体魄、促进友谊、沟通感情，无任何商业性质。发起人、参与者、场地所有人均不为此负任何责任。因活动引起的意外伤害责任划分详见附录 1。

六、活动目的及意义

时下综艺节目《奔跑吧兄弟》异常火爆，其中的撕名牌环节更是受到了很多人的欢迎。此环节不但能锻炼参与者的智慧、体能与应变能力，更能考验参与者的合作能力，培养团队精神。因此而被各个高校、公司所争相效仿。为了创新风、秀青春，践行社会主义核心价值观，弘扬中国梦，实现社会主义的四个现代化建设，我们也将与时俱进的开展一次本类型活动。

七、活动流程

2015 年 10 月 25 日—2015 年 11 月 9 日　活动策划、邀请队员、制定规则、采购道具

2015 年 11 月 11 日　正式比赛

10:00—16:00　裁判培训、布置场地、联系隐藏 NPC

16:00—16:30　规则讲解、发放道具、签署负责声明

16:30—17:00　热身活动、分队分组

17:00—19:00　正式比赛

19:00—20:30　道具回收、赛后聚餐

八、活动人员分工

参赛队员 50 人，裁判 10 人，工作人员 6 人，共计 66 人。

赛前，工作人员和裁判要负责张贴海报、采购道具、制定规则和对参赛人员进行培训。在比赛过程中，裁判除需负责宣布比赛规则和监督比赛过程以外，还需负责整个赛事的安全保障工作。工作人员要负责赛场道具的摆放、保管以及回收等工作。参赛队员在比赛开始之前要自觉帮助工作人员布置赛场，比赛结束后要主动协助工作人员回收、整理、存放道具。

九、物资预算

（一）经费来源

中国移动通信公司友情提供

（二）活动资金

人民币 2 000 元

（三）道具购置

队服文化衫 70 件　　共计 1 050 元

名牌 70 个　　共计 140 元

快递运费　　共计 60 元

衣服名牌缝接 70 件　　共计 70 元

信封 150 个　　共计 15 元

指压板 5 个　　共计 225 元

信封贴纸 60 个　　共计 120 元

饮料 100 瓶　　共计 300 元

共计：¥1 980 元

十、应急预案

（略）。

十一、活动口号

哪儿那么多废话，赶紧开始吧！

十二、裁判细则

（略）。

十三、活动规则

（略）。

十三、隐藏任务与事件、提示线索

（略）。

十四、附则

（1）若因场地或其他不可抗拒因素，活动顺延。

（2）本策划为《奔跑吧，单身族——撕名牌大战》的初步策划。

（3）本次活动最终解释权归××工学院软件学院所有。

◎ 写作要点

（1）策划活动前要确定活动的预期目标，再寻找实现活动目标的支撑点，即确定活动的主题创意。

（2）活动内容是活动策划的主体，必须紧扣活动的目的和主体创意设定活动的流程，编制活动预算，制定周密的执行方案。

应用实践训练

一、病文诊断

请指出下面例子的毛病并修改。

1.

××牌饮料广告文案

××牌饮料采用中药配方，经科学方法提炼其有效成分酿造而成。国内首创，风格独特，香味柔和，清润可口，乃新型保健饮料，宴席佐餐佳品。具有滋阴补肾，培本固精，延缓衰老，滋润肌肤之功效，是清代以后历代宫室的高级滋补饮品。

2.

2015年×市×局推普周活动策划

2015年9月15日至9月21日，是第十八届全国推广普通话宣传周。为进一步增强我局的语言规范意识和推广普通话参与意识，促进我局推广普通话和语言文字规范化工作的不断深入，努力构建与社会主义和谐社会相适应的和谐语言生活，树立良好的学校形象，根据我局实际，特制定以下活动方案。

一、活动主题

积极普及民族共同语，增强中华民族凝聚力。

二、活动目标

进一步增强我局语言规范意识和推广普通话参与意识，促进我局推广普通话和语言文字规范化工作不断深入，努力构建与社会主义和谐社会相适应的和谐语言生活，积极开展行之有效的活动，推进我局语言文字工作进一步规范化、制度化，树立良好的对外形象。

三、活动内容

1. 抓好日常推普工作。要求在全体干部职工坚持用普通话进行交谈，同时，在日常工作、接待中，积极鼓励全体干部职工用普通话进行交流，提高语言文字规范意识，形成大家都说普通话的良好风气。

2. 做好推普宣传工作，扩大推普面积。广泛张贴推普标语，让说普通话的意识深入到每个人的心里，通过多种方式营造推普活动的浓烈氛围，形成在社会公共交际中使用普通话和规范汉字的习惯。

3. 开展好推普工作，增强推普力度。结合每周学习会议等进行“大力推广和规范使用国家通用语言文字”的语言文字规范化教育活动，增强推普力度。

四、具体安排

1. 成立推普领导小组，召开领导小组会议，落实具体工作。

陇县文化广电局第十七届推普工作领导小组：

组长：李文粱

副组长：张福劳

成员：苏黎明、王振海、王全军、卢满世、孔建强、贾勤学

2. 组织学习《国家通用语言文字法》，深入学习了解国家语言文字政策；营造以普通话和规范字为主体的和谐语言生活，要求大家在公共场合说普通话。

3. 开展各种形式宣传活动，张贴推普周宣传画和宣传牌，悬挂大型横幅标语，进一步渲染推普气氛，扩大推普宣传的影响。

4. 积极响应上级要求，认真组织、开展一次普通话推广动员大会，向全体干部职工发出“推普周”活动倡议；组织一次“啄木鸟”行动，自查纠正一切错别字、繁体字、异体字以及已废止的不规范简化字。

3.

“双 12”营销策划

失去了“双 11”，确实可惜，可如今面对即将来临的“双 12”，我们准备大干特干，立志要在这场战斗中杀出个好成绩。

活动时间：12 月 7 日到 12 月 15 日

主题：这次活动主要以满就减、满就送、满就抽奖等形式，主要突出“双 12”活动的主题。

目标：10 万元，500 单

提纲：

一、售前的准备工作

二、售中的跟进工作

三、售后的服务工作

一、售前的准备工作

1. 选品：活动商品要挑选具有优势的产品，比如，价格优势，款式新颖，质量过硬等。当然，所有所售商品一定要有自信，不要以次充好，好的产品才会带来更多的回头客，更多的好评，更高的 DSR 评分，更低的退换货率，减少客服和库房的工作量，降低运费成本。总之，产品一定要物有所值。详情请见选款文档。

顾家商品 A，原价××，淘金币价××+100 淘金币，数量 500 份，折扣 5～7 折，附送一些小礼品等，例如礼品杯，环保袋，鼠标垫。

2. 营销：做好店铺商品的关联营销，搭配好推荐套餐，例如：外套+打底衫+裤子等，平时的促销手法也不能停，如收藏有礼，满就送，好评送金，关注送卷等。

3. 活动规则：

（1）消费券只限购买原价商品。

（2）聚划算商品不参加“双 11”活动。

（3）装修：活动开始之前要做好店铺的装修工作，突出活动的主题，将主促商品美化好。

（4）推广：店铺装修之后马上进行“双 12”的预热推广及制定“双 12”的详细推广

方案。

（5）备货：活动中销量大的商品以及赠品，备足货源；包装耗材准备充分，比如纸箱，塑料袋，快递面单，胶带，不干胶，美工刀，打印耗材等。

（6）库存：在活动开始前，进行一次库房盘点工作，做到账务相符，即系统库存和实际库存相符，避免出现超卖少卖现象。注意：超卖的后果很严重，将严重影响顾客对本店的影响，严重影响 DSR 的评分以及动态评分。

（7）整理：这里主要说，库房货物整理，货位货物摆放整齐，备货存放位置明确，这样出货效率，准确率才会提高。

（8）场地：活动期间，包裹会比平时多很多倍，所以，场地方面一定要提前规划好，做到人员位置合理，包裹整齐摆放，有利于提高整体工作效率。

（9）人员：合理分配各部门的工作人员，以及各部门之间的相互配合。告诉大家：活动期间，大家要调动自己的积极性，在完成自己工作的同时，去配合相关部门一起完成工作，大家要拧成一股绳，才能高效率的完成任务。管理人员要发挥好协调的工作。

（10）培训：特别是客服的培训，活动量的巨大，需要客服做好和客户之间的 FAQ（疑难解答）。活动过程中，每个客服的旺旺需要面对几百、甚至上千顾客的问答，做好顾客分流工作，尽量让老客服多分担一些顾客，提高工作效率，这需要技术支持。

（11）交接：部门与部门之间的交接，部门内部之间的交接，库房和快递之间的交接，都要做好。特别是库房和快递之间的交接一定要清清楚楚，避免丢单落单现象，这个很重要。

（12）安全：做好安全检查工作，不需在关键时刻，物业停电、停水，灭火器是否可正常使用，网络瘫痪，系统崩溃等硬件设施的检查维修工作要做好。

（13）饮食：提前为大家订好饭菜，饭菜一定要比平时好，犒劳辛苦劳作的兄弟姐妹们。这样大家工作起来更给力。

二、售中的跟进工作

活动进行中，最忙最辛苦的要数客服和库房的兄弟姐妹们了，各部门负责人这个时候要配合、协调好他们的工作，加上之前的准备工作已经做得很到位，售中的时候鼓舞大家的士气是最重要的。最好在配备一个勤务员，专门为客服和库房的员工服务，比如：端茶倒水、分配饮食等细微工作，好让他们专心做事。

三、售后的服务工作

货物发出后，接踵而来的就是客户反馈，这个时候客服人员要做好心理准备，耐心细心地解答客户所遇到的任何问题，神经不能有半点松弛，不要以为接了单就没事了，处理好客户的问题会减少不必要的退换货。将客户退换货的问题标示清晰，方便库房分拣。

库房统计退换货的商品，将残次品上报给采购部门及时进行处理。

二、技能训练

1. 根据下述内容，为茅台酒厂写一份介绍茅台酒的广告。

茅台酒产于贵州省仁怀县茅台镇的茅台酒厂，已有近 300 年的历史。因为酒质优良，风味独特，所以，深受国内外消费者欢迎。1915 年曾获得巴拿马国际博览会奖章和奖状。在全国第一、二届评酒会上均被评为全国名酒。这种酒酿造时用曲量大，用辅料少，经过 8 次蒸粮蒸酒（一般白酒只经过 1 次蒸粮蒸酒），再入库储存 3 年，才准许出厂。酒精度 55 度。以酱香为主体香，味醇厚，回味悠长，饮后的空杯，留香浓郁，经久不散。

2. 请为德芙巧克力写一份营销策划。

3. 请为某超市设计一份七夕节活动策划。

模块九

传播文书

专题一　消息

消息是新闻报道中最常用的一种新闻样式，是新闻报道的主角。真实性、时效性及文字少、篇幅小是消息的基本特征。它能够迅速及时地报道社会生活中新近发生的有意义的事情，具有传递信息、宣传教育、发动群众的作用。

一、消息的概念

消息是用概括叙述的方式，以简明扼要的文字，迅速而及时地报道最新事实的短篇新闻。它是对新近发生的有社会意义并引起公众兴趣的事实进行的简短报道，是新闻传播的主体。

按照内容的不同，消息分为动态消息、综合消息、经验消息、述评消息、特写消息、人物消息等。根据报道范围的不同，消息又分为国内消息、地方消息和国际消息。

二、消息的格式

消息的写作通常包括：标题、电头、导语、正文、结尾、背景材料六个部分。其中"电头"是消息的标志，位于消息的开头，常冠以"本报讯"或"×通讯社×年×月×日电"，这里不详述。

1. 标题

消息的标题形式多样，可以是单行标题，也可以是多行标题。

(1) 单行标题。

单行标题是只有一行的题目，称为正题或主题。单行标题准确、醒目，常能直接鲜明地概括出消息的主要内容或意义，引人注目。一般可以采用浓缩的方法把新闻导语中包含的事实概括为简洁、凝练的词语，使之成为既短小又醒目的新闻标题。如"浙江人为球而狂"(载 2001 年 3 月 25 日《今日早报》)。

(2) 多行标题。

多行标题是指在消息的标题中除了正题外还有引题或副题。多行标题一般是解释性的标题，其中主标题画龙点睛地报道事实，副标题则扼要地进行解释，以加深读者对新闻人物和新闻事件的理解。多行标题概括了消息的内容，揭示了事件的意义，为读者提供了更丰富的信息。如：

银燕绕山乡　飞播织绿装（引题）

恩施、宜春完成春季飞播造林任务（正题）　　　（载《湖北日报》2000 年 5 月 2 日）

我市确立新世纪人才工程目标（正题）

把杭州建成全国人才基地之一（副题）　　　（载《杭州日报》2001 年 4 月 7 日）

2. 导语

导语是消息开头的第一自然段，是消息特有的一个概念。导语要以极其简练、准确的语言把消息中最新鲜、最本质的内容揭示出来，以引起读者的注意。导语一般有以下几种类型：

(1) 叙述型。用高度概括的语言和叙述的手法将新闻的精华、关键陈述给读者。例如，"你在家庭教育上有困惑吗？你在孩子的学习上有难题吗？你的孩子需要心理辅导吗？由杭州市下城区教育局举办的大型教育咨询活动，将于 4 月 7 日上午在杭州武林广场举行。届时，省、市有关教育专家、名师将坐堂接受咨询。"（《关注教育，就是关注孩子的未来》，原载 2001 年 3 月 30 日《家庭教育导报》）

(2) 描写型。用描绘的手法，把反映消息中主要内容的场面、事实、时间、环境用简洁的文字概括出来。如"扬帆"路上果飘香，"慈岩"峰下荷花艳——这是建德市把特色农业与旅游景点进行"嫁接"所描绘出来的一幅山水田园画。这一"嫁接"使建德旅游长了翅膀，今年一季度的游客接待量比上一年同期增长了 60%（《建德特色农业"嫁接"旅游业》，原载 2001 年 4 月 10 日《杭州日报》）。

(3) 评论型。运用夹叙夹议的方法，对报道的事实作简洁、中肯的评论，增强消息的指导性。评论型导语可以是先议后叙，或先叙后议，力图做到言简意明，抓住重点。如杭州市各级检察机关充分发挥职能作用，坚决贯彻依法从重从快的严打方针，近期依法批准逮捕带有黑社会性质的恶势力犯罪分子 48 人，其中犯罪团伙 6 个，成员 38 人（《杭州执法部门扫荡恶势力》，原载 2001 年 4 月 10 日《都市快报》）。

3. 正文

正文是消息的主体。其任务是对导语作具体的、详细的报道。所以，在内容上要以典型、充分的事实来阐述深化导语中提出的观点，回答导语中提出的问题，展示主题思想。正文的结构主要有四种形式：倒金字塔结构、金字塔结构、两者混合式结构和自由式结构。

(1) 倒金字塔结构。

这是消息的常用结构，也称"倒三角"，就是把消息的高潮、结果放在最前面，然后按事实重要性递减的顺序来安排材料。这种结构的安排是充分地考虑读者和媒体的注意力需求的体现。它可以保证读者能够最快地了解最重要的事实，符合人们的接受心理，也非常有利于编辑对稿件进行及时有效的处理。

(2) 金字塔结构。

这种结构也称为编年体结构，这是和倒金字塔结构完全相反的一种消息结构。它完全按照事件发生的时间顺序来写，其高潮出现在结尾。这种结构的优点是可以保持事件过程的完整性，可以制造悬念，引人入胜。

(3) 两者混合式结构。

这种结构适用于内容复杂的消息。在按倒金字塔结构安排了一个引人注意的开头之后，就完全按照事件发展的完整的顺序来写，在结尾处使事件真相大白。

（4）自由式结构。

这种结构实际是针对消息报道过于模式化而提出的改革方向，它是在确保简明扼要、准确无误地传播信息的前提下，追求一种生动活泼富于美感的表达方式。

4. 背景材料

背景是一个新闻术语，是指对新闻人物、新闻事件起作用的历史条件和环境的介绍。通过背景材料的提供，可以帮助受众加深对新闻中涉及的不大熟悉问题的认识，突出消息的主题和意义所在。

背景材料一般可以分为对比性材料、说明性材料和注释性材料三类。

对比性材料就是对事物进行前后、左右、正反、过去与现在、这个与那个、正确与错误的对比，突出所报道事件的意义。

说明性材料就是介绍与新闻消息有关的政治背景、地理环境、历史事件、工作与生产环境、人文背景，帮助读者更好地理解消息的内容。

注释性材料指对新闻事实作出评注或解释，主要是对消息中一些专业名词、产品性能、特点、使用方法、技术性名词等作解释性的说明。

5. 结尾

结尾是消息内容发展的自然结果。与一般文章相比，多数消息没有结尾。由于在导语中已经交代了结果，在正文中又作了叙述，因此，文章也就自然结束了。但如果需要，消息也可以有结尾。

消息的结尾可以是点题式的，用议论性的话语总结全文，点明主题；可以是反问式的，以发人深省的提问作结尾，引发思考；可以是比较式的，在结尾时，将本条消息所报道的事实与以前或周围同类事物进行比较，以突出所报道事实的特点，加深读者的认识；可以是预告式的，在报道事实还在发展的新闻时，一般以“观望”的口气结尾，对后续新闻可知者可向读者作些预告。

三、例文

[范例 1]

中国民众自制豆浆　豆浆机成市场新宠

2008 年 10 月 2 日讯　继蒙牛、伊利等几家中国牛奶大公司的液态奶查出三聚氰胺之后，中国民众对国产奶制品的信心严重受损。为此，豆浆机成为市场新宠，许多人开始购买豆浆机在家自制豆浆。

在上海一所大学就读的许铭告诉本报：“反正有‘奶’的东西我都不吃了。我也不想喝国产奶了。不管什么牌子，我都不敢喝，我喝豆浆。我们中国人过去不是都喝豆浆吗，也很有营养啊!”

不少人也在自己的 MSN 或者 QQ 的签名上都写着“改喝豆浆”，尽管豆奶里面只含有少量的奶制品，但是，现在大家是谈奶色变，不放心。家乐福超市的光明牌牛奶即使在产品外包装上贴上检查合格的标签也没用，很多人还是不敢买。

向来让女儿喝蒙牛液态奶的付女士在接受本报采访时说："现在各种证书都不相信了。他们不仅仅伤害了小孩的身体，消费者的心灵也受到了严重的伤害。"

毒奶粉事件不仅摧毁了中国人对奶制品的信心，甚至影响了许多人对中国食品的信心。四年前"维他奶"的大豆水分超标、使用过期原料及霉变豆粉等情况，以及"大头娃娃"奶粉事件，使许多人不再对任何一个牛奶产品品牌有完全的信任感。

在三鹿毒奶粉事件曝光后，许多人还寄希望于蒙牛和伊利等知名品牌，可是，现在他们对所有国产奶都失去了信心。许多家庭转向购买豆浆机自制豆浆，他们认为比较安全，工序也不是特别繁杂。在各种奶品销售跌入低谷时，豆浆机却迎来了良好的商机。

上海永乐家电曲阳店九阳豆浆机的销售人员一边向顾客演示如何使用豆浆机一边告诉本报："这两天豆浆机卖得很好。"

来自江西省上饶市的林小芳也说："以前也有人推荐我买豆浆机自己回家做豆浆，但是，我不愿做，因为我老公以前是喝牛奶的，所以，打完豆浆只有我一个人喝，因此也就不愿做。但是，现在牛奶不能喝了，外面买的豆浆有时不是很新鲜，有些豆浆里面掺加了水，不纯，所以，我就决定自己买一个豆浆机回家自己弄。"

在中国，牛奶的普及率原本并不高。不过，随着人民生活水平的提高以及政府和专家对牛奶的提倡，许多人同意牛奶可以强身，喝牛奶的人越来越多。

70多岁的上海市民曾大爷，因为胃经常不舒服，吃了药也没什么用，一个私人诊所的医生就建议他喝牛奶，告诉他晚上睡前喝，坚持喝一个月胃就会好了。他孙女也要他喝牛奶，所以，他就开始喝了，连老伴也喝。

和外国不一样，大多数的中国市民没有习惯天天吃保健品，对保健品的认识不是很多。有专家称，成年人喝豆浆补充营养，对身体健康很有益处，但是，未满周岁的婴儿应多喝牛奶，慎喝豆浆。

◎ 写作要点

评述类消息是以夹叙夹议、边述边评的方式进行新闻报道的形式。它针对某种思想倾向或实际工作中存在的问题，选择典型，有叙有议，叙述思想过程，讲述事物发展变化的原因，揭示事物本质，帮助读者认识事物。评述类消息是一种介于消息和评论之间的新闻体裁。

[范例2]

冰淇淋案判定不是敲诈

7月11日，黑龙江省哈尔滨市中级法院作出一例终审判决：个体户王某因其所售冰淇淋质量问题向厂家索赔50万元这一行为，属于平等主体之间的民事法律纠纷，不属于敲诈勒索，为此撤销一审判决。

此前，哈尔滨市香坊区法院于5月10日作出一审判决：王某犯敲诈勒索罪，判处有期徒刑3年，缓刑3年。理由是，王某以诋毁厂家商业信誉相要挟，索赔50万元，其行为属敲诈勒索巨款据为己有。

一审判决引起了社会舆论的广泛关注和讨论，本报6月2日曾予以点评；王某要向新闻媒体反映的是一个真实的商品质量问题，而非诬陷或揭人隐私，按传统观念你可以说他是"狮子大开口"，但这本身并不违法，更非犯罪，一审判决令人"实难思量"。

◎ 写作要点

这篇消息可以算作一篇评述性消息，因为在客观报道案件审理结果的同时，加入了记者对此案审理结果的议论和评价；同时，本文又可以说是动态消息，因为它既是前一次有关报道的继续，也是在报道中强调事件的发展变化过程。动态消息是报道正在发生的或正处于发展变化的单一事物的报道形式。它集中、突出地向读者介绍某一事件的过程，有时采用连续报道的形式。动态消息以叙述事实为主，用事实本身的意义来体现作者的观点。

专题二　通讯

通讯是一种比消息更为详细而生动的、报道客观事物或典型事物的新闻体裁，可运用叙述、描写、议论等多种方法，常用来评价人物、事件，推广工作经验，介绍地方风貌等。通讯是对近期出现的典型人物、典型事件所作的具体、形象的报道。

一、通讯的概念

通讯是综合运用各种表达方式，详细、深入而又生动形象地报道新近发生的事实的新闻体裁。

根据内容的不同，通讯分为人物通讯、事件通讯、工作通讯、风貌通讯。根据对象的不同，通讯分为人物通讯和事件通讯两类。

二、通讯的格式

通讯一般有标题、开头、主体和结尾四部分组成。

1. 标题

通讯的标题多数为单行式；有的有副标题，对正标题予以注释，交代报道的对象和新闻的来源，既可直接揭示新闻事实，也可曲笔达意。如“百姓心中的丰碑——追记公安局长的楷模任长霞”，该标题直接叙述新闻人物，正标题虚写，点明任长霞在人们心目中的地位和影响；副标题直接体现报道的具体对象。再如“急诊，你为什么急不起来?”，通过运用拟人和反问的手法，针对医院急诊室缺医少药、形同虚设的事实予以质疑，引起人们的关注和思考。这些标题形式，都是不拘一格、机动灵活的体现。

2. 开头

通讯的开头多姿多彩，不拘一格，最为常见的开头形式有以下几种：

（1）直入式。直入式是指开门见山地直接叙述人物、事件，以情节的尽快切入来吸引受众。例如，《目击杨利伟飞天归来》的开头：“今天清晨 6 时 23 分，中国首飞航天员杨利伟乘坐‘神舟’五号载人飞船从太空归来，平稳着陆于内蒙古中部草原。”短短的一句话，交代了新闻事件发生的时间、地点、人物、事件，直接、概括地切入新闻报道的正题中。

（2）描写式。从新闻现场的环境氛围或人物的形象、行为入手，在交代相关人物事件的环境中展开对主体内容的详尽描述，在对人物形象或行为的刻画中为人物树立一个清晰的形象，给受众一个深刻的印象。如 2005 年 10 月 23 日《人民日报》的通讯《荷兰迎来“中国热”》的开头：“舞台上，舞蹈《秦王点兵》正在表演，音乐尚未停止，剧场内已是掌声一片。当 4 位舞者做完动作最终谢幕时，坐在记者旁边的一位荷兰观众一跃而起，忘情地鼓掌……”这篇通讯就是从新闻事件的现场环境氛围入手的开头形式，给人以热烈生动、身临其境之感。

（3）引用式。通讯的开头直接引用诗词典故、名人名言，这样不仅装点了通讯的艺术形式，更为主体叙写营造有力的文化氛围。同时，通讯的开头也可直接引用新闻事件中人物的语言，包括口头语言和书面语言，这种语言要经典、简明，富有个性、饱含深意。如《基层法官的好榜样——记黑龙江省宁安市人民法院东京城法庭审判员金桂兰》的开头，就引用了金桂兰工作笔记中的一段话，这段精彩的话印证了金桂兰爱岗敬业、乐于奉献的精神世界。

（4）介绍式。在通讯的开头可以介绍新闻事件的缘起、结局或人物的生平、事迹等，使受众从总体上把握事件的思想内容或人物的身份品质，对主体的展开起着总领和铺垫的作用。如 2005 年 10 月 27 日《光明日报》的通讯《忘我人生——记中共广灵县委组织部组织科原科长梁树江》的开头：“他被确诊患有胰腺癌，医生说他的生命最长不过两个月时间，他没沮丧、害怕过什么，一做完检查就到办公室上班……临终前一个月，他全身剧痛，但他还坚持学习先进性教育活动的有关材料，并在上边画了许多圈圈点点。这位面对死神仍忘我工作忘我学习的人，就是今年 6 月病逝在先进性教育工作岗位上的年仅 40 岁的山西广灵县委组织部组织科原科长梁树江。”这个开头通过介绍人物在病魔缠身的情况下仍忘我工作、忘我学习的感人事迹，给人留下深刻印象。

（5）评议式。媒体针对新闻事件或人物本身的价值、意义、影响等做出客观公正的评价，给受众以情绪上的感染和思想上的启迪，并为下文主体新闻事实的叙写定下基调。如 2005 年 10 月 27 日《光明日报》的通讯《“数字十运”展风采》的开头部分：“十运会赛事精彩，移动通信保障也别出心裁。由于十运会是 2008 年北京奥运会举办前最后的一次全国性运动会，因此可看成对我国竞技体育水平和办赛能力的一次大检阅，同时也是通信服务的一次大演练。电信运营商在十运会上的实战经验，对服务奥运会将具有重要的借鉴意义。”整个段落通过对移动通信在十运会上数字保障的概括报道，引出这一实战经验对于 2008 年北京奥运会所产生的推广意义，由此及彼，评论恰当、确切。

3. 主体

主体是通讯的主干部分，是对事件或事实报道的核心。从通讯的内容来看，叙述单一事实的，多采用纵式结构，而叙述较为复杂的通讯多采用横式结构或纵横结合式结构。

（1）纵式结构。纵式结构即按单纯的时间发展顺序、事物发展的顺序、作者对所报道事物认识发展的顺序、采访过程的先后顺序等来安排层次。在这种结构里，时间发展的顺序、情节展开的顺序、作者认识事物的顺序成为行文的线索。在采用这种结构时，要详略得当，布局巧妙，富有变化，避免平铺直叙。如 2005 年 11 月 2 日《人民日报》的通讯《面向未来世代友好——胡锦涛总书记会见中越青年代表》，从“当地时间 15 时 30 分左右”写起，既按照事件发展的顺序，也按照中越两位总书记会见两国青年代表这一中心事件的发展顺序，脉络清晰、重点突出。

（2）横式结构。横式结构是指用空间变换或按照事物性质来安排材料。这种结构概括面广，要注意不同空间的变换，恰当地安排通讯所涉及的各方面的问题。采用空间变换的方法组织结构时，要用地点的变化组织段落；按事物性质安排结构时，要围绕主题，并列地写出不同的几个侧面。常见的有：

1）空间并列式。围绕一个新闻事件所体现的不同空间、不同领域内所发生的动态事实或人物的行为活动来安排材料。如新华社记者采写的《今夜是除夕》即属此类。文章开篇之后，分别写了五个地方的人们做着日常工作的情况——在中央电视台：不笑的人们；在长途电话大楼：传递信息和问候；在红十字急救站：救护车紧急出动；在北线阁清洁管理站：与“城市美容师”的谈话；在妇产医院：新的生命诞生了。

2）性质并列式。围绕一个新闻主题，选择性质上互不隶属的事实材料，即按新闻事实各个侧面之间的关系来安排材料。如例文《基层法官的好榜样——记黑龙江省宁安市人民法院东京城法庭审判员金桂兰》，主体中通过“公正如山”“爱心如水”“廉洁如玉”“坚强如铁”四个小标题，从四个侧面讴歌了金桂兰默默奉献的崇高品质。

3）群相并列式。抓住新闻的主题，通过不同人物及其事迹来组织材料、再现其新闻价值。如2005年10月27日《光明日报》的通讯《党支部——科技创新的旗舰——记北京化工大学科研团队党支部的先锋作用》，紧紧围绕科研团队党支部的先锋模范作用这样一个主题，通过谭天伟、杨万泰、张立群等党员干部在科技创新中的先锋模范作用，体现了科研团队凝聚人心的无穷的精神力量。

（3）纵横结合式结构。纵横结合式结构是以时间顺序为经，以空间变化为纬，把两者结合起来运用。此结构多用于事件复杂而时间、空间跨度广的通讯，如2005年11月14日《人民日报》发表的通讯《为了人民的健康与安全——写在防控禽流感关键时刻》，就是以时间为经、空间为纬来组织主体结构的。其中，主体中的前半部分主要按时间顺序，从“11月2日”写到“11月8日”；主体的后一部分主要是以空间为序，从辽宁的黑山、北宁到湖北的京山等地，作者通过对空间材料的组织，使“疫情严峻，不容懈怠”的抗击禽流感形势在主体内容中得以进一步强化。

4. 结尾

通讯的结尾应该是言简意赅的收束之笔、耐人寻味的点睛之笔。总结一些通讯的结尾方式，在这里列举几种较为常见的结尾技巧。

（1）评议式结尾。这种结尾方式通常以总结性的句式点明新闻事件的主题思想，即所谓的“卒章显志”，这种写法符合人们认识事物时从感性到理性、从现象到本质的思维规律。

（2）引用式结尾。这种结尾类似于通讯开头所采用的引用法。也就是说，在通讯结尾处同样可以引经据典，也可以直接引用新闻当事人的言词观点。

（3）展望式结尾。这种结尾方式通常针对一些新闻事件的动态特点或是发展变化的不固定性，依据主体内容的现实基础所作出的富有前瞻性的预测、憧憬和展望。

（4）补充式结尾。这种结尾根据内容表达的需要，要把那些与主要事实材料相关，但又不需浓墨重彩的材料有意放在结尾，作必要的补充交代；有时为了使新闻事实的动态性得以突出，有意将一些新闻事实留到最后显现出来，表面上是补上一笔，实是为了强化人们对新闻事实的进一步关注。

三、例文

[范例1]

温馨留蓝天　爱心在人间

——陈太菊家人向西南航空公司致谢

陈波

3月22日下午，因丢失一年血汗钱受到西航乘务员帮助的打工妹陈太菊的两位姐姐陈太凤和陈太翠，从广汉市专程赶到成都双流机场，亲手将书有“温馨留蓝天　爱心在人间”的一面锦旗赠送给西航总经理王如岑，以表达全家人的诚挚谢意。

去年12月30日，在广东中山一童装厂打工一年的陈太菊从珠海机场乘机到成都，过安检时忙乱中不慎将12 900元血汗钱丢失了。当她痛不欲生之际，西航乘务员带头为其捐款，从而感动了全机123位旅客纷纷为其解囊相助。当晚23点多，同机旅客古和强、张其君夫妇在回家整理行李时意外发现了陈太菊的钱盒，于是连夜驱车冒着浓雾赶到双流机场，将钱盒交给西航乘务部值班领导。元月一日，西航派人到广汉寻找到陈太菊后及时归还了钱盒。陈太菊得到失款后，感动不已，当场将在飞机上所得的6 000元捐款委托给西航的同志，请转捐给“希望工程”。四川省青少年发展基金会接到这笔捐款后，打破常规，速将该款划拨给朱德同志的故乡仪陇县，从而使15名失学儿童得助重返校园。“这一串串动人的真实故事，就像是导演编的，简直令人不敢相信，然而它却实实在在发生在我们自家人的身上。”陈太凤噙着泪水，满怀感慨地握着王如岑的手说：“你们培养了这么好的乘务员，我们全家人永远都会感激。”作为全国人大代表，3天前才从北京开完人大会议归来的王如岑托着锦旗说：“推进社会主义精神文明建设，是我们共同的大事，刚召开的全国人大会议把它放在了很重要的位置。陈太菊把款转捐给‘希望工程’的举动，做得很好，它对我们继续抓好安全服务工作，也是一种激励。”

据悉，陈太菊已于3月13日重返广东求职打工去了。

◎ 写作要点

（1）通讯的选材要典型。要选择能体现时代精神，表现时代风尚的主体。

（2）通讯的主题要鲜明，报道要完整。

[范例2]

最美女大学生村官

潘志艳用瘦弱的身体坚持不懈为村民背水，乡亲们亲切地称她——最美女大学生村官。

身高不到160厘米的会泽县马路乡大学生村官潘志艳，每天用她瘦弱的身体背水25千克，徒步10多千米，往返于下大箐村崎岖山路4个多小时，汗水流淌在山路，为的只是让村里的老、弱、病、残、困难群众有水吃。她被当地干部群众誉为最美女大学生村官。

“要是没有这个女娃儿，我连水都喝不上了。”71岁的村民赵德刚老人满怀感激地说。

已是古稀老人的赵德刚与老伴抚育着失去父母的孙子，祖孙3人日子过得十分艰难。“看着她一个女娃娃大老远的背水，浑身汗淋淋的，真是不忍心。”赵德刚说着流下了眼泪，她像我的亲生女儿一样，不但背水给我们吃，每次来还帮我们做家务、种地，嘘寒问暖。

生于1984年的“80后”女孩潘志艳，2007年4月入党，当年毕业于文山师范高等专科学校，毕业后打了两年工，当过外聘教师等。2009年考村官，9月选聘到马路乡旁地村任党总支书记助理。

连续3年的干旱使马路乡的旱情一年比一年加剧。潘志艳主动请缨到缺水最严重的大坪子村和下大箐村驻村开展抗旱救灾工作。在得知挂钩联系户赵德刚老人用水紧缺后，潘志艳决定每天为老人背水。第一次背水，潘志艳从村民家里借了小背篓和水桶，加入村民下山背水的队伍中。

背着25千克水往山上爬不是轻松的事，1分钟、5分钟、10分钟，潘志艳的脚开始发抖，肩膀也疼起来，4个小时才爬到村里。

之后的3天，潘志艳咬着牙每天背一趟水，但村里的老人很多，到了第5天，瘦弱的她决定每天背着25千克水往返江边两次，帮助村里其他老、弱、病、残困难群众有水吃。仅凭自己的力量远远不够，她就把其他几个村的大学生村官动员起来，组建了大学生村官背水小分队，由她担任队长。他们在背水的背篓上插上小红旗，让村民看到小红旗就知道他们来了。说起潘志艳，下大箐村的村民无不竖起大拇指：“别看这女娃儿，干起事来绝不逊色男娃子！”

知道这群大学生村官背水后，会泽县联系了消防送水车送水。潘志艳便带领村民投工投劳清理出5.1千米的山路方便送水车送水。后来又建了临时抽水泵站，从牛栏江抽水上山，3月9日水引到了村里。自此，村官背水队才停止了艰难的背水之路。但村官们不闲着，潘志艳又带领着大学生村官在村里挖了一个公用水窖，用来蓄从牛栏江引上来的水。

浙江一公司知道潘志艳的背水事迹后，打电话给她，承诺以月薪4 000元（她生活工作补贴的3倍）的条件聘她，但她婉言拒绝。她说：“这是我的家乡，读书就是为了建设自己的家乡，在农村实践锻炼对我来讲更宝贵，我要做完我该做的事。”

今年9月份，村官合同期将满的潘志艳准备报考公务员，找到一个适合自己的岗位。她说：“村官的实践告诉我，只要用心去做，总会有我们的一片天地。”

◎ 写作要点

人物通讯以人物为中心报道对象，通过一个人物或一组人物新近的行动来反映时代特点和社会面貌。人物通讯中的人物首先应当具有新闻性。一般是各行各业的英雄模范人物、社会名流、在平凡生活中和工作中体现了人生价值的普通人和对社会有反面教育作用的人（如腐败分子）。撰写人物通讯关键是要选好报道的人物对象。这个对象除了要体现时代感和社会面貌外，还必须具有鲜明的性格特征和能够构成新闻的事迹。

专题三　广播稿

随着电子媒介的迅速发展和广泛运用，利用广播电视进行信息交流和人际沟通也越来越普遍，越来越重要。广播稿的写作也成为新闻写作的一个十分重要的组成部分。广播稿是供广播用的各种文字材料的总称，是一种用口语交流信息的文体。

一、广播稿的概念

广播稿就是为广播电台、电视台、广播站的广播而写的新闻稿件。它包括消息、通讯、专访、特写、新闻评述、听（观）众来信等各种具有新闻特征的文章。

一般说来，广播稿种类有录音讲话（包括录音座谈会）、录音报道（包括文字解说、音响和配乐、人物谈话）、录音新闻、口头报道、录音通讯、录音特写、录音访问、配乐广播、广播对话、广播评论、广播大会、重大集会的实况广播、重要文艺、体育表演活动的实况转播。

二、广播稿的格式

广播稿一般包括标题、导语、主体和结语四个部分。

1. 标题

广播稿的标题采用单标题式。如“走近映秀”“爱护环境，保护环境”。

2. 导语

广播稿的种类不同，其导语的写法也不同，但一般是向听众说明节目的名称和主持人自我介绍。如“听众朋友们，大家好，你现在收听的是……我是主持人……”“各位老师，各位同学：大家好！欢迎大家准时收听汝溪镇中‘校园之声’广播站的节目，我是×××”“欢迎光临飞跃调频网络电台，走进音乐心情风筝，冲出你落寞的窗口，拍去身上的迷茫，卸下烦琐的心情，给漂泊的心一个停泊的港湾。DJOK. net——你永远的家。”“同一时间，不同时空。××，××，与大家相约在《文苑守望》，捡拾周三落日的余晖，一起谈天，一起笑，一起细赏平凡人生的心情。”

3. 主体

主体部分是对广播稿内容的全面展开，应具体详尽。

4. 结语

一般是向听众说明节目或播报的内容已完，向听众告别。如：“好了，今天的节目就要结束了，就让我们在 maps 的歌声里，细心的珍藏过往，向着天空说出自己的希望，让自己飞翔。”“本次播音到此结束，感谢大家的收听。”

三、例文

[范例 1]

校园广播稿

亲爱的同学们：

当黎明的第一缕晨光洒在肩头的时候，当晶莹的露珠如我们聪慧的眼眸闪耀在朝阳中的时候，当我们迈着青春的脚步踏上龙门桥走向知识殿堂的时候，新的一天便向我们迎面走来了！

也许，此时的你还在为虚度了昨日的时光而痛悔；也许，此刻的你正沉浸在对明天的美好憧憬中，但请记得：昨天的阳光已不会为你我而再次升起，而明天不过是懒惰之人的愚蠢借口。我们能把握的唯有今天！因为唯有能把握今天的人，方能成就明天的辉煌。

赫胥黎曾说：“时间最不偏私，给任何人都是二十四小时；时间也最是偏私，给任何人都不是二十四小时。”莎士比亚也曾说：“抛弃时间的人，时间也抛弃他。”所以，就在今天，让我们惜时如金、抓住光阴。让我们用琅琅的书声敲响梦想的音符，用奋笔疾书的身影写意青春的画面，用孜孜不倦的精神诠释青春的内涵，用谦逊优美的品德点亮青春的光彩！

梁启超说：“少年智则国智，少年富则国富，少年强则国强，少年进步则国进步，少年雄于地球则国雄于地球！”所以，就在今天，让我们壮怀激烈，拥抱梦想；所以，就在此刻，让蓝天见证我们的梦想，让大海遥感我们的激情！

让我们一起对今天说：“今天，我们绝不虚度！”

◎ 写作要点

（1）广播稿的篇幅一定要简短，用简明扼要的文字把主要问题讲清楚，切忌长篇大论。

（2）声音是广播稿传播的介质，广播稿的写作要符合听的规律，以听取胜。广播稿语言要求口语化，读来顺口，听来悦耳、通俗、亲切、自然，必须能够体现出听觉语言的特点。

[范例 2]

学会感恩能让生命得到滋润

前两天在报纸上看到一个故事：一个女孩和母亲吵架赌气离家，在外逛了一天，感到肚子很饿，她来到一个面摊，却发现忘记带钱了。好心的面摊老板免费煮了一碗面给她。女孩感激地说：“我们又不认识，你就对我这么好！可是我妈妈，竟然对我那么绝情……”面摊老板说：“我才煮一碗面给你吃，你就这么感激我，你妈帮你煮了十几年饭，你不是更应感激吗？”

女孩一听，整个人愣住了！是呀，妈妈辛苦地养育我，我非但没有感激，反而为了小小的事，就和她大吵一架。女孩鼓起勇气，往家的方向走，快到家门时，她看到疲惫、焦急的母亲正在四处张望。妈妈看到女孩时，忙喊：“饭都已经做好，快回去吃，菜都凉了！”此时女孩的眼泪夺眶而出……

当下的孩子认为自己所得的一切都理所当然的时候，他们往往忽略了自己的情感，多了些冷漠与孤独；当他们觉得似乎整个世界都欠自己的时候，他们一定还在那里抱怨不已，这不仅仅局限于年轻人，成人也是如此。其实当我们的世界只剩下自己的时候，此时我们已经失去了整个世界……

“爱的饥饿是一种缺乏症，就像缺乏盐或缺少维生素一样……”心理学家马斯洛指出人都有归属和爱的需要，缺乏爱就会抑制潜力的发展。可仔细想想，很多时候，我们周围并不缺少爱，而是我们大都时候缺少的是心灵的感悟，缺少一颗感恩的心。你不妨尝试一下“情感移入”的方法，也就是所谓的“换位思考”法，就是要我们学会用别人的眼睛看世界，去学会感受别人的心！

的确，我们常常会看到并放大自己所失去或没有的，而忽视那些自己拥有的东西。对于自己没有的，往往抱怨命运的不公，仿佛这个世界欠我们很多。对于自己拥有的，又认为理所当然，习惯于向别人或社会提出种种非理性的要求。

顺境我们值得感激，逆境也未必可悲。正如有人所说，要感激那些伤害你的人，因为他磨炼了你的心志；感激那些欺骗你的人，因为他增长了你的智慧；感激那些蔑视你的人，因为他觉醒了你的自尊……

这，其实是一种可贵的人生态度，与其让挫折与不幸成为自己人生路上的障碍，让怨恨充斥你的心灵，还不如拿来做自己人生路上的坐标。

要怀着一颗感恩的心，感谢命运，感激一切使你成熟起来的人，感恩周围的一切。不是吗？云卷云舒，花开花落，都值得我们去珍惜。

拥有感恩的心，需要我们用心去观察，用心去感悟，更需要我们用心去爱。路旁小花的努力，给自然增添了芳香；池中小鱼的游动，给我们带来了一份情趣；含辛茹苦的父母，给了我们生命和健康的身心；朋友的关怀与帮助，给了我们温馨的心理空间……

当我们更多地用头脑去考虑自己的得失的时候，往往忽视了那份来自心灵的感动，拥有的只是抱怨与烦躁；当我们学会感恩生活的时候，生命得到了滋润，我们也同时拥有了一颗安宁、平和而坦然的心。

◎ 写作要点

一篇优秀的广播稿既要写得有情有理，又要有虚有实；既要写得亲切通俗，又要简短扼要；既要写得具体准确，又要注意口语化。

专题四　海报

海报是机关、团体举办某种有意义的活动（戏剧、影视、文艺、体育、报告会等），希望广大群众参加的一种文字广告。“海报”这一名称，最早起于上海，旧时人们把它作为戏剧演出消息的广告（即张贴物）。

一、海报的概念

海报是向广大人民群众报道或介绍有关戏剧、电影、体育比赛或机关、团体、单位举办报告会、展览会、学术讲座、大型文娱活动的招贴文字。

按照内容、性质的不同，海报分为戏剧海报、电影海报、体育海报、报告会海报、活动海报等。海报按其应用不同，分为商业海报、文化海报、电影海报和公益海报等。

二、海报的格式

1. 标题

海报的写法一般有以下三种：

（1）在第一行正中书写“海报”二字，字体大而且醒目，以吸引人们的注意。

（2）直接书写活动内容，如“球讯”“舞会”“影讯”“文学讲座”“书法展览”“画展”等，使人一看就知道是什么活动，以引起公众的兴趣。

（3）在活动内容前加上举办单位，也有的在正标题前加上几句讲明目的、意义、精彩程度等较有文采的话作眉题，以渲染气氛而招徕群众。如：

名角新秀同台献艺　劲歌曼舞妙趣横生

××电视台与×××部联合举办庆祝元旦文艺汇演

2. 正文

为了使海报清楚明了、通俗易懂，正文一般采用分项式写法，逐项写出举办活动的目的和意义，活动的时间、地点、内容，参加对象、参加方式、注意事项、举办单位等。

3. 落款

写上举办单位名称和时间。如已把这部分内容写到标题和正文中，这里可以省略不写。

三、例文

[范例1]

“大学生辩论赛”海报

这是青春的精彩
这是精英的擂台
这是热情的澎湃
激情　比拼
时间：2006 年 12 月 9 日 15:00
地点：阶梯教室一
欢迎参加

文学院
2015 年 12 月 2 日

◎ 写作要点

首先，海报要交代清楚活动的内容、时间、地点等，以便观众参加。其次，海报要简洁明了，一句话能说清楚的就只用一句话，切忌长篇大论或言不及义、语不中的。最后，海报要一事一报，一份海报只写一件事，不要一报多事。

[范例2]

大学社团纳新海报

这里是校园文化的阵地，这里是放飞梦想的舞台。9 月 24 日在大学生艺术广场以及南绿岛路，25 日在东校区操场，我校社团将举行大型集中宣传及纳新活动。

社团是校园文化建设的主力军。在这里，有友好的同学，有志趣相投的朋友；这里有积极的气氛，自由的空间，在工作的延续中将你的智慧与才华尽情展现。学术科技型社团告诉我们站在巨人的肩膀上我们能够看得更高更远；理论学习型社团告诉我们勇于超越才能走向成功；兴趣爱好型社团让志趣相投的我们在爱好的海洋中徜徉；社会公益型社团将帮我们把爱心带到每一个需要帮助的角落。

学生社团其组织的自发性，在大学生个性的张扬和发展、突出潜能的开发和人格的塑造等方面具有独特的优势，为同学们提供了广阔的展示自我的舞台，满足了不同学生不同层次的文化需求。

此次纳新我们将打破广大同学以院系为单位选择社团的旧局面，同学们可全面认识我校社团，在全校范围内选择更适合自己的社团。“我的社团，我做主”是此次宣传及纳新的口号，届时，同学们可以找到属于自己的一片天空。详情请登录理工青年或留意宣传海报，欢迎大家踊跃参加！

如果你想为自己开拓一个新的世界，请走进社团，这里有你走向成功的翘板；如果你想为自己的理想插上羽翼，请走进社团，这里有你自由翱翔的天空！

××大学理工学院院团委

2015 年 9 月 12 日

◎ 写作要点

海报的内容必须真实，不能为达到某种目的而夸大事实，甚至弄虚作假、欺骗公众。海报的文字要力求简洁明了，行文直截了当，并且语言要带有一定的鼓动性。另外，作为张贴性的应用文，可根据内容需要配以象征性的图案或图画，做到图文并茂，以吸引观众。

应用实践训练

一、病文诊断

请指出下面例子的毛病并修改。

1.

我市今年烟叶收购工作创新高

本报讯：截至 11 月上旬，我市今年收购烟叶 11.7 万担，烟农增收 8 000 万元。

今年以来，市委、市政府高度重视烟叶产业发展，对烟叶生产、收购、卷烟销售等环节及时规划部署。××、××、××三个产烟大县党委、政府加强组织领导，狠抓计划落实和宣传发动，指导生产工作，克服今年先旱后涝、病害等气候条件的困难，实行深耕培土、高垄单行、合理密植、稻草覆盖等科学合理的种植方法，烟叶生产均获丰收，其中××县收购烟叶 5.08 万担，××县收购烟叶 4.27 万担，××县收购烟叶 2.37 万担。

同时，各有关部门认真履行职责，积极配合，维护烟叶收购秩序，加大对不法商贩的打击力度，为烟叶收购工作创造了一个良好的环境，烟草部门坚持按照国家标准收购，每公斤均价达 10.08 元，切实维护了烟农利益。

（贺××、杨××报道）

2.

在辽阔田野上的进军

地处豫东的扶沟县，过去种植技术一直过不了关。棉花不是落铃，就是虫害，结桃结得也不好。棉花亩产只有几十斤。实行联产承包责任制以后，农民增强了科学种田的意识，争相聘请农业技术员去指导，过去一直遭冷落的农技人员现在成了特别受欢迎的人物，以致出现了一桩桩农技人员被农民“抢”来“抢”去的新鲜事儿。

有一位农业大学毕业的农技员刘凤理，他到哪个队去指导植棉，哪个队的棉花就一倍两倍地增产，农民就很快地富起来。刘凤理也因此成了农民心目中的活财神。于是四方八处的农民都来“抢”他去指导，直把他“抢”得不敢出门，到处躲避。“抢”不到他的农民就“抢”他的被子，说：把你的铺盖“抢”走，看你上哪儿睡觉去！于是在队与队之间，又发生了“抢夺”被子的争夺战。后来又升级，“抢”财神婆——“抢”他的老婆。农民说：有了财神婆，就不愁“财神爷”不上咱这儿来。结果“财神婆”在一年之内就搬了好几次家。“抢”到“财神”的生产队，因为怕“财神”或“财神婆”又被别人“抢”走，甚至还派上民兵站岗放哨。后来，刘凤理的二十多个徒弟也被农民们纷纷“抢”走了。最后，连刘凤理的一个瘫痪的徒弟高大套也被农民用架子车给拉走了。棉花生长季节，人们用车子推着他到棉花地里来回看，指导田间管理，还让他又带上了徒弟。过年的时候，因为怕高大套又被别的队“抢”走，没等他在家里过完年，就又把他接回来了。

“抢”的办法不能解决广大农民对农业技术人员的需求问题，人们现在用两个办法来解决这个问题。一是建立和发展壮大农民技术员队伍。刘凤理在大理庄开先培养了二十多个农民技术员，后来又向两三百人传授了科学植棉的技术。现在这些人又被扶沟县周围县份的农民“请”去当“小财神”。这些农民技术员的足迹已经遍布全省四十五个县市。二是让农民技术员同一个或几个队订立技术承包合同，保证亩产皮棉一百五十斤，超产部分抽成百分之一、二，作为给技术员的奖励，从而巩固了农技人员与农户之间的技术合作关系，使农民科学植棉得到保证。

扶沟县的植棉和粮食生产在这样一支农技队伍的作用下，已经走上了科学种田的路子。农民使用了上千年的传统耕作方式，正在被新的科学技术所代替。这也是我们国家所有的农民在实行责任制后农业技术革命蓬勃发展的一个缩影，使人们看到了我国现代化的辉煌前景。

____

____

____

____

____

3.

征文启事（广播稿版）

为迎接中华人民共和国成立 60 周年，学校团委拟举办一次国庆征文活动，要求全校同学每人都要撰写一篇征文。内容反映祖国的悠久历史，讴歌祖国在改革开放中日新月异，文体不限，不超过 1 500 字。学校团委将在征文中评出一、二、三等奖，佳作将在校园文学《新芽》上发表。来稿请投入征文稿箱，从即日起截止到 5 月 30 日。

4.

冬季保健讲座

应广大群众要求，特邀著名保健医生××教授作“冬季保健”专题讲座，欢迎大家到场听讲。

时间：2015 年 11 月 15 日下午×时—×时

地点：××市工人文化宫礼堂

主办单位：××市总工会

二、技能训练

1. 请以最近学校、系或班上所发生的某件事为题材写一篇不少于 500 字的消息。

2. 请为自己上大学后所遇到的人中最敬佩的一位写一篇人物通讯。

3. 请为运动会百米运动员写一篇广播稿。

4. 请为本月即将上映的一部电影写一份电影海报。

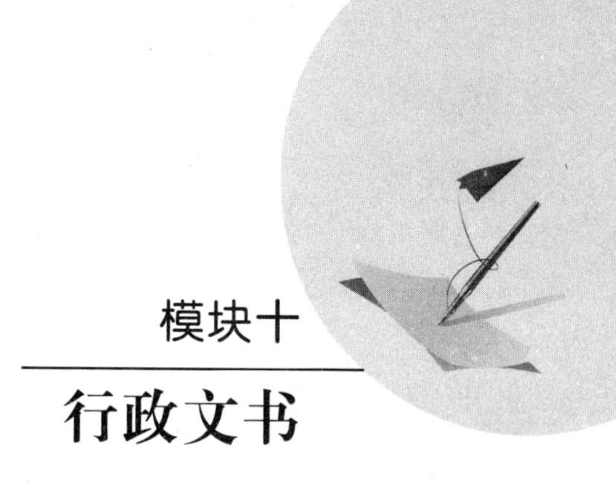

模块十 行政文书

专题一　通知、通报

行政文书是各级党政机关、企事业单位、社会团体根据法律赋予的权限和职责制定并公布的履行职能，处理公务的文书。通知、通报是行政文书中使用范围最广的文种。适时地发出传达指示、周知事项、人事任免的信息，更能体现政府的阳光执政，提升政府的公信力。

一、通知

（一）通知的概念

通知是党政机关、企事业单位、社会团体向特定受文对象告知或转达有关事项或文件，让受文对象知道或执行的公文。

通知的使用频率很高，按照不同的标准，可以分为不同的类型。按照内容、性质的不同，通知还分为执行性通知、周知性通知、会议性通知、转发性通知、任免通知、发布性通知。按工作性质划分，通知分为指令性通知和周知性通知。按发文形式不同，通知还分为直发性通知和转发性通知。

（二）通知的格式

通知的格式通常由标题、主送机关、正文和落款组成。

1. 标题

第一行居中填写。标题有三种写法。

（1）文种式，直接用“通知”二字。

（2）由“事由＋文种”组成，如“关于×××等同志的任职通知”“关于2015年寒假放假安排的通知”“进一步做好计划生育特殊困难家庭扶助工作的通知”等。

（3）由“发文机关＋事由＋文种”组成，如“国务院办公厅关于2015年部分节假日安排的通知”“中共中央办公厅、国务院办公厅关于印发《党政机关公文处理工作条例》的通知”“××省人民政府关于调整全省最低工资标准的通知”“省人民政府办公厅关于成立智慧湖北建设领导小组的通知”等。

2. 主送机关

另起一行顶格写受文机关的全称或规范化简称。通知的发文对象比较广泛，主送机关较多，要注意主送机关排列的规范性。如“各省、自治区、直辖市人民政府，国务院各部委、各直属机构”“各省、自治区、直辖市党委和人民政府，中央和国家机关各部委、解放军各总部、各大单位”等。

3. 正文

另起一行空两格开始写。不同种类的通知，正文的写法不尽相同，但一般包括缘由、事项和结尾三部分。

（1）缘由：交代清楚发布通知的目的和意义。缘由之后，多用过渡语“特通知如下”“现将……的有关事项通知如下”。

（2）事项：分条列项地提出具体的要求、措施和办法或发布的指示、安排的工作等。

（3）结尾：再次明确主题或提出希望和要求。常用“特此通知”“请遵照执行”“请一并贯彻执行”等惯用语结束。篇幅短小的通知，一般不需有专门的结尾部分。

4. 落款

在正文的右下方写上发文机关的名称和发文的日期，并加盖机关印章。两个以上机关联合发文，主办机关在前，协办机关在后。

（三）例文

[范例 1]

中共××市纪委　××市监察局
关于加强 2016 年元旦、春节期间廉洁自律和厉行节约工作的通知

各县市区委、人民政府，工业新区和滨湖新区工委、管委会，市直各单位：

近日，中共中央办公厅、国务院办公厅和中央纪委先后印发通知，就做好 2016 年元旦春节期间有关工作，确保务实节俭文明廉洁过节提出明确要求。全市各级党政机关和党员干部要认真贯彻落实中央八项规定精神，持续深入反对“四风”，着力解决不严不实的问题，自觉在廉洁自律上追求高标准，在严守党纪上远离违纪红线。现就有关工作提出如下要求：

一、强化纪律观念，做到“十个严禁”

全市各级党员干部要增强纪律意识，强化自我约束，自觉做到“十个严禁”，即：严禁违规公款吃喝；严禁违规公款旅游；严禁违规用公款购买赠送年货节礼；严禁违规参加老乡会、校友会、战友会等；严禁公车私用或“私车公养”；严禁出入私人会所；严禁违规收受礼品、礼金、消费卡等；严禁违规操办婚丧喜庆事宜；严禁违规开展年终评比表彰、节日庆典（庆祝）等活动；严禁年底突击花钱和滥发津贴、补贴、奖金和实物。

二、坚守责任担当，积极履职尽责

全市各级党委（党组）要切实担负起党风廉政建设主体责任，要把元旦、春节期间纠正“四风”工作作为重要任务，认真研究部署，采取有力措施，狠抓工作落实。国税部门要依法查处开具虚假发票的行为，及时向纪检监察机关移交疑似公款消费、公款购买购物卡（券）异常发票等信息；财政部门要加强支付申请审核，防止通过虚开发票公款吃喝或滥发津贴、补贴、奖金和实物等；审计部门要加强对公务支出预算管理、会议和培训管理、公务接待管理等重点领域和环节的审计监督；商务部门要加强对商业预付卡的监督检查；公安部门要配合抓好公车私用和党员干部参与赌博活动的查办，及时移交线索；市场监管、公安、税务等部门要继续依法依规加强对私人会所的监督检查，严防党员干部出入私人会所问题发生。要结合学习贯彻新修订的《中国共产党廉洁自律准则》和《中国共产党纪律处分条例》，加强党章党规党纪教育，通过各种形式，向党员干部发信号、打招呼、提要求，营造崇廉尚俭的节日氛围。党员领导干部既要带头崇廉拒腐，树立良好家风，坚决杜绝“节日腐败”；又要挂帅出征，敢抓敢管，确保各项纪律要求落到实处。

三、强化监督检查，严格执纪问责

各级纪检监察机关要强化监督执纪问责，把纪律和规矩挺在前面，坚持从严执纪，紧盯“十个严禁”等突出问题，常态化开展明察暗访和监督检查。要畅通群众监督渠道，发挥新媒体、新技术作用，形成无处不在的监督网，深挖隐形变异的“四风”问题。要用好责任追究这个利器，实行“一案双查”，严肃追究相关领导的主体责任、监督责任、领导责任。持续保持对“四风”问题露头就打的高压态势，对顶风违纪问题发现一起查处一起，点名道姓通报曝光典型问题，发挥警示震慑作用。

市纪委监察局监督举报电话：20260××、12388

网站举报：www.××.gov.cn

邮箱举报：××s@163.com

中共××市纪委

××市监察局

2015 年 12 月 29 日

◎ 写作要点

（1）通知中主送机关若不止一个，应依据级别的大小分门别类，依次排序。同一类别的用顿号，不同类别的用逗号。

（2）指示性通知开头一般要先交代发文的政策性缘由或事实性缘由。

（3）正文的核心要交代清楚上级部门需要下级部门执行与办理的工作内容或具体事项。所通知的事项要具体明确，切实可行，以便下级机关或有关人员贯彻执行。

（4）两个以上机关联合发文，主办机关在前，协办机关在后。

[范例 2]

关于公布××市事业单位 2015 年秋季补充编内工作人员联合招聘面试时间安排的通知

现将××市事业单位 2015 年秋季补充编内工作人员联合招聘面试时间安排事项通知如下：

一、××市事业单位 2015 年秋季补充编内工作人员联合招聘面试日期为 2015 年 12 月 27 日至 30 日，具体面试日期及时间安排见附件。

二、请各参加面试人员届时携带面试通知书、准考证和身份证到××市××区委党校教学楼（前埔东路 20 号）601 室（考生候考室）集中候考。

上午面试的考生请于当天上午 7:30 前到达；

下午面试的考生请于当天下午 1:30 前到达。

未在规定时间内到达考生候考室者，视为放弃面试资格。

附件：

1. ××市事业单位 2015 年秋季补充编内工作人员联合招聘面试时间安排表

2. ××党校参考地图

××市事业单位 2015 年秋季补充编内工作人员联合招聘考试全体组织单位

2015 年 12 月 23 日

◎ 写作要点

(1) 知照性通知主要用于知照有关单位或个人需要周知的事项，一般不需要写受文机关或个人名称。

(2) 通知的正文要简洁明了，只需要将相关的信息或要求交代清楚即可。

(3) 一份通知一般要求只说明一件事，或布置一项工作，不能表达多种事情。

二、通报

(一) 通报的概念

通报是适用于表彰先进、批评错误、传达重要精神和告知重要情况的公文。

通报的内容非常广泛，按照不同的标准可以分为不同的类型。根据内容的不同，通报可以分为表彰性通报、批评性通报和传达性通报。按发文形式的不同，通报分为直述通报和转述通报。

(二) 通报的格式

通报的格式通常由标题、主送机关、正文和落款组成。

1. 标题

第一行居中填写。通报的标题写法比较灵活。

(1) 由“事由＋文种”组成，如：“关于表彰 2015—2016 年先进个人的通报”“区市政署 1～7 月信访工作通报”。

(2) 由“发文机关＋事由＋文种”组成，如“××省关于表彰 2014—2015 年全省纠风先进个人的通报”“陕西省人民政府办公厅关于对省林业厅违反政府新闻发布制度问题的通报”。

2. 主送机关

除了普发性通报外，其他通报都应标明主送机关。主送机关一般为直属下级机关或需要了解该内容的不相隶属的单位。如“各市、县纠风办，区直属有关单位”“各市、州、直管市及神农架林区人民政府，省政府有关部门”。

3. 正文

另起一行空两格开始写。不同种类的通报，正文的写法不尽相同，但一般包括开头、主体和结尾三部分。

(1) 开头。交代清楚通报的对象，通报的原因和目的，并多用“现通报如下”“予以通报表彰”等用语过渡到下文。

（2）主体。阐述通报的具体内容，包括简要介绍被通报的人和事发生的时间、地点、原因、经过、结果，还要分析事实所包含的意义。表彰的要揭示其主要精神实质，批判的要分析其要害和产生的原因。

（3）结尾。根据通报内容提出希望或要求，常用“特此通报”“希望引起大家的注意”等惯用语结束。

4. 落款

在正文的右下方写上发文机关的名称和发文的日期，并加盖机关印章。如果标题中已出现发文机关，落款处可不用写发文机关。

（三）例文

[范例1]

关于对省林业厅违反政府新闻发布制度问题的通报

各设区市人民政府、省人民政府各工作部门、各直属机构：

2007年10月5日，镇坪县林业局向省林业厅报告称：镇坪县农民周正龙10月3日在该县神州湾一处山崖旁，用数码和普通胶片照相机拍摄到华南虎照片71张，其中数码照片40张、胶片负片31张。省林业厅委托镇坪县林业局进行核实后，在没有派员进行实地调查的情况下，仅由本厅技术力量和省内有关专家对照片进行了鉴别，就于10月12日召开新闻发布会，宣布“镇坪县发现野生华南虎”，公布了周正龙拍摄的两张华南虎照片，并向其颁发奖金2万元。此后，新闻发布会上公布的两张照片引起了媒体和公众的质疑，导致政府公信力成为社会舆论的热门话题。

事情发生之初，省政府就对省林业厅提出了严肃批评，责成其认真查找工作中的失误和不足，向省政府做出深刻检查。省政府认为，媒体和公众对华南虎问题的关注，对林业厅发布华南虎照片的质疑及责问，既反映了对野生动物保护事业的高度重视，也体现出对省林业厅工作的关心和监督，告诫省林业厅要高度重视、正确理解、积极对待社会舆论，并要求按照国家林业局和省政府的决定，委托国家专业鉴定机构对周正龙拍摄的华南虎照片进行鉴定。

政府新闻发布是一项极其严肃的工作，有着严格的程序和要求。省林业厅举行此次新闻发布会，既未按规定程序履行报批手续，也未对华南虎照片拍摄情况进行实地调查，在缺乏实体证据的情况下，就草率发布发现华南虎的重大消息。当引起媒体和公众质疑后，有关人员又一再违反纪律，擅自发表意见、参与争论，加剧了舆论的关注程度，造成了不良的社会影响，在一定程度上损害了政府形象。省林业厅的做法，很不严肃，极其轻率，违反了《陕西省政府信息公开规定》《陕西省人民政府办公厅关于建立政府新闻发布制度的意见》的有关规定；有关人员的行为，反映出该厅存在着工作作风漂浮、工作纪律涣散等问题。

为了严肃纪律，省政府决定，除对省林业厅有关负责同志追究纪律责任外，对省林业厅违反政府新闻发布制度、擅自发布未经全面核实重大信息的问题予以通报批评。省林业厅要汲取教训，深刻反思和查找工作中存在的问题，进一步完善工作制度，严格工作程序，严肃工作纪律，整顿工作作风，切实抓好各项工作。

省林业厅的做法尽管是个别的，但反映出的作风漂浮、纪律涣散等问题，在其他地方、其他部门也不同程度存在。各地、各部门都要以此为戒，在处理各类重大问题、敏感问题时，一定要以对党和人民事业高度负责的态度，认真调研，审慎决策。要坚持政务公开，不断完善各类公开办事制度，努力提高政府工作的透明度和公信力。要进一步加强作风建设，严肃纪律，提高效率，狠抓落实，为加快建设西部强省做出应有贡献。

陕西省人民政府办公厅

2008年2月3日

◎ 写作要点

（1）通报的材料要真实可靠，用词须严谨，切忌无中生有。

（2）通报的事例要典型、具体，有代表性。

（3）批评性的通报要将批评的事件的原因、经过、造成的损失、影响、有关人员的责任，对通报事件的处理措施等写清楚。

（4）批评性的通报的结尾要告诫大家防止类似事件的再发生。

[范例2]

关于对市公安局的表彰通报

各镇、县人民政府，市政府各部门、各直属机构：

2009年，是我市推进科学发展、加快城市转型的重要之年，也是全市公安工作全面提升、跨越发展的攻坚之年。一年来，全市公安机关和广大公安干警紧紧围绕创建“平安淮北”“和谐淮北”的大局，忠实履行宪法和法律赋予的神圣职责，扎实推进社会治安整治行动、服务企业年、公安队伍建设工作，高标准完成了国庆60周年安保任务，有效提升了服务发展能力和公安队伍形象，为保障和促进全市经济平稳较快发展、人民群众安居乐业作出了突出的贡献。在全省市级公安机关工作绩效考核中，市公安局荣获全省第一名，被省公安厅评为“2009年度全省市级公安机关绩效考核先进单位”。

我市公安机关和广大公安干警以对党和人民的无限忠诚，以立警为公、执法为民的实际行动，树立了淮北公安队伍的良好形象。在他们身上集中体现了牢记宗旨、一心为民的执法理念，不怕牺牲、无私奉献的工作作风，敬业爱岗、勇争一流的进取精神。实践充分证明，我市公安队伍是一支政治坚定、忠于职守、勇于奉献、具有坚强战斗力的队伍。为表彰先进，树立典型，市委、市政府决定，对市公安局予以通报表彰。

希望全市公安机关和广大公安干警在今后的工作中，切实增强大局意识、责任意识和忧患意识，紧紧围绕市委、市政府确定的“全面提升城市综合竞争力、奋力争当皖北崛起排头兵”的目标任务，珍惜荣誉，戒骄戒躁，发扬成绩，再接再厉，以更加昂扬的斗志、更加进取的工作，创造先进经验，发挥模范作用，为淮北经济社会发展再立新功。

希望全市各级、各部门以市公安局为榜样，凝心聚力，振奋精神，以敢于争先进位的拼搏精神、善于破解难题的创新意识、勇于积极进取的顽强意志，在迎接挑战中抢抓机遇，在破解难题中求得突破，在扎实工作中勇创佳绩，为我市“全面提升城市综合竞争力、奋力争当皖北崛起排头兵”做出新的更大的贡献。

××市市委市政府

2010年7月19日

◎ 写作要点

（1）表彰性通报的正文先要说明表彰的原因（一般是简要叙述表彰对象的事迹，并进行恰当的评议），再交代表彰的决定，给予什么物质或精神奖励。在此基础上，指出其教育意义或揭示其精神实质。

（2）表彰性通报的结尾要提出号召，向先进的集体和个人学习。

专题二 报告、公告

在日常工作中，下级机关在工作中发现重大问题或特殊情况，需要向上级汇报工作，反映情况。定期的工作汇报能够让上级机关及时了解下面情况，并对下级机关的工作进行指导。报告是上下情上达的重要平台，也是上级决策的依据，是党政机关使用频率较高的公文文种。

一、报告

（一）报告的概念

报告是党政机关、企事业单位、社会团体向上级机关汇报工作，反映情况，回复上级机关的询问的公文。

根据行文目的与作用的不同，报告可以分为工作报告、情况报告、答复报告、递送报告、专题报告。

（二）报告的格式

报告的格式通常由标题、主送机关、正文和落款组成。

1. 标题

第一行居中填写。报告的标题的写法有：

（1）由“事由＋文种”组成，如“关于《食品安全法》执法情况的报告”“2015年政府工作报告”“在第十四届人民代表大会第二次会议上的政府工作报告”。

（2）由“发文机关＋事由＋文种”组成，如“××市2015年政府工作报告”“中国人民银行××支行关于转化买卖国库券工作情况的报告”。

2. 主送机关

另起一行顶格写上直属上级机关的全称或规范化简称。报告的主送机关只能有一个，需其他上级机关了解时，以抄送的方式处理。

3. 正文

另起一行空两格开始写。不同种类的报告，正文的写法不尽相同，但一般包括前言、主体和结尾三部分。

（1）前言：交代清楚发布报告的目的或缘由。并多用“现将……的有关情况汇报于后”“现将……的有关情况报告如下”等用语过渡到下文。

（2）主体：分条列项地实事求是地报告具体的情况；交代存在的问题；提出具体的要求、措施和建议及今后工作的设想。

（3）结尾：用简明的文字概括全文，或常用“特此报告”“以上报告请审阅”“请一并贯彻执行”等惯用语结束全文。

4. 落款

在正文的右下方写上发文机关的名称和发文的日期，并加盖机关印章。发文机关如果标题中已出现，则落款处可以省略不写。

（三）例文

[范例]

2015年政府工作报告

一、2014年工作回顾

过去一年，我国发展面临的国际国内环境复杂严峻。全球经济复苏艰难曲折，主要经济体走势分化。国内经济下行压力持续加大，多重困难和挑战相互交织。在以习近平同志为总书记的党中央坚强领导下，全国各族人民万众一心，克难攻坚，完成了全年经济社会发展主要目标任务，全面深化改革实现良好开局，全面推进依法治国开启新征程，全面从严治党取得新进展，全面建成小康社会又迈出坚实步伐。

一年来，我国经济社会发展总体平稳，稳中有进。“稳”的主要标志是，经济运行处于合理区间。增速稳，国内生产总值达到63.6万亿元，比上年增长7.4%，在世界主要经济体中名列前茅。

就业稳，城镇新增就业1 322万人，高于上年。价格稳，居民消费价格上涨2%。“进”的总体特征是，发展的协调性和可持续性增强。经济结构有新的优化，粮食产量达到1.21万亿斤，消费对经济增长的贡献率上升3个百分点，达到51.2%，服务业增加值比重由46.9%提高到48.2%，新产业、新业态、新商业模式不断涌现。

中西部地区经济增速快于东部地区。发展质量有新的提升，一般公共预算收入增长8.6%，研究与试验发展经费支出与国内生产总值之比超过2%，能耗强度下降4.8%，是近年来最大降幅。

人民生活有新的改善，全国居民人均可支配收入实际增长8%，快于经济增长；农村居民人均可支配收入实际增长9.2%，快于城镇居民收入增长；农村贫困人口减少1 232万人；6 600多万农村人口饮水安全问题得到解决；出境旅游超过1亿人次。改革开放有新的突破，全面深化改革系列重点任务启动实施，本届政府减少1/3行政审批事项的目标提前实现。这份成绩单的确来之不易，它凝聚着全国各族人民的心血和汗水，坚定了我们奋勇前行的决心和信心。

过去一年，困难和挑战比预想的大。我们迎难而上，主要做了以下工作。

一是在区间调控基础上实施定向调控，保持经济稳定增长。面对经济下行压力加大态势，我们保持战略定力，稳定宏观经济政策，没有采取短期强刺激措施，而是继续创新宏观调控思路和方式，实行定向调控，激活力、补短板、强实体。把握经济运行合理区间的上下限，抓住发展中的突出矛盾和结构性问题，定向施策，聚焦靶心，精准发力。向促改革要动力，向调结构要助力，向惠民生要潜力，既扩大市场需求，又增加有效供给，努力做到结构调优而不失速。

有效实施积极的财政政策和稳健的货币政策。实行定向减税和普遍性降费，拓宽小微企业税收优惠政策范围，扩大“营改增”试点。加快财政支出进度，积极盘活存量资金。灵活运用货币政策工具，采取定向降准、定向再贷款、非对称降息等措施，加大对经济社会发展薄弱环节的支持力度，小微企业、“三农”贷款增速比各项贷款平均增速分别高 4.2 和 0.7 个百分点。同时，完善金融监管，坚决守住不发生区域性系统性风险的底线。

二是深化改革开放，激发经济社会发展活力。针对束缚发展的体制机制障碍，我们通过全面深化改革，以释放市场活力对冲经济下行压力，啃了不少硬骨头，经济、政治、文化、社会、生态文明等体制改革全面推进。（略）

三是加大结构调整力度，增强发展后劲。（略）

四是织密织牢民生保障网，增进人民福祉。（略）

五是创新社会治理，促进和谐稳定。（略）

各位代表！一年来取得的成绩，是以习近平同志为总书记的党中央统揽全局、科学决策的结果，是全党全军全国各族人民共同努力、不懈奋斗的结果。我代表国务院，向全国各族人民，向各民主党派、各人民团体和各界人士，表示诚挚感谢！向香港特别行政区同胞、澳门特别行政区同胞、台湾同胞和海外侨胞，表示诚挚感谢！向关心和支持中国现代化建设事业的各国政府、国际组织和各国朋友，表示诚挚感谢！

今天，正值元宵佳节，在这里，也向各位代表和委员致以节日问候，并祝福全国人民幸福安康！

我们既要看到成绩，更要看到前进中的困难和挑战。投资增长乏力，新的消费热点不多，国际市场没有大的起色，稳增长难度加大，一些领域仍存在风险隐患。工业产品价格持续下降，生产要素成本上升，小微企业融资难融资贵问题突出，部分企业生产经营困难。经济发展方式比较粗放，创新能力不足，产能过剩问题突出，农业基础薄弱。群众对医疗、养老、住房、交通、教育、收入分配、食品安全、社会治安等还有不少不满意的地方。有些地方环境污染严重，重大安全事故时有发生。政府工作还存在不足，有些政策措施落实不到位。少数政府机关工作人员乱作为，一些腐败问题触目惊心，有的为官不为，在其位不谋其政，该办的事不办。我们要直面问题，安不忘危，治不忘乱，勇于担当，不辱历史使命，不负人民重托！

二、2015 年工作总体部署

我国是世界上最大的发展中国家，仍处于并将长期处于社会主义初级阶段，发展是硬道理，是解决一切问题的基础和关键。化解各种矛盾和风险，跨越“中等收入陷阱”，实现现代化，根本要靠发展，发展必须有合理的增长速度。同时，我国经济发展进入新常态，正处在爬坡过坎的关口，体制机制弊端和结构性矛盾是“拦路虎”，不深化改革和调整经济结构，就难以实现平稳健康发展。我们必须毫不动摇坚持以经济建设为中心，切实抓好发展这个执政兴国第一要务。必须坚持不懈依靠改革推动科学发展，加快转变经济发展方式，实现有质量有效益可持续的发展。

当前，世界经济正处于深度调整之中，复苏动力不足，地缘政治影响加重，不确定因素增多，推动增长、增加就业、调整结构成为国际社会共识。我国经济下行压力还在加大，发展中深层次矛盾凸显，今年面临的困难可能比去年还要大。同时，我国发展仍处于可以大有作为的重要战略机遇期，有巨大的潜力、韧性和回旋余地。新型工业化、信息化、城镇化、农业现代化持续推进，发展基础日益雄厚，改革红利正在释放，宏观调控积累了丰富经验。我们必须增强忧患意识，坚定必胜信念，牢牢把握发展的主动权。

新的一年是全面深化改革的关键之年，是全面推进依法治国的开局之年，也是稳增长调结构的紧要之年。政府工作的总体要求是：高举中国特色社会主义伟大旗帜，以邓小平理论、“三个代表”重要思想、科学发展观为指导，全面贯彻党的十八大和十八届三中、四中全会精神，贯彻落实习近平总书记系列重要讲话精神，主动适应和引领经济发展新常态，坚持稳中求进工作总基调，保持经济运行在合理区间，着力提高经济发展质量和效益，把转方式调结构放到更加重要位置，狠抓改革攻坚，突出创新驱动，强化风险防控，加强民生保障，处理好改革发展稳定关系，全面推进社会主义经济建设、政治建设、文化建设、社会建设、生态文明建设，促进经济平稳健康发展和社会和谐稳定。

我们要把握好总体要求，着眼于保持中高速增长和迈向中高端水平“双目标”，坚持稳政策稳预期和促改革调结构“双结合”，打造大众创业、万众创新和增加公共产品、公共服务“双引擎”，推动发展调速不减势、量增质更优，实现中国经济提质增效升级。

今年经济社会发展的主要预期目标是：国内生产总值增长7%左右，居民消费价格涨幅3%左右，城镇新增就业1 000万人以上，城镇登记失业率4.5%以内，进出口增长6%左右，国际收支基本平衡，居民收入增长与经济发展同步，能耗强度下降3.1%以上，主要污染物排放继续减少。

经济增长预期7%左右，考虑了需要和可能，与全面建成小康社会目标相衔接，与经济总量扩大和结构升级的要求相适应，符合发展规律，符合客观实际。以这样的速度保持较长时期发展，实现现代化的物质基础就会更加雄厚。稳增长也是为了保就业，随着服务业比重上升、小微企业增多和经济体量增大，7%左右的速度可以实现比较充分的就业。各地要从实际出发，积极进取、挖掘潜力，努力争取更好结果。

做好今年政府工作，要把握好以下三点。

第一，稳定和完善宏观经济政策。继续实施积极的财政政策和稳健的货币政策，更加注重预调微调，更加注重定向调控，用好增量，盘活存量，重点支持薄弱环节。以微观活力支撑宏观稳定，以供给创新带动需求扩大，以结构调整促进总量平衡，确保经济运行在合理区间。

积极的财政政策要加力增效。今年拟安排财政赤字1.62万亿元，比去年增加2 700亿元，赤字率从去年的2.1%提高到2.3%。其中，中央财政赤字1.12万亿元，增加1 700亿元；地方财政赤字5 000亿元，增加1 000亿元。处理好债务管理与稳增长的关系，创新和完善地方政府举债融资机制。适当发行专项债券。保障符合条件的在建项目后续融资，防范和化解风险隐患。优化财政支出结构，大力盘活存量资金，提高使用效率。继续实行结构性减税和普遍性降费，进一步减轻企业特别是小微企业负担。

稳健的货币政策要松紧适度。广义货币M2预期增长12%左右，在实际执行中，根据经济发展需要，也可以略高些。加强和改善宏观审慎管理，灵活运用公开市场操作、利率、存款准备金率、再贷款等货币政策工具，保持货币信贷和社会融资规模平稳增长。加快资金周转，优化信贷结构，提高直接融资比重，降低社会融资成本，让更多的金融活水流向实体经济。

第二，保持稳增长与调结构的平衡。（略）

第三，培育和催生经济社会发展新动力。（略）

三、把改革开放扎实推向纵深

改革开放是推动发展的制胜法宝。必须以经济体制改革为重点全面深化改革，统筹兼顾，真抓实干，在牵动全局的改革上取得新突破，增强发展新动能。

加大简政放权、放管结合改革力度。今年再取消和下放一批行政审批事项，全部取消非行政许可审批，建立规范行政审批的管理制度。深化商事制度改革，进一步简化注册资本登记，逐步实现“三证合一”，清理规范中介服务。制定市场准入负面清单，公布省级政府权力清单、责任清单，切实做到法无授权不可为、法定职责必须为。

地方政府对应当放给市场和社会的权力，要彻底放、不截留，对上级下放的审批事项，要接得住、管得好。加强事中事后监管，健全为企业和社会服务一张网，推进社会信用体系建设，建立全国统一的社会信用代码制度和信用信息共享交换平台，依法保护企业和个人信息安全。大道至简，有权不可任性。各级政府都要建立简政放权、转变职能的有力推进机制，给企业松绑，为创业提供便利，营造公平竞争环境。所有行政审批事项都要简化程序，明确时限，用政府权力的“减法”，换取市场活力的“乘法”。（略）

四、协调推动经济稳定增长和结构优化（略）

五、持续推进民生改善和社会建设（略）

六、切实加强政府自身建设（略）

各位代表！时代赋予中国发展兴盛的历史机遇。让我们紧密团结在以习近平同志为总书记的党中央周围，高举中国特色社会主义伟大旗帜，凝神聚力，开拓创新，努力完成今年经济社会发展目标任务，为实现“两个一百年”奋斗目标、建成富强民主文明和谐的社会主义现代化国家、实现中华民族伟大复兴的中国梦作出新的更大贡献！

◎ 写作要点

（1）工作报告的正文要实事求是地交代清楚工作的情况，突出取得的成绩、经验或指出存在的问题，最后要提出下一步的工作安排。

（2）工作报告要重点撰写本单位的中心工作情况，举出有代表性的典型事例；还要注意点面结合，适当地概括整体情况。

二、公告

（一）公告的概念

公告是通过电视、广播、报纸等新闻媒介公开发布的文告，是一种适用于向国内外宣布重要事项或者法定事项，具有广而告之性质的下行文。

根据用途的不同，公告分为重大事项的公告和决定事项的公告。

（二）公告的格式

公告的格式通常由标题、编号、正文和落款组成。

1. 标题

第一行居中填写。公告的标题有四种写法。

（1）文种式，直接用“公告”二字做标题。

（2）由“发文机关＋文种”组成，如“中国公告公示网公告”“中华人民共和国国家发展和改革委员会、中华人民共和国商务部公告”“中华人民共和国中央人民政府公告”“浙江省人民政府公告”等。

（3）由“事由＋文种”组成，如“关于严厉打击无证生产经营食品违法行为的公告”“关于实施商业健康保险个人所得税政策试点有关征管问题的公告”。

（4）由“发文机关＋事由＋文种”组成，如“中华人民共和国中央人民政府成立公告”“湖北省长江经济带产业基金管理公司联合发起人招募公告”“湖北省 2014 年度淘汰煤炭落后产能验收情况公告”等。

2. 编号

公告一般按照年度编制顺序号，格式为“（第×号）”或“（××××年第×号）”。如“（2015 年第 93 号）”。标注在标题的正下方居中位置。

宣传法定事项的公告，一定要有编号。刊登在报纸上的向国内外宣布重要事项的公告，如果不是对某一事项作连续公告，一般可以不标编号。

3. 正文

另起一行空两格开始写。公告的正文因事而异，有几种写法。

（1）一次交代清楚发布公告的依据、目的和公告的事项等内容。

（2）先写发布公告的依据和缘由，再公布公告事项的内容，最后用“特此公告”“现予公告”等惯用语结束全文。

（3）先写发布公告的目的和缘由，再公布重要事项或法定事项的内容，最后提出要求。

4. 落款

在正文的右下方写上发文机关的名称和发文的日期，并加盖机关印章。发文机关如果标题中已出现，则落款处可以省略不写。重要的公告的落款处还要标明发布地点。

（三）例文

[范例 1]

国家税务总局
关于实施商业健康保险个人所得税政策试点有关征管问题的公告

（2015 年第 93 号）

为贯彻落实《财政部　国家税务总局　保监会关于实施商业健康保险个人所得税政策试点的通知》（财税〔2015〕126 号），现就商业健康保险个人所得税政策试点有关征管问题公告如下：

一、试点地区个人购买符合规定的商业健康保险产品支出，可以按照财税〔2015〕126 号文件规定的标准在个人所得税前据实扣除。试点地区个人购买其他商业健康保险产品的支出不得税前扣除。

二、有扣缴义务人的个人自行购买、单位统一组织为员工购买或者单位和个人共同负担购买符合规定的商业健康保险产品，扣缴义务人在填报《扣缴个人所得税报告表》或《特定行业个人所得税年度申报表》时，应将当期扣除的个人购买商业健康保险支出金额填至税前扣除项目“其他”列中，并同时填报《商业健康保险税前扣除情况明细表》（见附件）。

其中，个人自行购买符合规定的商业健康保险产品的，应当及时向扣缴义务人提供保单凭证。

三、个体工商户业主、企事业单位承包承租经营者、个人独资和合伙企业投资者自行购买符合规定的商业健康保险产品支出，预缴申报填报《个人所得税生产经营所得纳税申报表（A 表）》、年度申报填报《个人所得税生产经营所得纳税申报表（B 表）》时，应将税前扣除的支出金额填至“投资者减除费用”行，并同时填报《商业健康保险税前扣除情况明细表》。

四、保险公司销售商业健康保险产品时，应在符合税收优惠条件的保单上注明税优识别码。

个人购买商业健康保险未获得税优识别码的，其支出金额不得税前扣除。

五、非试点地区个人购买商业健康保险产品不适用财税〔2015〕126 号文件相关个人所得税政策。

六、本公告所称税优识别码，是指为确保税收优惠商业健康保险保单的唯一性、真实性和有效性，由商业健康保险信息平台按照“一人一单一码”的原则对投保人进行校验后，下发给保险公司，并在保单上打印的数字识别码。

七、本公告自 2016 年 1 月 1 日起施行。

特此公告。

附件：商业健康保险税前扣除情况明细表及填报说明

国家税务总局

2015 年 12 月 25 日

◎ 写作要点

（1）公告是普发性文件，所以没有主送机关。

（2）公告是行政公文中最高等级的告知性文种，它的发文机关级别较高，一般限于国家最高行政机关及其工作部门，各省、自治区、直辖市的行政机关。下级地方行政机关一般不使用公告。

（3）公告的正文要先交代发布公告的缘由或依据，再分条列项地陈述公告事项的内容，最后用“特此公告”做结尾。

[范例 2]

国务院公告

为表达全国各族人民对四川汶川大地震遇难同胞的深切哀悼，国务院决定，2008 年 5 月 19 日至 21 日为全国哀悼日。在此期间，全国和各驻外机构下半旗致哀，停止公共娱乐活动，外交部和我国驻外使领馆设立吊唁簿。5 月 19 日 14 时 28 分起，全国人民默哀 3 分钟，届时汽车、火车、舰船鸣笛，防空警报鸣响。

2008 年 5 月 18 日

◎ 写作要点

（1）公告的篇幅要尽量短小，语言要简明，直陈其事，不发议论，不加说明，不需抒情。

（2）公告属于公开发布的周知性公文，其内容、形式、行文语言都要求庄严、慎重。

（3）刊登在报纸上的向国内外宣布重要事项的公告，如果不是对某一事项作连续公告，一般可以不标编号。

专题三 请示、批复

在行政工作中，下级机关常常就某项工作，某个具体问题请求上级机关作出明确指示或给予批准。上级机关随即对下级机关所请示的事项表明同意或不同意。这两种互为行文关系的文种就是请示与批复。请示与批复是具有隶属关系的上下级机关之间交流情况的重要工具，保证了行政机关有条不紊地协调运转，是党政机关使用频率较高的公文种类。

一、请示

（一）请示的概念

请示是下级机关就某一工作、问题向上级机关请求指示，要求答复、审核或批准的一种公文。请示属上行文。

按照内容、性质的不同，请示可分为求示性的请示，求准性的请示和求助性的请示。

根据行文目的的不同，请示可以分为事项性请示和政策性请示。

（二）请示的格式

请示的格式通常由标题、主送机关、正文和落款组成。

1. 标题

第一行居中填写。请示的标题一般由“发文机关＋事由＋文种”组成，如“××学院关于聘请长江学者来校任教的请示”“××市关于开展春节拥军优属工作的请示”“××镇人民政府关于请求解决××小学综合楼附属设施建设资金的请示”等；也可省略发文机关，只写“事由＋文种”，如“关于在××市举办商品洽谈会的请示”“关于申请增挂××市山水区××街道工商业联合会的请示”“关于申报观堂镇前杨楼等六个村土地综合整治试点项目规划方案的请示”等。

2. 主送机关

另起一行顶格写直属上级机关的全称或规范化简称。如“市经贸委”“××县人民政府”“××省教育厅对外交流合作处”“××市××区工商联”等。请示的主送机关只有一个，如需送其他机关，可以用抄送的形式。

3. 正文

另起一行空两格开始写。不同种类的请示，正文的写法不尽相同，但一般包括缘由、事项和结尾三部分。

（1）缘由：交代清楚为什么要请示，请示的依据是什么。缘由之后，多用过渡语如“特请示如下”“现将……的有关问题请示如下”过渡到下文。

（2）事项：分条列项地提出请求上级机关批准或指示的具体事项，或者是请求上级机关在哪些环节给予支持和帮助。

（3）结尾：再次明确主题或提出请求。常用“以上意见，请予批示”“以上要求，请予批准”“妥否，请批示”“如无不当，请批示”等惯用语结束全文。

4. 落款

在正文的右下方写上发文机关的名称和发文的日期，并加盖机关印章。

（三）例文

[范例]

关于申请增挂××市山水区××街道工商业联合会的请示

××市××区工商联：

为进一步引导我街道非公有制经济人士健康成长，促进非公有制经济健康发展，根据《中共中央关于巩固和壮大新世纪新阶段统一战线的意见》〔中发（××）××号〕和中共××区委《关于做好新形势下工商联工作的意见》〔××委发（××）100号〕的精神，依照《中华全国工商业联合会章程》第17条、第30条、第36条的有关规定，特申请增挂“××市××区××街道工商业联合会”，与“××市××区××商会”实行两块牌子、一套班子的运行体制。

以上请示当否，请予示复。

××市××区××商会

2015年1月5日

◎ 写作要点

（1）请示要遵守“一文一事”的原则。如有多个问题或事项需要请示，要分别行文。

（2）请示的主送机关只有一个，如需送其他机关，要用抄送的形式。

（3）阐明问题要准确客观。不要为了让上级领导批准而虚构情况，也不要因为没能认真调查而片面地摆情况，提问题。

（4）请示的目的要明确，理由要充分，请示事项要具体。

（5）一般情况下，不得越级请示。若情况特殊必须越级请示，也要抄送被越过的上级机关。

二、批复

（一）批复的概念

批复是上级机关下发的指导性的公文，适用于答复下级机关的请示事项。

根据态度的不同，批复可以分为同意性批复和否定性批复；根据内容、性质的不同，批复又分为审批事项批复、审批法规批复和阐述政策批复。

（二）批复的格式

批复的格式通常由标题、发文字号、主送机关、正文和落款组成。

1. 标题

第一行居中填写。批复的标题有以下几种写法：

（1）由“发文机关＋事由＋文种”组成。如“××省物价局关于医药价格管理权限的批复”“国务院关于长江中游城市群发展规划的批复”“广东省人民政府关于江门至罗定高速公路车辆通行费有关问题的批复”“山东省人民政府关于寿光市龙源食品有限公司‘11·16’重大火灾事故调查报告的批复”。

（2）省略发文机关，只写“事由＋文种”。如“关于调整我市部分镇（街道）行政区划的批复”“关于珠海市城市总体规划的批复”。

（3）在事由中标明“同意”字样。如“国务院关于同意设立湖南湘江新区的批复”“国务院关于同意建立药品医疗器械审评审批制度改革部际联席会议制度的批复”等。

2. 发文字号

批复的发文字号为完全式，即“机关代号、年号、序号”都齐全，如“粤府函〔2015〕349号”“国函〔2015〕62号”“苏政复〔2011〕16号”等。

3. 主送机关

另起一行顶格写上原请示机关的全称或规范化简称。如：“广东省人民政府，发展改革委”“广州市物价局”“上海市人民政府”等。

4. 正文

另起一行空两格开始写。不同种类的批复，正文的写法不尽相同，但一般包括引语、主体和结尾三部分。

（1）引语。先引用原请示机关来文的标题、发文字号或文件的事由、来文的日期，使受文单位阅读后明确批复的针对性。如“发展改革委《关于报送长江中游城市群发展规划（送审稿）的请示》（发改地区〔2014〕3034号）收悉”“你市关于报请审批上海市开展‘证照分离’改革试点总体方案的请示收悉”引语之后，多用过渡语“经研究，现批复如下”“现将……的有关事项批复如下”。

（2）主体、写清对请示事项的具体批复意见。表明同不同意，或作进一步的指示，或提出要求等。

（3）结尾。再次明确主题或提出希望和要求。常用“此复”“特此批复”“此复，希执行”“此复，望照办”等惯用语结束全文。也有的批复不用惯用语结尾。

5. 落款

在正文的右下方写上发文机关的名称和发文的日期，并加盖机关印章。

（三）例文

[范例]

国务院关于长江中游城市群发展规划的批复

国函〔2015〕62号

江西、湖北、湖南省人民政府，发展改革委：

发展改革委《关于报送长江中游城市群发展规划（送审稿）的请示》（发改地区

〔2014〕3034 号）收悉。现批复如下：

一、原则同意《长江中游城市群发展规划》（以下简称《规划》），请认真组织实施。

二、《规划》实施要以邓小平理论、“三个代表”重要思想、科学发展观为指导，深入贯彻党的十八大和十八届二中、三中、四中全会精神，全面落实党中央、国务院关于依托黄金水道推动长江经济带发展的决策部署，加快实施新型城镇化战略、促进中部地区崛起战略和创新驱动发展战略，以全面深化改革为动力，推动完善开放合作、互利共赢、共建共享的一体化发展机制，走新型城镇化道路，着力推进城乡、产业、基础设施、生态文明、公共服务“五个协同发展”，积极探索科学发展、和谐发展、转型发展、合作发展新路径和新模式，努力将长江中游城市群建设成为长江经济带重要支撑、全国经济新增长和具有一定国际影响的城市群。

三、江西、湖北、湖南省人民政府要切实加强组织领导，密切协调配合，落实工作责任，完善定期会商机制和工作推进机制，抓紧制订实施方案和专项规划，依法落实《规划》明确的主要目标和重点任务。《规划》实施中涉及的重大事项、重大政策和重大项目按规定程序报批。

四、国务院有关部门要按照职能分工，在规划编制、政策实施、项目安排、体制创新等方面给予积极支持，指导和帮助解决《规划》实施中遇到的问题。发展改革委要会同有关部门加强对《规划》实施情况的跟踪分析和督促检查，研究新情况、解决新问题、总结新经验，适时会同江西、湖北、湖南省人民政府组织开展《规划》实施情况评估，重大问题及时向国务院报告。

推动长江中游城市群发展，对于依托黄金水道推动长江经济带发展、加快中部地区全面崛起、探索新型城镇化道路、促进区域一体化发展具有重大意义。各有关方面要提高认识、紧密合作、扎实工作，共同推动《规划》的落实。

国务院

2015 年 3 月 26 日

◎ 写作要点

（1）批复要遵守“一文一事”的原则，只对下级机关所请示的事项进行批复。

（2）上级机关对下级机关请示的全部事项，均应明确表态。不可只对其中的同意或不同意事项表态。“同意”“不同意”“需另行研究”均应写明白。

（3）同意下级机关请示的，除表示同意外，一般还要提出注意事项。不同意下级请示的，要说明哪些条款不同意，理由是什么，还应指出该怎么办。

（4）批复不能越级行文，当所请示的机关不能答复下级机关的问题而需要向更上一级机关转报“请示”时，更上一级机关所作批复的主机关不应是原请示机关，而是“转报机关”。如果批复的内容同时涉及其他的机关和单位，则要采用抄送的形式送达。

专题四　函

函是使用范围较广的一种文体。上级向下级询问工作情况或某一具体问题，下级向上级及业务指导机关询问界定不明确的问题，也可用函行文。不相隶属机关之间相互商洽工作也常用到函。函在商洽工作，联系有关事项时十分简便，是最快捷的一个文种。

一、函的概念

函是平行单位或不相隶属的单位之间商洽、询问、联系工作，询问和答复问题，请求批准和答复审批事项的一种公文。

函的应用范围非常广泛，按照不同的标准可以分为不同的种类。按照行文方向的不同，函可以分为去函和复函；按照性质的不同，函又分为公函和便函；按内容的不同，函又分为商洽函、答复函、询问函、告知函。

二、函的格式

函的格式通常由标题、发文字号、主送机关、正文和落款五部分组成。

1. 标题

第一行居中填写。函的标题一般由“发文机关＋事由＋文种”组成，如“中国科学院××研究所致××大学商洽建立全面协作关系的函”“××区人民政府关于加快××地块挂牌出让的函”。也可省略发文机关，只写“事由＋文种”，如“关于鄂穗两地携手联合打捞‘中山舰’的函”“关于选派技术人员出国进修的函”。

若是便函，可以不写标题。答复来函的，要标明“复函”二字，如“国务院办公厅关于安徽合肥经济技术开发区的复函”“国务院办公厅关于广西南宁经济技术开发区的复函”。

2. 发文字号

函的发文字号为完全式，即“机关代号、年号、序号”都齐全，如“国函〔2015〕31号”“国办函〔2000〕16号”“川府函〔2014〕30号”等。

3. 主送机关

另起一行顶格写收函机关的全称或规范化简称。如：“广东省人民政府，发展改革委”“市中级人民法院办公室，市人民检察院办公室，市政府各部门”“××市国土资源局”等。

4. 正文

另起一行空两格开始写。不同种类的函，正文的写法不尽相同，但一般包括前言、主体和结尾三部分。

（1）前言：去函的开头要开门见山地说明去函的目的或缘由。复函要先引述来函的标题或主要内容、发文字号或日期，并说明来函收悉。

（2）主体：去函要表述清楚所商洽、询问或请求批准的事项及请求。复函要针对来函的内容逐一给予明确、具体的答复。

（3）结尾：用简明的文字概括全文。去函常用的惯用语有“特此函达”“即请复函”“敬请回复”“盼复”等。复函常用的惯用语有“特此函复”“特此函告”“此复”等。

5. 落款

在正文的右下方写上发文机关的名称和发文的日期，并加盖机关印章。

二、例文

［范例 1］

关于推荐全省依法行政工作联系点的函

潍府法函〔2013〕1 号

各县市区人民政府，市属各开发区管委会，市政府各部门：

近日，省政府法制办印发通知，决定在全省范围确定一批依法行政工作联系点。为做好我市依法行政工作联系点的推荐工作，现将有关事项通知如下：

一、推荐范围

这次全省依法行政工作联系点主要从各县市区人民政府、市属各开发区管委会、市政府各部门中推荐，全市共推荐 3 个，原则上分配各县市区人民政府、市属各开发区管委会名额 2 个，市政府部门名额 1 个。

二、推荐标准

（一）组织领导方面。领导重视法治工作，依法行政体制机制健全，有效贯彻《山东省行政程序规定》；坚持领导干部学法和行政机关工作人员法律知识培训，行政机关工作人员特别是领导干部依法行政意识较强；政府法制机构和队伍建设符合要求，经费保障到位。

（二）政府职能转变方面。政府职能依法、科学界定；社会管理创新有思路和具体措施；行政审批制度改革、政务服务体系建设工作有亮点，取得明显成效；依法、严格规范政府投资行为、政府民事行为，营商环境有效改善。

（三）制度建设方面。严格执行规范性文件制定程序，在规范性文件管理工作中有创新做法并取得成效；规范性文件“三统一”、有效期、备案审查等制度落实到位。

（四）行政决策方面。建立完善重大行政决策程序制度并严格执行；认真贯彻落实行政决策公开征求意见、听证、合法性审查、风险评估、成本效益分析、实施后评估和责任追究等制度并取得实效。

（五）政务公开方面。政府信息公开的监督保障、评议考核等各项制度健全；重要政府信息公开能做到依法、主动、及时向社会公开；对人民群众申请公开的事项能够在规定时限内答复；政务公开的方式、范围等不断创新。

（六）行政执法方面。相对集中行政处罚权制度执行到位；制定行政执法自由裁量标准并向社会公布；行政执法主体、权限、程序、责任追究、案卷评查等制度比较规范；行政执法人员培训考试、证件管理、投诉举报处理等工作规范、严格。

（七）化解社会矛盾方面。社会矛盾纠纷排查机制和信访、人民调解、行政调解等制度健全，有创新做法；行政复议化解行政争议的主渠道作用得到充分发挥，行政复议委员会、行政首长出庭应诉等规范化建设工作卓有成效。

三、推荐程序

（一）自我推荐。各县市区人民政府、市属各开发区管委会、市政府各部门认真总结分析本地区本部门的依法行政工作情况，按照推荐标准的要求，形成具体工作情况的书面材料，着重提供有关创新思路和做法，于2013年6月10日之前径送市政府法制办。

（二）检查考评。市政府法制办将专门成立依法行政工作考评组，通过书面审查和现场考察相结合的方式，对推荐单位进行全面审查考评，确定拟推荐的全省依法行政工作联系点。

（三）审核确定。省政府法制办根据推荐情况组织审核，确定名单后公布。

四、有关要求

（一）提高思想认识。确定全省依法行政工作联系点，是省政府法制办推动全省法治政府建设的重要手段。全省依法行政工作联系点，是对一个地区、一个部门依法行政工作的肯定认可，是一种鼓励和一份荣誉。各级各部门要充分认识开展这项工作的重要意义，加强领导，积极参与，以此为契机不断提高依法行政工作水平。

（二）严格推荐标准。各级各部门要对照推荐标准逐项进行梳理，认真总结本地区本单位在依法行政中的创新做法和优秀经验，实事求是地进行自我评价。要严格按照规定完成有关材料的填报工作。对逾期不报送的单位，视为放弃评选机会。

（三）其他事宜。这次全省依法行政工作联系点有效期为2年，届满后重新组织推荐。各级各部门在工作过程中遇到的问题和疑问，可与市政府法制办公室监督协调科联系。联系人：赵嘉，电话：8091558，邮箱：wfyfxz@126.com。

潍坊市人民政府法制办公室

2013年5月28日

◎ 写作要点

（1）函要遵守“一文一事”的原则。

（2）函的内容要简洁扼要，语言要通俗易懂。

（3）去函一般要先介绍发函的依据、理由与背景，即为什么要发函。

（4）函的核心内容是说明致函事项。事项表述要具体、明白，分条罗列。

[范例2]

国务院办公厅关于广西南宁经济技术开发区的复函

国办函〔2001〕28号

广西壮族自治区人民政府：

你区《关于请求批准南宁经济技术开发区为国家级经济技术开发区的请示》（桂政报〔2000〕18号）收悉。经国务院领导同意，现函复如下：

一、同意南宁经济技术开发区为国家级经济技术开发区，实行现行的国家级经济技术开发区的政策。

二、南宁经济技术开发区位于南宁市的南部边缘，东至邕江、五象岭园艺场、南宁树木园、定天、寮垒，西至居仁、玉洞村委会、黄茅坪、友谊公路、平阳，南至寮垒、居仁，北至平阳、南站路、邕江，规划范围总用地10.796平方千米。

三、南宁经济技术开发区的建设和发展，纳入南宁市经济技术发展的总体规划，建设发展资金由你区自筹解决。

四、南宁经济技术开发区要坚持以工业项目为主，吸收外资为主，出口为主和致力于发展高新技术的方针，积极改善投资环境，逐步完善综合服务功能。

五、要加强领导和管理，促进南宁经济技术开发区各项工作的健康发展。

国务院办公厅

2001 年 5 月 26 日

◎ 写作要点

(1) 复函的开头要说明来函收悉，并用“经研究，函复如下”“现将有关问题函复如下”等过渡语引入下文。

(2) 复函要针对收到的来函的有关事项一一做出具体、明确的答复。

专题五　会议纪要

办公例会是日常的行政事务。在日常的工作中，归纳、整理会议记录，既可反映会议基本情况、主要精神，又能形成一致看法，统一协调各方面的步调。会议纪要是一种常见的法定公文。

一、会议纪要的概念

会议纪要是党政机关、企事业单位记载、传达会议主要情况和议定事项的公文。

按照会议的形式，会议纪要分为办公例会会议纪要、座谈会议纪要和专门工作会议纪要。

二、会议纪要的格式

会议纪要的格式通常由标题、发文字号和正文组成。

1. 标题

第一行居中填写。会议纪要的标题一般由“发文机关＋事由＋文种”组成，如“××市政府办公厅关于协调解决沙面大街 56 号首层房屋使用权问题的会议纪要”“××县人民政府第六次常务会议纪要”。也可由“会议名称＋文种”构成，如“全国财贸工会工作会议纪要”“吉林省工商行政管理局长会议纪要”“××县政府办公会议纪要”。

根据 2012 年最新的《党政机关公文格式标准》，定期例会的纪要，可采用专制页眉，不用再拟制标题。只需在首页页眉标明，如“××市人民政府市长办公会议纪要”。

2. 发文字号

规范的会议纪要还要在标题正下方加上发文字号或成文日期。发文字号写在标题正下方，由年份、序号组成，用阿拉伯数字全称标出，并用“〔　〕”标示，如：“〔2015〕17 号”。

办公会议纪要对文号一般不做必须的要求，但是在办公例会中一般要有文号，如“第××期”“第××次”，写在标题的正下方。

3. 正文

正文：另起一行空两格开始写，一般包括两个方面：

(1) 会议概况。简要介绍会议召开的原因、目的、地点，会议起止时间，参加会议的单位或人员情况，主持人，会议的主要议题、基本议程等。会议概况介绍完后，常用一个过渡句引出会议议定事项，如“与会同志进行了认真讨论，现将会议议定事项纪要如下”“会议确定了如下事项”等。

（2）会议事项。介绍会议讨论的主要情况、主要精神和议定的事项。工作会议、专业会议和座谈会的纪要还要写出经验、做法、今后工作的意见、措施和要求。

三、例文

[范例]

市政府第30次常务会议纪要

（2014年7月14日）

7月3日，市委副书记、市长瞿海在市政府常务会议室主持召开市政府第30次常务会议。传达省政府职能转变和机构改革动员电视电话会议、全省深入推进法治政府建设电视电话会议精神，传达贯彻全省推进落后小煤矿关闭退出工作会议精神，研究LED产业发展有关工作，听取全市城乡低保专项整治、市政府议事协调机构清理情况汇报。会议书面通报了市长公开电话5月份工作情况。

现将会议纪要如下：

一、传达贯彻省政府职能转变和机构改革动员电视电话会议、全省深入推进法治政府建设电视电话会议精神

会议指出，加快转变政府职能、推进行政机构改革、建设法治政府，是推进国家治理体系和治理能力现代化的重要举措。各级各有关部门要按照中省有关会议要求，结合实际抓好落实。

一是要突出简政放权重点，加快政府职能转变。要以商事登记制度改革为倒逼，继续精简审批事项，全面清理取消各部门、各单位的非行政许可审批事项，加快清理行政管理和服务事项；继续争取省级下放权限，市编办、市发改委等部门要进一步加大对口衔接力度，积极做好承接工作；要继续做好放权工作，一方面要主动向市场和社会放权，凡是市场能调节的坚决放给市场，凡是社会能承担的坚决放给社会，另一方面要按照“应下必下”的原则，进一步向县市区和省级以上园区下放一批市级经济社会管理权限，充分发挥县市区和园区直接为企业、群众服务的优势。

二是要围绕转变政府职能，推进行政机构改革。市编办要抓紧调研，根据中省有关精神，按照“上下一致”的原则，重点围绕转变政府职能，拟订具体方案。各级各有关部门特别是涉及机构调整的部门和单位要讲大局、讲政治、讲党性，做到工作不能松、队伍不能散，决不能因为部门和个人利益为改革设置障碍。

三是要突出问题导向，突出法治政府建设。各级各部门要按照全省深入推进法治政府建设电视电话会议要求，强化制度建设和落实，完善政府规范性文件合法性审查、异议审查、备案审查等制度，从源头上预防和减少违法行政。要强化政务公开，按照“公开是惯例，不公开是特例”的原则，加强电子政务、电子监察建设，缩短办事时间，提高办事效率。要强化科学民主依法决策，特别是涉及公众重大利益，可能影响社会稳定等重大行政决策，要按照《湖南省行政程序规定》，落实各项必经程序，坚决防止作出超越法定权限的越权决策和与法律法规相抵触的违法决策。

二、传达贯彻全省推进落后小煤矿关闭退出工作会议精神

会议指出，推进落后小煤矿关闭退出工作是淘汰落后产能、推进产业转型升级、提高安全生产水平、促进生态文明建设的一项重要工作。各级各有关部门要高度重视，统一思想，按照省市有关工作部署，认真抓好落实。

一是要抓紧摸清底子。市煤炭局要按照中省有关标准和任务，抓紧摸底，确定关闭退出煤矿基数和名单。

二是要周密组织实施。市煤炭局要按照落后小煤矿关闭退出有关要求，周密制定2～3个工作方案，待与省政府对接后确定最佳方案。当前，重点要做好维护社会稳定工作，确保煤矿队伍稳定和安全生产。市煤炭、煤监、安监等部门要加强监管，各级领导要切实履行抓安全生产的责任，原则上市级有关领导和县市区主要领导每季度都要开展安全生产调研、调查和督办工作。

三是要未雨绸缪。市直有关部门要全力支持相关县市区加快产业转型升级，发展替代产业，积极向省里争取转移支付和财政支持。

需要注意以下几个具体事项：

1. 原则同意由市深化煤矿安全专项整治工作领导小组承担全市落后小煤矿关闭退出工作，由市煤炭局牵头，根据工作需要，对领导小组进行充实调整，报市委、市政府审定。

2. 原则同意适当安排市落后小煤矿关闭退出工作经费，由市煤炭局商市财政局提出意见报市委、市政府审定。

3. 原则同意适当提高关闭退出小煤矿奖补标准，由市煤炭局商市财政局提出意见报市委、市政府审定。

三、关于LED产业发展有关工作

会议指出，LED产业是现代电子信息产业体系的重要组成部分，是具有巨大发展潜力的新兴产业和战略增长点，也是我市转型发展的优势产业。各级各有关部门要高度重视，围绕打造全国一流的LED产业基地和千亿产业集群，强力推进我市LED产业发展。

一是要坚持规划引领。由市经信委根据与会人员意见，对《郴州市LED产业发展规划纲要》《关于支持LED产业发展的若干意见》进一步修改完善，报市政府审定实施。《规划纲要》和《意见》出台后，市经信委、有关园区要对照目标任务，认真组织执行。各级各有关部门要全力支持，确保我市LED产业健康有序快速发展。

二是要突出项目招商建设。要围绕我市LED产业发展的重点领域，延伸产业链，通过以商招商、对口招商，完善产业配套，加快形成产业集群，推动产业良性发展。

三是要推动技术创新。要坚持引进、消化吸收和自主创新相结合，实现量能和效能的双突破，增强产业核心竞争力和发展后劲。要鼓励和引导企业建立技术开发机构，加大科研投入，加快科技成果产业化，努力掌握核心技术。相关园区要加强对产业进展情况的调度，对企业投资、技术创新等有关情况要及时通报。

四是要落实扶持政策。市经信委、市发改委、市科技局及有关园区要认真研究和对接中省有关政策，加大对我市LED产业政策和资金争取力度，助推产业做大做强。

会议原则同意在新型工业化引导资金中适当增加资金作为LED产业发展专项资金，

由市经信委商市财政局提出意见报市委、市政府审定。

四、关于全市城乡低保专项整治有关工作

会议指出，低保工作涉及面宽、政策性强、社会关注度高，是一项兜底线的工作，对促进社会和谐稳定、保障城乡困难群众基本生活发挥了重要作用。由于多方面原因，当前我市低保工作仍然存在“人情保”“错保”等问题，影响社会保障制度的公平公正。各级各有关部门要高度重视，严格按照中省有关工作部署，认真开展专项整治工作。

一是要认真整改。对专项整治中发现的问题，要严格按照有关政策和规定，严肃认真整改到位。对发现的“人情保”“错保”情况，由监察机关严格追究相关人员责任。

二是要完善机制。要完善公开透明的审批机制，对低保对象的申报、审批实行公开透明操作，接受群众监督。要完善动态化退出机制，使低保资金真正用于需要保障的对象，避免“一保永逸”。要完善常态化核查机制，各级各有关部门要定期对城乡低保工作进行核查，及时发现和处理问题。

三是要加强领导。城乡低保专项整治工作由李桂广、雷晓达同志牵头，按照中省有关要求，确保按质按量完成任务。

会议原则同意市民政局拟订的《郴州市 2014 年城乡低保“阳光行动”工作方案》，由市民政局根据与会人员意见进一步修改完善后，报市政府审定实施。

五、关于市政府议事协调机构清理有关工作

会议听取了市政府办关于市政府议事协调机构清理情况汇报。会议指出，议事协调机构要按照有利于开展工作的原则，进一步加强与省政府对接，继续加大精简力度。

会议原则同意市政府办关于市政府议事协调机构清理结果，由市政府办进一步征求相关领导和部门意见后，报市政府审定实施。

出　席：瞿　海　李　评　张爱国　李　庭　雷晓达
　　　　张扬平　王　周　李五一

请　假：李桂广　王洪浪　张希慧　李白均

列　席：陈海平　陈　敏　张成城　刘志坚　刘志伟
　　　　徐述富　谢革非　黄泽生

市政府副秘书长黄胜发、雷和平、卢少林、李建军（商）、吴峰、李建军（农）、刘建国、曾凡军、朱付山、黄旭东、杨赛保、何灿、曹忠，市政府办阳春发、刘珍社、黄洪标，市编办陈寿峰，市发改委向罗生，市经信委李被生，市教育局周余武，市科技局窦志杰，市民政局周明强，市人社局谢考峰，市国土资源局陈一华，市农业局欧阳诚明，市林业局黄伟清，市商务局毛玉祥，市卫生局李干弟，市统计局谷坊生，市煤炭局邝良桃，市规划局徐延波，市国资委高及红，市政府金融办黄程斌，市房产局刘运华，市维稳办李忠，市政府督查室谭国政，市政府新闻办彭红光，市公安局交警支队邓光坛，市住房公积金管理中心彭中华，郴州经开区管委会颜超华，市工商局杨志平，市国税局夏维光，市地税局陈猛，市人民银行黄红星，市银监分局何琪，市煤监分局牛青山。

记　录：曹晓斌

◎ 写作要点

（1）会议纪要是对会议内容的归纳和概括，不同于会议记录（原原本本记录会议情况），要突出会议主旨，择要表述。

（2）会议纪要的正文要重点介绍会议讨论的主要情况、主要精神和议定的事项。

（3）会议纪要的文字要简洁，内容要条分缕析。各部分或段落开头常用“会议认为”“会议提出”“会议强调”“会议议定”“会议同意”等常用语，以示区分。

应用实践训练

一、病文诊断

请指出下面文种的毛病并修改。

1.

面试公告

根据国家公务员录用有关规定和中国侨联招录计划，现将中国侨联 2007 年招录机关工作人员面试工作有关事项公告如下：

一、参加面试的人员

姓　名　准考证号

崔　越　95211281113

朱建宇　95219170108

王　轩　95217920311

孙　静　95218942217

孔　敏　95218451704

二、面试时间、地点

2007 年 1 月 24 日上午 8 时 30 分在中国侨联机关办公楼（北京东城区北新桥三条甲一号）面试。请各位考生准时到达，迟到者视为自动放弃面试。

三、面试注意事项

1. 参加面试人员须携带本人身份证、准考证原件、所在学校盖章的报名推荐表或所在单位出具的同意报考的证明，考生报名登记表 1 份，本人近期一、二寸免冠彩色照片各三张。缺少上述证件者，原则上不得参加面试。

2. 面试结束当晚确定参加体检人员，第二天进行体检。接到参加体检通知的人员，25 日清晨不得进食、进水，保持空腹。体检结束后考生即可返回。

组织人事部人事处

2.

请示报告

院领导并转财务处：

一年一度的重阳节即将来临。我处拟在农历九月九日组织离退休干部登白云山。

另外，为了表示对老年人的尊敬，拟发给每位老人 500 元慰问金。当否，请一并指示。

老干部处

2015 年 10 月 17 日

3.

通知

明天下午全体党员会议，不得缺席。

××党支部

2015 年 12 月 20 日

4.

政府通报批评决定

各乡镇人民政府，县政府各工作部门、直属事业机构，中省市驻县各单位：

2014 年 10 月 11 日 2 时 45 分，位于人民路和河滨路交叉口的万通加油站发生火灾，接警后消防队及时开展灭火，交警实施了交通管制，公安干警对周围群众进行了疏散，后经县上各部门和绥德消防队的共同努力，成功扑灭火灾。

此次火灾虽没有造成人员伤亡和重大财产损失，但影响恶劣，同时进一步暴露了我县在油品市场监督管理过程中存在安全意识淡薄、安全监管工作不到位、安全隐患排查整治不彻底等问题。经县政府研究，决定对监管不到位的安监局、商贸办、工商局、消防队等部门单位给予全县通报批评。

××县人民政府
2014 年 10 月 18 日

二、技能训练

1. ××经贸局党支部决定于 2006 年 4 月 4 日开展“深入学习贯彻胡锦涛同志的讲话精神，加强社会主义荣辱观教育”的活动，于 3 月 25 日发出会议通知。会议的内容是：深入学习胡锦涛总书记在看望出席全国政协十届四次会议的委员时发表的“关于树立社会主义荣辱观”的重要讲话，探讨并交流加强社会主义荣辱观教育的方法和经验。开会的地点：三楼会议室。时间：14:30—17:30。参加人员：党支部全体成员。

请根据上面的材料，拟写一份会议通知。

2. ××区未成年办公室根据上级指示增加了行政编制，需要购买办公设备。请你代为向区财政局写一份请示。

3. 请你为财政局就××区未成年办公室因增加行政编制需购买办公设备的请示，写一则批复。

4. 请根据下面的材料，拟写一份公告。

为进一步发挥海南离岛旅客免税购物政策，加快海南国家旅游岛建设，财政部经商商务部、海关总署、国家税务总局、质检总局、食品药品监管局，对离岛免税购物政策进行了调整。内容包括：

1. 政策适用对象的年龄调整为年满 16 周岁。

2. 增加美容及保健器材的免税商品品种。

3. 将离岛旅客每人每次的免税购物限额提高到 8 000 元人民币。

4. 自 2012 年 1 月 1 日起执行。

另有附件：《离岛免税商品品种及每人每次购买商品数量范围》。

5. ××市文化局因原址在老区、街面狭窄、居住人口众多等原因，无法适应现代化办公需要。经市人民政府批准，同意在××区××地重建。

请根据上面的材料，代为拟写一份因重建办公机关需划拨土地的函给市规划局。具体原因可做合理想象。

6. 请你为最近参加的一次会议写一则会议纪要。

附　录

标点符号用法

中华人民共和国国家标准 GB/T 15834—2011（节选）

1　范围

本标准规定了现代汉语标点符号的用法。

本标准适用于汉语的书面语（包括汉语和外语混合排版时的汉语部分）。

2　术语和定义

下列术语和定义适用于本文件。

2.1　标点符号 punctuation

辅助文字记录语言的符号，是书面语的有机组成部分，用来表示语句的停顿、语气以及标示某些成分（主要是词语）的特定性质和作用。

注：数学符号、货币符号、校勘符号、辞书符号、注音符号等特殊领域的专门符号不属于标点符号。

2.2　句子 sentence

前后都有较大停顿、带有一定的语气和语调、表达相对完整意义的语言单位。

2.3　复句 complex sentence

由两个或多个在意义上有密切关系的分句组成的语言单位，包括简单复句（内部只有一层语义关系）和多重复句（内部包含多层语义关系）。

2.4　分句 clause

复句内两个或多个前后有停顿、表达相对完整意义、不带有句末语气和语调、有的前面可添加关联词语的语言单位。

2.5　语段 expression

指语言片段，是对各种语言单位（如词、短语、句子、复句等）不做特别区分时的统称。

3　标点符号的种类

3.1　点号

点号的作用是点断，主要表示停顿和语气。分为句末点号和句内点号。

3.1.1 句末点号

用于句末的点号，表示句末停顿和句子的语气。包括句号、问号、叹号。

3.1.2 句内点号

用于句内的点号，表示句内各种不同性质的停顿。包括逗号、顿号、分号、冒号。

3.2 标号

标号的作用是标明，主要标示某些成分（主要是词语）的特定性质和作用。包括引号、括号、破折号、省略号、着重号、连接号、间隔号、书名号、专名号、分隔号。

4 标点符号的定义、形式和用法

4.1 句号

4.1.1 定义

句末点号的一种，主要表示句子的陈述语气。

4.1.2 形式

句号的形式是“。”

4.1.3 基本用法

4.1.3.1 用于句子末尾，表示陈述语气。使用句号主要根据句段前后有较大停顿、带有陈述语气和语调，并不取决于句子的长短。

示例1：北京是中华人民共和国的首都。

示例2：（甲：咱们走着去吧?）乙：好。

4.1.3.2 有时也可以表示较缓和的祈使语气和感叹语气。

示例1：请你稍等一下。

示例2：我不由地感到，这些普通劳动者也同样是很值得尊敬的。

4.2 问号

4.2.1 定义

句末点号的一种，主要表示句子的疑问语气。

4.2.2 形式

问号的形式是“?”。

4.2.3 基本用法

4.2.3.1 用于句子末尾，表示疑问语气（包括反问、设问等疑问类型）。使用问号主要根据语段前后有较大停顿、带有疑问语气和语调，并不取决于句子的长短。

示例1：你怎么还不回家去呢?

示例2：难道这些普通的战士不值得歌颂吗?

示例3：（一个外国人，不远万里来到中国，帮助中国的抗日战争。）这是什么精神?这是国际主义的精神。

4.2.3.2 选择问句中，通常只在最后一个选项的末尾用问号，各个选项之间一般用逗号隔开。当选项较短且选项之间几乎没有停顿时，选项之间可不用逗号。当选项较多或较长，或有意突出每个选项的独立性时，也可每个选项之后都用问号。

示例1：诗中记述的这场战争究竟是真实的历史描述，还是诗人的虚构?

示例2：这是巧合还是有意安排?

示例3：要一个什么样的结尾：现实主义的？传统的？大团圆的？荒诞的？民族形式的？有象征意义的？

4.2.3.3 在多个问句连用或表达疑问语气加重时，可叠用问号。通常应先单用，再叠用，最多叠用三个问号。在没有异常强烈的情感表达需要时不宜叠用问号。

示例：这就是你的做法吗？你这个总经理是怎么当的??你怎么竟敢这样欺骗消费者???

4.2.3.4 问号也有标号的用法，即用于句内，表示存疑或不详。

示例1：马致远（1250？—1321），大都人，元代戏曲家、散曲家。

示例2：钟嵘（？—518），颍川长社人，南朝梁代文学批评家。

示例3：出现这样的文字错误，说明作者（编者？校者？）很不认真。

4.3 叹号

4.3.1 定义

句末点号的一种，主要表示句子的感叹语气。

4.3.2 形式

叹号的形式是"！"。

4.3.3 基本用法

4.3.3.1 用于句子末尾，主要表示感叹语气，有时也可表示强烈的祈使语气、反问语气等。使用叹号主要根据语段前后有较大停顿、带有感叹语气和语调或带有强烈的祈使、反问语气和语调，并不取决于句子的长短。

示例1：才一年不见，这孩子都长这么高啦！

示例2：你给我住嘴！

示例3：谁知道他今天是怎么搞的！

4.3.3.2 用于拟声词后，表示声音短促或突然。

示例1：咔嚓！一道闪电划破了夜空。

示例2：咚！咚咚！突然传来一阵急促的敲门声。

4.3.3.3 表示声音巨大或声音不断加大时，可叠用叹号；表达强烈语气时，也可叠用叹号，最多叠用三个叹号。在没有异常强烈的情感表达需要时不宜叠用叹号。

示例1：轰!!在这天崩地塌的声音中，女娲猛然醒来。

示例2：我要揭露！我要控诉!!我要以死抗争!!!

4.3.3.4 当句子包含疑问、感叹两种语气且都比较强烈时（如带有强烈感情的反问句和带有惊愕语气的疑问句），可在问号后再加叹号（问号、叹号各一）。

示例1：这么点困难就能把我们吓倒吗?!

示例2：他连这些最起码的常识都不懂，还敢说自己是高科技人才?!

4.4 逗号

4.4.1 定义

句内点号的一种，表示句子或语段内部的一般性停顿。

4.4.2 形式

逗号的形式是"，"。

4.4.3 基本用法

4.4.3.1 复句内各分句之间的停顿，除了有时用分号（见4.6.3.1），一般都用逗号。

示例1：不是人们的意识决定人们的存在，而是人们的社会存在决定人们的意识。

示例2：学历史使人更明智，学文学使人更聪慧，学数学使人更精细，学考古使人更深沉。

示例3：要是不相信我们的理论能反映现实，要是不相信我们的世界有内在和谐，那就不可能有科学。

4.4.3.2 用于下列各种语法位置：

a）较长的主语之后。

示例1：苏州园林建筑各种门窗的精美设计和雕镂功夫，都令人叹为观止。

b）句首的状语之后。

示例2：在苍茫的大海上，狂风卷集着乌云。

c）较长的宾语之前。

示例3：有的考古工作者认为，南方古猿生存于上新世至更新世的初期和中期。

d）带句内语气词的主语（或其他成分）之后，或带句内语气词的并列成分之间。

示例4：他呢，倒是很乐观地、全神贯注地干起来了。

示例5：（那是个没有月亮的夜晚。）可是整个村子——白房顶啦，白树木啦，雪堆啦，全看得见。

e）较长的主语中间、谓语中间和宾语中间。

示例6：母亲沉痛的诉说，以及亲眼看到的实事，都启发了我幼年时期追求真理的思想。

示例7：那姑娘头戴一顶草帽，身穿一条绿色的裙子，腰间还系着一根橙色的腰带。

示例8：必须懂得，对于文化传统，既不能不分青红皂白统统抛弃，也不能不管精华糟粕全盘继承。

f）前置的谓语之后或后置的状语、定语之前。

示例9：真美啊，这条蜿蜒的林间小路。

示例10：她吃力地站了起来，慢慢地。

示例11：我只是一个人，孤孤单单的。

4.4.3.3 用于下列各种停顿处：

a）复指成分或插说成分前后。

示例1：老张，就是原来的办公室主任，上星期已经调走了。

示例2：车，不用说，当然是头等。

b）语气缓和的感叹语、称谓语和呼唤语之后。

示例3：哎哟，这儿，快给我揉揉。

示例4：大娘，您到哪儿去啊？

示例5：喂，你是哪个单位的？

c）某些序次语（“第”字头、“其”字头及“首先”类序次语）之后。

示例6：为什么许多人都有长不大的感觉呢？原因有三：第一，父母总认为自己比孩子成熟；第二，父母总要以自己的标准来衡量孩子；第三，父母出于爱心而总不想让孩子在成长的过程中走弯路。

4.5　顿号

4.5.1　定义

句内点号的一种，表示语段中并列词语之间或某些序次语之后的停顿。

4.5.2　形式

顿号的形式是“、”。

4.5.3　基本用法

4.5.3.1　用于并列词语之间。

示例 1：这里有自由、民主、平等、开放的风气和氛围。

示例 2：造型科学、技艺精湛、气韵生动，是盛唐石雕的特色。

4.5.3.2　用于需要停顿的重复词语之间。

示例：他几次三番、几次三番地辩解着。

4.5.3.3　用于某些序次语（不带括号的汉字数字或“天干地支”类序次语）之后。

示例 1：我准备讲两个问题，一、逻辑学是什么？二、怎样学好逻辑学？

示例 2：风格的具体内容主要有以下四点，甲、题材；乙、用字；丙、表达；丁、色彩。

4.5.3.4　相邻或相近两数字连用表示概数通常不用顿号。若相邻两数字连用为缩略形式，宜用顿号。

示例 1：飞机在 6 000 米高空水平飞行时，只能看到两侧八九公里和前方一二十公里范围内的地面。

示例 2：这种凶猛的动物常常三五成群地外出觅食和活动。

示例 3：农业是国民经济的基础，也是二、三产业的基础。

4.5.3.5　标有引号的并列成分之间、标有书名号的并列成分之间通常不用顿号。若有其他成分插在并列的引号之间或并列的书名号之间（如引语或书名号之后还有括注），宜用顿号。

示例 1：“日”“月”构成“明”字。

示例 2：店里挂着“顾客就是上帝”“质量就是生命”等横幅。

示例 3：《红楼梦》《三国演义》《西游记》《水浒传》，是我国长篇小说的四大名著。

示例 4：李白的“白发三千丈”（《秋浦歌》）、“朝如青丝暮成雪”（《将进酒》）都是脍炙人口的诗句。

示例 5：办公室里订有《人民日报》（海外版）、《光明日报》和《时代周刊》等报刊。

4.6　分号

4.6.1　定义

句内点号的一种，表示复句内部并列关系分句之间的停顿，以及非并列关系的多重复句中第一层分句之间的停顿。

4.6.2　形式

分号的形式是“；”。

4.6.3　基本用法

4.6.3.1　表示复句内部并列关系的分句（尤其当分句内部还有逗号时）之间的停顿。

示例 1：语言文字的学习，就理解方面说，是得到一种知识；就运用方面说，是养成一种习惯。

示例 2：内容有分量，尽管文章短小，也是有分量的；内容没有分量，即使写得再长也没有用。

4.6.3.2　表示非并列关系的多重复句中第一层分句（主要是选择、转折等关系）之间的停顿。

示例 1：人还没看见，已经先听见歌声了；或者人已经转过山头望不见了，歌声还余音袅袅。

示例 2：尽管人民革命的力量在开始时总是弱小的，所以总是受压的；但是由于革命的力量代表历史发展的方向，因此本质上又是不可战胜的。

4.6.3.3　用于分项列举的各项之间。

示例：特聘教授的岗位职责为：一、讲授本学科的主干基础课程；二、主持本学科的重大科研项目；三、领导本学科的学术队伍建设；四、带领本学科赶超或保持世界先进水平。

4.7　冒号

4.7.1　定义

句内点号的一种，表示语段中提示下文或总结上文的停顿。

4.7.2　形式

冒号的形式是“：”。

4.7.3　基本用法

4.7.3.1　用于总说性或提示性词语（如“说”“例如”“证明”等）之后，表示提示下文。

示例 1：北京紫禁城有四座城门，午门、神武门、东华门和西华门。

示例 2：她高兴地说：“咱们去好好庆祝一下吧!”

示例 3：小王笑着点了点头：“我就是这么想的。”

示例 4：这一事实证明：人能创造环境，环境同样也能创造人。

4.7.3.2　表示总结上文。

示例：张华上了大学，李萍进了技校，我当了工人：我们都有美好的前途。

4.7.3.3　用在需要说明的词语之后，表示注释和说明

示例 1：（本市将举办首届大型书市。）主办单位：市文化局；承办单位：市图书进出口公司；时间：8 月 15 日—20 日；地点：市体育馆观众休息厅。

示例 2：（做阅读理解题有两个办法。）办法之一：先读题干，再读原文，带着问题有针对性地读课文。办法之二：直接读原文，读完再做题，减少先入为主的干扰。

4.7.3.4　用于书信、讲话稿中称谓语或称呼语之后。

示例 1：广平先生：……

示例 2：同志们、朋友们：……

4.7.3.5　一个句子内部一般不应套用冒号。在列举式或条文式表述中，如不得不套用冒号时，宜另起段落来显示各个层次。

示例：第十条遗产按照下列顺序继承：

第一顺序，配偶、子女、父母。

第二顺序，兄弟姐妹、祖父母、外祖父母。

4.8 引号

4.8.1 定义

标号的一种，标示语段中直接引用的内容或需要特别指出的成分。

4.8.2 形式

引号的形式有双引号“ “” ”和单引号“ ‘’ ”两种。左侧的为前引号，右侧的为后引号。

4.8.3 基本用法

4.8.3.1 标示语段中直接引用的内容。

示例：李白诗中就有“白发三千丈”这样极尽夸张的语句。

4.8.3.2 标示需要着重论述或强调的内容。

示例：这里所谓的“文”，并不是指文字，而是指文采。

4.8.3.3 标示语段中具有特殊含义而需要特别指出的成分，如别称、简称、反语等。

示例 1：电视被称作“第九艺术”。

示例 2：人类学上常把古人化石统称为尼安德特人，简称“尼人”。

示例 3：有几个“慈祥”的老板把捡来的菜叶用盐浸浸就算作工友的菜肴。

4.8.3.4 当引号中还需要使用引号时，外面一层用双引号，里面一层用单引号。

示例：他问：“老师，‘七月流火’是什么意思?”

4.8.3.5 独立成段的引文如果只有一段，段首和段尾都用引号；不止一段时，每段开头仅用前引号，只在最后一段末尾用后引号。

示例：我曾在报纸上看到有人这样谈幸福：

“幸福是知道自己喜欢什么和不喜欢什么。……

“幸福是知道自己擅长什么和不擅长什么。……

“幸福是在正确的时间做了正确的选择。……”

4.8.3.6 在书写带月、日的事件、节日或其他特定意义的短语（含简称）时，通常只标引其中的月和日；需要突出和强调该事件或节日本身时，也可连同事件或节日一起标引。

示例 1：“5・12”汶川大地震

示例 2：“五四”以来的话剧，是我国戏剧中的新形式。

示例 3：纪念“五四运动”90 周年

4.9 括号

4.9.1 定义

标号的一种，标示语段中的注释内容、补充说明或其他特定意义的语句。

4.9.2 形式

括号的主要形式是圆括号“（ ）”，其他形式还有方括号“［ ］”、六角括号“〔 〕”和方头括号“【 】”等。

4.9.3 基本用法

4.9.3.1 标示下列各种情况，均用圆括号：

a）标示注释内容或补充说明。

示例 1：我校拥有特级教师（含已退休的）17 人。

示例 2：我们不但善于破坏一个旧世界，我们还将善于建设一个新世界！（热烈鼓掌）

b）标示订正或补加的文字。

示例 3：信纸上用稚嫩的字体写着："阿夷（姨），你好！"。

示例 4：该建筑公司负责的建设工程全部达到优良工程（的标准）。

c）标示序次语。

示例 5：语言有三个要素：（1）声音；（2）结构；（3）意义。

示例 6：思想有三个条件：（一）事理；（二）心理；（三）伦理。

d）标示引语的出处。

示例 7：他说得好："未画之前，不立一格；既画之后，不留一格。"（《板桥集・题画》）

e）标示汉语拼音注音。

示例 8："的（de）"这个字在现代汉语中最常用。

4.9.3.2　标示作者国籍或所属朝代时，可用方括号或六角括号。

示例 1：[英] 赫胥黎《进化论与伦理学》

示例 2：〔唐〕杜甫著

4.9.3.3　报刊标示电讯、报道的开头，可用方头括号。

示例：【新华社南京消息】

4.9.3.4　标示公文发文字号中的发文年份时，可用六角括号。

示例：国发〔2011〕3 号文件

4.9.3.5　标示被注释的词语时，可用六角括号或方头括号。

示例 1：〔奇观〕奇伟的景象。

示例 2：【爱因斯坦】物理学家。生于德国，1933 年因受纳粹政权迫害，移居美国。

4.9.3.6　除科技书刊中的数学、逻辑公式外，所有括号（特别是同一形式的括号）应尽量避免套用。必须套用括号时，宜采用不同的括号形式配合使用。

示例：〔茸（róng）毛〕很细很细的毛。

4.10　破折号

4.10.1　定义

标号的一种，标示语段中某些成分的注释、补充说明或语音、意义的变化。

4.10.2　形式

破折号的形式是"——"。

4.10.3　基本用法

4.10.3.1　标示注释内容或补充说明（也可用括号，见 4.9.3.1；二者的区别另见 B.1.7）。

示例 1：一个矮小而结实的日本中年人——内山老板走了过来。

示例 2：我一直坚持读书，想借此唤起弟妹对生活的希望——无论环境多么困难。

4.10.3.2　标示插入语（也可用逗号，见 4.4.3.3）。

示例：这简直就是——说得不客气点——无耻的勾当。

4.10.3.3　标示总结上文或提示下文（也可用冒号，见 4.7.3.1、4.7.3.2）。

示例 1：坚强，纯洁，严于律己，客观公正——这一切都难得地集中在一个人身上。

示例 2：画家开始娓娓道来——

数年前的一个寒冬，……

4.10.3.4 标示话题的转换。

示例：“好香的干菜，——听到风声了吗？”赵七爷低声说道。

4.10.3.5 标示声音的延长。

示例：“嘎——”传过来一声水禽被惊动的鸣叫。

4.10.3.6 标示话语的中断或间隔。

示例 1：“班长他牺——”小马话没说完就大哭起来。

示例 2：“亲爱的妈妈，你不知道我多爱您。——还有你，我的孩子！”

4.10.3.7 标示引出对话。

示例：——你长大后想成为科学家吗？

——当然想了！

4.10.3.8 标示事项列举分承。

示例：根据研究对象的不同，环境物理学分为以下五个分支学科：

——环境声学；

——环境光学；

——环境热学；

——环境电磁学；

——环境空气动力学。

4.10.3.9 用于副标题之前。

示例：飞向太平洋

——我国新型号运载火箭发射目击记

4.10.3.10 用于引文、注文后，标示作者、出处或注释者。

示例 1：先天下之忧而忧，后天下之乐而乐。——范仲淹

示例 2：乐浪海中有倭人，分为百余国。——《汉书》

示例 3：很多人写好信后把信笺折成方胜形，我看大可不必。（方胜，指古代妇女戴的方形首饰，用彩绸等制作，由两个斜方部分叠合而成。——编者注）

4.11 省略号

4.11.1 定义

标号的一种，标示语段中某些内容的省略及意义的断续等。

4.11.2 形式

省略号的形式是“……”。

4.11.3 基本用法

4.11.3.1 标示引文的省略。

示例：我们齐声朗诵起来：“……俱往矣，数风流人物，还看今朝。”

4.11.3.2 标示列举或重复词语的省略。

示例 1：对政治的敏感，对生活的敏感，对性格的敏感，……这都是作家必须要有的素质。

示例 2：他气得连声说：“好，好……算我没说。”

4.11.3.3 标示语意未尽。

示例1：在人迹罕至的深山密林里，假如突然看见一缕炊烟，……

示例2：你这样干，未免太……！

4.11.3.4 标示说话时断断续续。

示例：她磕磕巴巴地说："可是……太太……我不知道……你一定是认错了。"

4.11.3.5 标示对话中的沉默不语。

示例："还没结婚吧？"

"……"他飞红了脸，更加忸怩起来。

4.11.3.6 标示特定的成分虚缺。

示例：只要……就……

4.11.3.7 在标示诗行、段落的省略时，可连用两个省略号（即相当于十二连点）。

示例1：从隔壁房间传来缓缓而抑扬顿挫的吟咏声——

床前明月光，疑是地上霜。……

示例2：该刊根据工作质量、上稿数量、参与程度等方面的表现，评选出了高校十佳记者站。还根据发稿数量、提供新闻线索情况以及对刊物的关注度等，评选出了十佳通讯员。……

4.12 着重号

4.12.1 定义

标号的一种，标示语段中某些重要的或需要指明的文字。

4.12.2 形式

着重号的形式是"．"标注在相应文字的下方。

4.12.3 基本用法

4.12.3.1 标示语段中重要的文字。

示例1：诗人需要表现，而不是证明。

示例2：下面对本文的理解，不正确的一项是：……

4.12.3.2 标示语段中需要指明的文字。

示例：下边加点的字，除了在词中的读法外，还有哪些读法？

着急子弹强调

4.13 连接号

4.13.1 定义

标号的一种，标示某些相关联成分之间的连接。

4.13.2 形式

连接号的形式有短横线"－"、一字线"—"和浪纹线"～"三种。

4.13.3 基本用法

4.13.3.1 标示下列各种情况，均用短横线：

a）化合物的名称或表格、插图的编号。

示例1：3－戊酮为无色液体，对眼及皮肤有强烈刺激性。

示例2：参见下页表2—8、表2—9。

b）连接号码，包括门牌号码、电话号码，以及用阿拉伯数字表示年月日等。

示例3：安宁里东路26号院3—2—11室

示例4：联系电话：010－88842603

示例5：2011－02－15

c）在复合名词中起连接作用。

示例6：吐鲁番—哈密盆地

d）某些产品的名称和型号。

示例7：WZ—10直升机具有复杂天气和夜间作战的能力。

e）汉语拼音、外来语内部的分合。

示例8：shuōshuō—xiàoxiào（说说笑笑）

示例9：盎格鲁—撒克逊人

示例10：让—雅克·卢梭（“让—雅克”为双名）

示例11：皮埃尔·孟戴斯—弗朗斯（“孟戴斯—弗朗斯”为复姓）

4.13.3.2 标示下列各种情况，一般用一字线，有时也可用浪纹线：

a）标示相关项目（如时间、地域等）的起止。

示例1：沈括（1031—1095），宋朝人。

示例2：2011年2月3日—10日

示例3：北京—上海特别旅客快车

b）标示数值范围（由阿拉伯数字或汉字数字构成）的起止。

示例4：25～30g

示例5：第五～八课

4.14 间隔号

4.14.1 定义

标号的一种，标示某些相关联成分之间的分界。

4.14.2 形式

间隔号的形式是“·”。

4.14.3 基本用法

4.14.3.1 标示外国人名或少数民族人名内部的分界。

示例1：克里丝蒂娜·罗塞蒂

4.14.3.2 标示书名与篇（章、卷）名之间的分界。

示例：《淮南子·本经训》

4.14.3.3 标示词牌、曲牌、诗体名等和题名之间的分界。

示例1：《沁园春·雪》

示例2：《天净沙·秋思》

示例3：《七律·冬云》

4.14.3.4 用在构成标题或栏目名称的并列词语之间。

示例：《天·地·人》

4.14.3.5 以月、日为标志的事件或节日，用汉字数字表示时，只在一、十一和十二月后用间隔号；当直接用阿拉伯数字表示时，月、日之间均用间隔号（半角字符）。

示例1：“九一八”事变、“五四”运动

示例2："一·二八"事变、"一二·九"运动

示例3："3·15"消费者权益日、"9·11"恐怖袭击事件

4.15 书名号

4.15.1 定义

标号的一种，标示语段中出现的各种作品的名称。

4.15.2 形式

书名号的形式有双书名号"《》"和单书名号"〈〉"两种。

4.15.3 基本用法

4.15.3.1 标示书名、卷名、篇名、刊物名、报纸名、文件名等。

示例1：《红楼梦》（书名）

示例2：《史记·项羽本纪》（卷名）

示例3：《论雷峰塔的倒掉》（篇名）

示例4：《每周关注》（刊物名）

示例5：《人民日报》（报纸名）

示例6：《全国农村工作会议纪要》（文件名）

4.15.3.2 标示电影、电视、音乐、诗歌、雕塑等各类用文字、声音、图像等表现的作品的名称。

示例1：《渔光曲》（电影名）

示例2：《追梦录》（电视剧名）

示例3：《勿忘我》（歌曲名）

示例4：《沁园春·雪》（诗词名）

示例5：《东方欲晓》（雕塑名）

示例6：《光与影》（电视节目名）

示例7：《社会广角镜》（栏目名）

示例8：《庄子研究文献数据库》（光盘名）

示例9：《植物生理学系列挂图》（图片名）

4.15.3.3 标示全中文或中文在名称中占主导地位的软件名。

示例：科研人员正在研制《电脑卫士》杀毒软件。

4.15.3.4 标示作品名的简称。

示例：我读了《念青唐古拉山脉纪行》一文（以下简称《念》），收获很大。

4.15.3.5 当书名号中还需要书名号时，里面一层用单书名号，外面一层用双书名号。

示例：《教育部关于提请审议〈高等教育自学考试试行办法〉的报告》

4.16 专名号

4.16.1 定义

标号的一种，标示古籍和某些文史类著作中出现的特定类专有名词。

4.16.2 形式

专名号的形式是一条直线，标注在相应文字的下方。

4.16.3　基本用法

4.16.3.1　标示古籍、古籍引文或某些文史类著作中出现的专有名词，主要包括人名、地名、国名、民族名、朝代名、年号、宗教名、官署名、组织名等。

示例1：孙坚人马被刘表率军围得水泄不通。（人名）

示例2：于是聚集冀、青、幽、并四州兵马七十多万准备决一死战。（地名）

示例3：当时乌孙及西域各国都向汉派遣了使节。（国名、朝代名）

示例4：从咸宁二年到太康十年，匈奴、鲜卑、乌桓等族人徙居塞内。（年号、民族名）

4.16.3.2　现代汉语文本中的上述专有名词，以及古籍和现代文本中的单位名、官职名、事件名、会议名、书名等不应使用专名号。必须使用标号标示时，宜使用其他相应标号（如引号、书名号等）。

4.17　分隔号

4.17.1　定义

标号的一种，标示诗行、节拍及某些相关文字的分隔。

4.17.2　形式

分隔号的形式是“/”。

4.17.3　基本用法

4.17.3.1　诗歌接排时分隔诗行（也可使用逗号和分号，见4.4.3.1/4.6.3.1）。

示例：春眠不觉晓/处处闻啼鸟/夜来风雨声/花落知多少。

4.17.3.2　标示诗文中的音节节拍。

示例：横眉/冷对/千夫指，俯首/甘为/孺子牛。

4.17.3.3　分隔供选择或可转换的两项，表示“或”。

示例：动词短语中除了作为主体成分的述语动词之外，还包括述语动词所带的宾语和/或补语。

4.17.3.4　分隔组成一对的两项，表示“和”。

示例1：13/14次特别快车

示例2：羽毛球女双决赛中国组合杜婧/于洋两局完胜韩国名将李孝贞/李敬元。

4.17.3.5　分隔层级或类别。

示例：我国的行政区划分为：省（直辖市、自治区）/省辖市（地级市）/县（县级市、区、自治州）/乡（镇）/村（居委会）。

5　标点符号的位置和书写形式

5.1　横排文稿标点符号的位置和书写形式

5.1.1　句号、逗号、顿号、分号、冒号均置于相应文字之后，占一个字位置，居左下，不出现在一行之首。

5.1.2　问号、叹号均置于相应文字之后，占一个字位置，居左，不出现在一行之首。两个问号（或叹号）叠用时，占一个字位置；三个问号（或叹号）叠用时，占两个字位置；问号和叹号连用时，占一个字位置。

5.1.3　引号、括号、书名号中的两部分标在相应项目的两端，各占一个字位置。其中前一半不出现在一行之末，后一半不出现在一行之首。

5.1.4 破折号标在相应项目之间，占两个字位置，上下居中，不能中间断开分处上行之末和下行之首。

5.1.5 省略号占两个字位置，两个省略号连用时占四个字位置并须单独占一行。省略号不能中间断开分处上行之末和下行之首。

5.1.6 连接号中的短横线比汉字“一”略短，占半个字位置；一字线比汉字“一”略长，占一个字位置；浪纹线占一个字位置。连接号上下居中，不出现在一行之首。

5.1.7 间隔号标在需要隔开的项目之间，占半个字位置，上下居中，不出现在一行之首。

5.1.8 着重号和专名号标在相应文字的下边。

5.1.9 分隔号占半个字位置，不出现在一行之首或一行之末。

5.1.10 标点符号排在一行末尾时，若为全角字符则应占半角字符的宽度（即半个字位置），以使视觉效果更美观。

5.1.11 在实际编辑出版工作中，为排版美观、方便阅读等需要，或为避免某一小节最后一个汉字转行或出现在另外一页开头等情况（浪费版面及视觉效果差），可适当压缩标点符号所占用的空间。

5.2 竖排文稿标点符号的位置和书写形式

5.2.1 句号、问号、叹号、逗号、顿号、分号和冒号均置于相应文字之下偏右。

5.2.2 破折号、省略号、连接号、间隔号和分隔号置于相应文字之下居中，上下方向排列。

5.2.3 引号改用双引号“﹁”“﹂”和单引号“﹃”“﹄”，括号改用“︵”“︶”，标在相应项目的上下。

5.2.4 竖排文稿中使用浪线式书名号“﹏”，标在相应文字的左侧。

5.2.5 着重号标在相应文字的右侧，专名号标在相应文字的左侧。

5.2.6 横排文稿中关于某些标点不能居行首或行末的要求，同样适用于竖排文稿。